房地产企业内部最热门销售培训教材

房地产销售
成交实战

从培训课堂到销售案场的客户征战术

编著 闵新闻

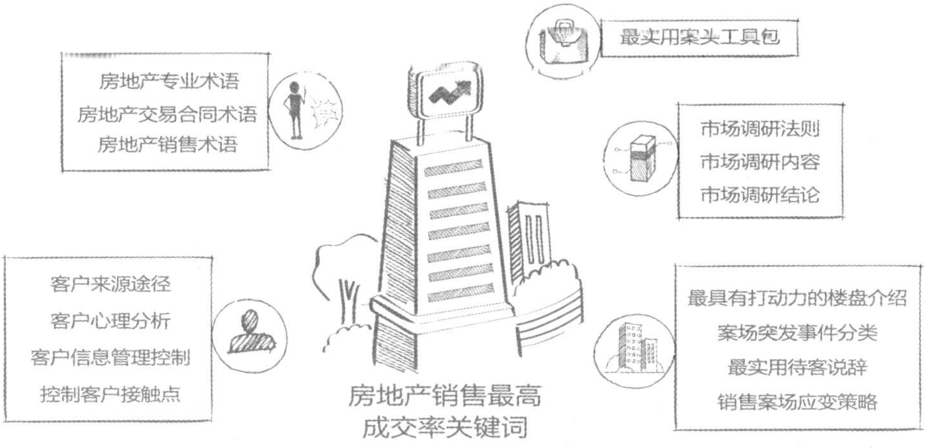

中国经济出版社
CHINA ECONOMIC PUBLISHING HOUSE
北 京

图书在版编目（CIP）数据

房地产销售成交实战：从培训课堂到销售案场的客户征战术/闵新闻 编著．北京：中国经济出版社，2014．10（2020．9 重印）
ISBN 978－7－5136－3493－9

Ⅰ．①房… Ⅱ．①闵… Ⅲ．①房地产—市场营销学—手册 Ⅳ．①F293．35－62

中国版本图书馆 CIP 数据核字（2014）第 216446 号

责任编辑　闫明明
责任印制　巢新强
封面设计　任燕飞工作室

出版发行　中国经济出版社
印 刷 者　北京力信诚印刷有限公司
经 销 者　各地新华书店
开　　本　710mm×1000mm　1/16
印　　张　22．5
字　　数　300 千字
版　　次　2014 年 10 月第 1 版
印　　次　2020 年 9 月第 6 次
定　　价　46．00 元
广告经营许可证　京西工商广字第 8179 号

中国经济出版社　**网址** www．economyph．com　**社址** 北京市东城区安定门外大街 58 号　**邮编** 100011
本版图书如存在印装质量问题，请与本社销售中心联系调换（联系电话：010－57512564）

编委会

CONTENTS 目录

第一章　房地产销售必备概念

CONTENTS 目录

CONTENTS 目录

CONTENTS 目录

CONTENTS 目录

第一章
房地产销售必备概念

作为一名房地产楼盘销售人员，不仅要熟悉各类房地产产品，更要熟悉房地产领域的专业知识，这是他在开始获得非凡业绩之前所必须拥有的基本技能。对房地产销售人员来说，掌握扎实的行业知识，能给他建立三个优势：

一是以专业的形象为投资置业客户提供专业意见；

二是通过熟练的专业技巧增加客户对其的信赖程度，提高成交率；

三，也是最重要的一点，房产购买是一种大宗买卖，对买家来说是一件非常重要的事，销售人员熟练掌握房地产专业知识能确保在销售工作中提供专业而准确的服务和解答，防止重大错漏的发生。

房地产专业知识培训

第一节 房地产专属概念

在房地产开发中，专属概念非常多，甚至每个环节都有。从基础概念角度看，可分为房地产业专用概念、土地专有概念、房地产建筑术语、房屋类别、建筑内部空间五类称谓。

一 房地产业专用概念

房地产业从概念上看，可以理解为房产与地产的总称，也可以理解为房地产行业。一名房地产销售人员在熟悉专业知识之前，必须首先区分房产、地产、房地产、房地产业、泛地产等容易混淆的几类概念。

1. 房产

房产是指建筑在地面上的各种房屋，包括住宅、厂房、商业写字楼、仓库以及服务、文化、教育、办公等用房类。

房产是经济形态的房屋，法律上有明确的权属关系，是不同所有者和使用者之间可以进行出租、出售或用作他途的房屋。

2. 地产

（1）地产

地产是指土地财产，即土地和地下各种基础设施的总称，包括供水、供热、供气、供电、排水、排污等地下管线以及地面道路等。地产在法律上有明确的权属关系，包含地面及其上下空间。地产与土地的根本区别在于有无权属关系。

（2）土地

土地是指地球表面及其上下一定范围内的空间，既是自然之物，又是劳动产物，体现在生产关系中，是社会所有权和使用权关系的载体。

（3）建筑物

建筑物是指由人工建造而成，由建筑材料、建筑配件和设备等组成的整体物，包括房屋和构筑物两大类。

3 房地产

房地产是房产和地产的总称，俗称不动产。指土地及附着在土地上的人工构筑物和建筑物及其附带的各种权利（所有权、管理权、转让权等），是实物、权益、区位三者的综合体。包括土地和建筑物及其他土地定着物。

同一宗房地产，其土地与地上建筑物的所有权往往不一致。

4 房地产业

房地产业以土地和建筑物为经营对象，从事房地产开发、建设、经营、管理以及维修、装饰和服务等集多种经济活动为一体的综合性行业。具有以下主要特征：

（1）内容包含广泛

第一，土地开发；

第二，房屋建设、维修、管理；

第三，土地使用权的有偿划拨、转让；

第四，房屋所有权的买卖、租赁；

第五，房地产抵押贷款；

第六，房地产市场。

（2）与建筑业既有区别又有联系

建筑业是物质生产部门，属于第二产业；房地产业兼有生产（开发）、经营、管理和服务等多种性质，属于第三产业。

（3）能分为多种类别

房地产业可分为两类：房地产投资开发业和房地产服务业。

房地产服务业又分为至少四类：房地产咨询、房地产价格评估、房地产经纪和物业管理。其中，房地产咨询、房地产价格评估、房地产经纪被归为房地产中介服务业。

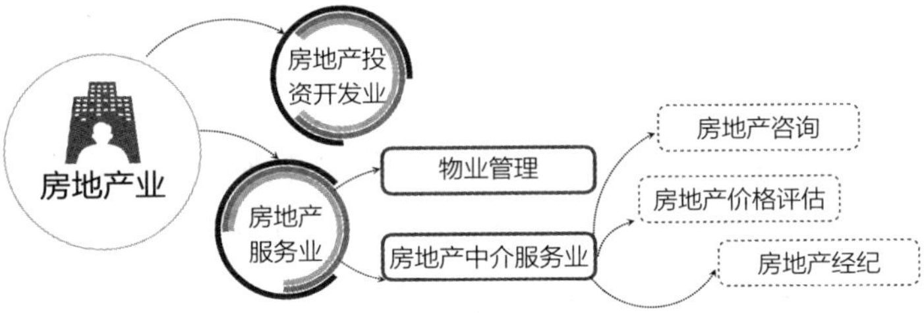

图 1－1　房地产业分类

5. 泛地产

泛地产是指将狭义的房地产与工业、农业、商业、旅游业、体育、教育、科技等产业融合起来，形成各种“产业房地产”。

6. 房地产开发

房地产开发是指在依法取得土地使用权的土地上按照使用性质要求进行基础设施建设、房屋建筑的活动。

二 土地专有概念

中国现行全部土地实行的是社会主义土地公有制，分为全民所有制和集体所有制两种形式。

1 国有土地

城市市区的土地，农村和郊区中依法没收、征购、收归国有的土地，以及国家未确定其为集体所有的林地、草地、山岭、沙滩及其他土地，统称国有土地。

2 集体土地

集体土地指农村和城市郊区的土地（除法律规定为国家所有的土地以外），包括农村宅基地、自留地、自留山、农村集体土地。

属于农村的集体土地，不允许直接做商品房开发经营，必须先征收变为国有土地后方可进行开发。

3 土地所有权

土地所有权是指国家或集体经济组织对国家土地和集体土地依法享有的占有、使用、收益和处分的权能。

（1）土地使用权出让

土地使用权出让指国家以协议、招标、拍卖的方式将土地所有权在一定年限内出让给土地使用者，由使用者向国家支付土地使用权出让金的行为。

（2）土地使用权转让

土地使用权转让指土地使用者通过出售、交换、赠予和继承的方式将土地使用权再转移的行为。

（3）土地使用权划拨

土地使用权划拨指县级以上人民政府依法批准，在土地使用者缴纳补偿、安置等费用后将该幅土地交付其使用，或者将土地使用权无偿交付给土地使用者使用的行为。

（4）土地批租

土地批租即土地使用权有偿出让的简称，是国家土地使用权有偿使用的一种形式。

（5）土地征用

土地征用指国家为了公共利益，依照法律规定对集体所有的土地实行征用的行为。

4 土地开发

土地开发是指国家为了维护土地所有制，调整土地关系，合理组织土地利用，以及贯彻执行国家在土地开发、利用、保护、改造等方面的政策而采取的行政、经济、法律和工程技术的综合性措施。现阶段我国土地管理的实质是政府处理土地事务、协调土地关系的活动，即行使国家权力的过程。

（1）土地级别

按照地段的好坏对某一具体地段进行等级划分。

①一级市场

土地使用权出让，或批租的市场。

②二级市场

土地转让及开发经营活动，新建商品房的租售，土地的使用权分割并转移的市场。

③三级市场

拥有房地产权证的小业主之间的产权转让和租赁的交易市场。

（2）土地开发程度

①生地

生地指空间地、田地、未开垦地，尚有青草，未规划等不具备使用条件的土地。

②毛地

做到“三通一平”，已属于规划中的地皮。

③熟地

指“三通一平”或“七通一平”，具备使用条件的土地。

表1－1　×通×平释义

概念	含义
三通一平	路通、水通、电通和场地平整
五通一平	具有道路、供水、排水、供电、通信等基础设施和条件，场地平整
七通一平	具有道路、供水、排水、供电、通信、燃气、热力等基础设施和条件，场地平整

5 土地用途

房屋用地指房屋占用的土地和按照规划要求建设配套设施所占用的土地。

表1－2　土地类型及使用年限

土地类型	使用年限（年）
居住用地	70
工业用地	50
商业、旅游、娱乐等用地	40
综合或其他用地	50
加油站、加气站用地	20

(1) 住宅用地

住宅用地指供居住的各类房屋用地。

(2) 工业仓储用地

表 1-3　工业仓储用地释义

用地类型	概念
工业用地	指独立设置的工厂、车间、手工业作坊、建筑安装的生产场地、排渣（灰）场地等用地
仓储用地	指国家、省（自治区、直辖市）及县（区、市）的储备、中转、外贸、供应等各种仓库、油库、材料堆场及其附属设备等用地

(3) 商业金融业用地

表 1-4　商业金融业用地释义

用地类型	概念
商业服务业用地	指各种商店、公司、修理服务部、生产资料供应站、饭店、旅社、对外经营的食堂、文印社、报刊门市部、蔬菜购销转运站等用地
旅游业用地	指主要为旅游业服务的宾馆、饭店、大厦、乐园、俱乐部、旅行社、旅游商店等用地
金融保险业用地	指银行、储蓄所、信用社、信托公司、证券交易所、保险公司等用地

(4) 市政用地

表 1-5　市政用地释义

用地类型	概念
市政公用设施用地	指自来水厂、泵站、污水处理厂、变电（所）站、煤气站、供热中心、环卫所、公共厕所、火葬场、消防队、邮电局（所）及各种管线工程专用地段等用地
绿化用地	指公园、动植物园、陵园、风景名胜、防护林、水源保护林以及其他公共绿地等用地

（5）公共建筑用地

表1－6　公共建筑用地释义

用地类型	概念
公共建筑用地	指文化、体育、娱乐、机关、科研、设计、教育、医卫等用地
文、体、娱用地	指文化馆、博物馆、图书馆、展览馆、纪念馆、体育场馆、俱乐部、影剧院、游乐场、文艺体育团体等用地
机关、宣传用地	指行政及事业机关、党、政、工、青、妇、群众组织驻地，广播电台、电视台、出版社、报社、杂志社等用地
科研设计用地	指科研、设计机构用地，如研究院（所）、设计院及其试验室、试验场等科研、设计用地
教育用地	指大专院校、中等专业学校、职业学校、干校、党校、中小学校、幼儿园、托儿所、业余进修院（校）等用地
医卫用地	指医院、门诊部、保健院（站、所）、疗养院（所）、救护站、血站、卫生院、防治所、检疫站、防疫站、医学化验、药品检验等用地

（6）交通用地

表1－7　交通用地释义

用地类型	概念
交通用地	指铁路、民用机场、港口码头及其他交通用地
铁路用地	指铁路及场站、地铁出入口等用地
民用机场用地	指民用机场及其附属设施用地
港口码头用地	指专供客、货运船停靠的场所用地
其他交通用地	指车场（站）、广场、公路、街、巷、小区内的道路等用地

（7）其他用地

其他用地主要包括军事设施、涉外、宗教、监狱类特殊用地、水域用地、水田菜地、旱地园地类农用地和各种未利用土地、空闲地等其他用地。

三　房地产建筑用语

容积率、绿地率、绿化率是房地产中常见的建筑术语，除此之外，建筑专业术语还包括建筑形态、建筑排布形式、建筑结构等。

1 建筑形态

房地产开发常见的建筑形态有塔式楼、板式楼、板塔结合。

(1) 塔式楼

塔式楼也叫点式楼，是因其外形而得名。以共用电梯、楼梯为核心布置多套住房的住宅，整个住宅只有一个单元。通俗地说，塔式楼以电梯、楼梯为布局核心，进入楼层之后，向四面走都可以直接入户。

(2) 板式楼

板式楼是由多个住宅单元组合而成，每单元均设有楼梯、电梯的住宅。但从其外观上看不一定都呈“一”字形，也可以是拐角、围合等形状。

(3) 板塔结合

有的板楼是一梯两户，在楼房拐角处设置塔楼户型，这其实是板楼的缩版，叫作“短板”，这种“短板”的品质比较好。它虽是板楼但同时具备塔楼的特点，还可以向高层发展。“板中有塔，塔中有板”，这种做法是现代建筑结构设计中一个非常好的发展趋势。

2 建筑排布形式

常见的建筑排布形式有行列式、周边式、点群式、混合式。

(1) 行列式

行列式是指条式单元住宅或联排式住宅按一定朝向和合理间距成排布置的方式。这种布置方式可使每户都能获得良好的日照和通风条件，便于布置道路、管网，方便工业化施工。但如果处理不好，形成的空间往往会有单调、呆板的感觉，并且产生穿越交通的干扰。如果能在住宅排列组合中，注意避免“兵营式”的布置，多考虑住宅单体空间的变化，如采用山墙错落、单元错落拼接以及用矮墙分隔等手法便可达到良好的景观效果。

（2）周边式

周边式是指住宅建筑沿街坊或院落周边布置的形式。这种布置形式形成封闭或半封闭的内院空间，院内较安静、安全，利于布置室外活动场地、小块公共绿地和小型公建等居民交往场所。这种形式组成的院落较完整，一般较适用于寒冷多风沙的地区，可阻挡风沙及减少院内积雪。周边式基本形式的变化有三种，即单周边式、双周边式和自由周边式，目前市场上别墅类产品引用的较多，而公寓产品受朝向和采光影响，使用较少。周边布置的形式有利于节约用地，提高居住建筑面积密度。但这种布置方式使部分住宅朝向较差，在炎热地区较难适用。

（3）点群式

点群式是指包括低层独院式住宅、多层点式及高层塔式的住宅布局，点式住宅自成组团或围绕住宅组团中心建筑、公共绿地、水面等有规律或自由布置，运用得当可丰富建筑群体空间。点式住宅布置灵活，便于利用地形，但在寒冷地区因外墙太多而对节能不利。

（4）混合式

在实际项目建设中为了规避规划缺点，很少只用一种建筑排布方式，多采用混合式排布。

3 建筑分层

按建筑物所处的不同楼层，建筑可以划分成低层、多层、中高层、高层、超高层五种建筑。另外还有一种形式叫小高层，是人们通俗的叫法。

（1）低层建筑

1～3 层为低层建筑。

（2）多层建筑

4～6 层为多层建筑。

（3）**中高层建筑**

7～9层为中高层建筑。

（4）**高层建筑**

高层建筑是指超过一定高度和层数的多层建筑。中国自2005年起规定，超过10层的住宅建筑和超过24米高的其他民用建筑为高层建筑。

（5）**小高层建筑**

在建设部有关规定中，没有小高层这个概念，它是人们的一种通俗叫法。在现实生活中，人们通常把7～11层的楼房称为小高层。

（6）**超高层建筑**

超高层建筑是指40层以上，高度100米以上的建筑。

4 建筑结构

常见的建筑结构有砖混结构、砖木结构、钢筋混凝土结构、钢结构、其他结构。

（1）**砖混结构**

砖混结构主要是指砖墙承重，部分是钢盘混凝土承重的结构。

①砖

砖混结构住宅中的“砖”，指的是一种统一尺寸的建筑材料。也有其他尺寸的异型黏土砖，如空心砖等。

②混

“混”指的是由钢筋、水泥、砂石、水按一定比例配制的钢筋混凝土配件，包括楼板、过梁、楼梯、阳台、挑檐，这些配件与砖做的承重墙相结合。根据抗震要求，砖混结构的住宅一般要求建筑高度在5～6层以下。

（2）**砖木结构**

该类结构主要承重构件是由砖和木两种材料制成。分隔方便，自重轻，工艺简单，材料单一，防火防腐能力差，耐用年限短，在农村及城市旧区普遍存在，在城市和城市新区不提倡使用。

（3）钢筋混凝土结构

主要承重构件是由钢筋和混凝土制成的结构，包括薄壳结构、大模板现浇结构及使用滑模、升板等建造的钢筋混凝土结构的建筑物。

①优点

这种结构抗震性能好，整体性强，抗腐蚀耐火能力强，经久耐用，并且房间的开间、进深相对较大，空间分割较自由。目前，多、高层房屋多采用这种结构。

②缺点

工艺比较复杂，建筑造价较高。

（4）钢结构

钢结构是指承重的主要构件是用钢材料建造，包括悬索结构。

（5）其他结构

凡不属于上述结构的房屋都归此类，如竹结构、砖拱结构、窑洞等。

5 建筑体量指标

开间、进深、层高、净高等是衡量建筑体量的关键指标。作为一名房地产销售人员，应熟悉销售的产品，有必要从建筑指标的角度去理解房地产。

（1）住宅间距

两栋住宅间距（外墙皮与外墙皮）与前面（一般指南面）住宅高度的比值。

（2）控高

所造建筑之总高度，由规划部门规划控制。

（3）开间

住宅设计中，住宅的宽度是指一间房屋内一面墙皮到另一面墙皮之间的实际距离。因为是就一个自然间的宽度而言，故又称开间。

住宅开间一般不超过3.0米~3.9米，砖混结构住宅开间一般不超过3.3米。规定较小的开间尺度，可缩短楼板的空间跨度，增强住宅结构整体性、稳定性和抗震性。开间5米以上，进深7米以上的大开间住宅可为住户提供一个40~50平方米甚至更大的居住空间，与同样建筑面积的小开间住宅相比，承重墙减少一半，使用面积增加2%，便于灵活隔断和装修改造。

（4）进深

在建筑学上，进深是指一间独立的房屋或一幢居住建筑从前墙皮到后墙壁之间的实际长度。

进深大的住宅可以有效地节约用地，但为了保证建成的住宅可以有良好的自然采光和通风条件，住宅的进深在设计上有一定的要求，不宜过大。目前我国大量城镇住宅房间的进深一般要限定在5米左右，不能任意扩大。

（5）层高

层高是指住宅高度以“层”为单位计量，通常包括下层地板面或楼板面到上层楼板面之间的距离。

（6）净高

净高是指层高减去楼板厚度的净剩值。

（7）建筑高度

建筑高度是指建筑物室外地平面至外墙面顶部的总高度。

（8）建筑间距

建筑间距是指建筑平面外轮廓线之间的距离。

（9）层数

层数是指房屋的自然层数，一般按室内地坪±0以上计算；采光窗在室外地坪以上的半地下室，其室内层高在2.20米以上（不含2.20米）

的，计算自然层数。房屋总层数为房屋地上层数与地下层数之和。假层、附层（夹层）、插层、阁楼（暗楼）、装饰性塔楼，以及突出屋面的楼梯间、水箱间不计层数。

（10）标准层

标准层是指平面布置相同的住宅楼层。

（11）技术层

技术层是指建筑物的自然层内，用作水、电、卫生等设备安装的局部层次。

（12）转换层

建筑物某楼层的上部与下部因平面使用功能不同，该楼层上部与下部采用不同结构（设备）类型，并通过该楼层进行结构（设备）转换，则该楼层称为结构（设备）转换层。

（13）住宅平均层数

住宅平均层数是指住宅总建筑面积与住宅基底总面积的比值（层）。

（14）人均住宅建筑面积

人均住宅建筑面积是指按居住人口计算平均每人拥有的住宅建筑面积。计算公式为：

人均住宅建筑面积（平方米/人）=住宅建筑面积/居住人口

（15）人均住宅使用面积

人均住宅使用面积是指按居住人口计算的平均每人拥有的住宅使用面积。计算公式为：

人均住宅使用面积（平方米/人）=住宅使用面积/居住人口

6 建筑面积

建筑面积是指各建筑物每层外墙线（或墙外柱子外缘线）的水平投影面积之和，或指单位建筑物各层展开面积之总和。每层建筑面积按建筑物勒脚以上外围水平截面面积计算。层高在2.2米以下的技术层不计算建筑面积。

建筑面积包括使用面积、辅助面积和结构面积。

（1）使用面积

使用面积是指建筑物各层平面中直接为生产或生活使用的净面积的总和，按房屋的内墙面水平投影计算。

（2）辅助面积

辅助面积是指住宅建筑各层中不直接供住户生活的室内净面积，包括过道、厨房、卫生间、厕所、起居室、贮藏室等，但不包括烟囱等。

（3）结构面积

结构面积是指建筑物各层中外墙、内墙、间隔墙、垃圾道、通风道、烟囱（均包括管道面积）等所占面积的总和。

（4）建设用地面积

建设用地面积是指城市规划行政主管部门确定的建设用地位置和界线所围合的用地之水平投影面积，不包括代征的面积。

（5）建筑基底面积

建筑基底面积是指建筑物接触地面的自然层建筑外墙或结构外围垂直投影面积。

（6）绿地面积

绿地面积是指能够用于绿化的土地面积，不包括屋顶绿化、垂直绿化和覆土小于2米的土地。

7. 建筑密度

建筑密度也称建筑覆盖率，指项目规划建设用地范围内所有建筑物的基底面积之和与规划建设用地面积之比。

（1）容积率

容积率是指建设用地内的总建筑面积为建设用地面积的倍数。地下停车库、架空开放的建筑底层等建筑面积在计算容积率时可不计入。

（2）绿地率

绿地率是指居住区用地范围内各类绿地的总和与居住区用地的比率。

（3）绿化率

绿化率是指规划建设用地范围内的各类绿化面积与规划建设用地面积之比。

（4）套密度

套密度是指建筑总套数与总用地面积之比。

（5）覆盖率

覆盖率是指建筑基底面积占建设用地面积的百分比。

（6）得房率

得房率是指套（单元）内建筑面积与套建筑面积的比率。

（7）实用率

实用率是指套内建筑面积和住宅面积之比，大于使用率。

表1-8　各物业类型及其实用率

物业类型	实用率
多层住宅	88%~92%
小高层及高层住宅	78%~86%
写字楼物业	65%~75%
商铺物业	50%左右

（8）公摊率

公摊率主要用于计算在住宅小区中公用建筑设施（配电房、楼道、电梯井、公用通道、消防设施以及其他公用设施）在小区总建筑面积中所占比例。

公摊率=总分摊面积/总建筑面积=100%-得房率

(9) **出房率**

出房率是指住宅净使用面积占销售面积的百分比。由于住宅销售面积的计算是以楼为单位，所以相同的房型在不同的楼号内，虽然使用面积相同，但销售面积会有所不同。

四 房屋类别

房屋一般指上有屋顶，周围有墙，能防风避雨，御寒保温，供人们在其中工作、生活、学习、娱乐和储藏物资，并具有固定基础，层高一般在2.2米以上的永久性场所。但根据某些地方的生活习惯，可供人们常年居住的窑洞、竹楼等也应包括在内。

1. 商品房

商品房是指由房地产开发企业开发建设并出售、出租的房屋。

2. 房改房

房改房即已购公有住房，是指城镇职工根据国家和县级以上地方人民政府有关城镇住房制度改革政策规定，按照成本价或者标准价购买的已建公有住房。按照成本价购买的，房屋所有权归职工个人所有；按照标准价购买的，职工拥有部分房屋所有权，一般在五年后归职工个人所有。

3. 存量房

存量房是指已被购买或自建并取得所有权证书的房屋。

4. 集资房

一般由国有单位出面组织并提供自有的国有划拨土地用以建房，国家予以减免部分税费，由参加集资的职工部分或全额出资建设，房屋建成后归职工所有，不对外出售。产权也可以归单位和职工共有，在持续一段时间后过渡为职工个人所有。属于经济适用房的一种。

5 微利房

微利房亦称微利商品房，指由各级政府房产管理部门组织建设和管理，低于市场价格和租金、高于福利房价格和租金，用于解决部分企业职工住房难和社会住房特困户居住问题的房屋。

6 平价房

根据国家安居工程实施方案的有关规定，以城镇中、低收入家庭住房困难户为对象，通过配售形式供应、具有社会保障性质的经济适用住房。其建房土地由政府划拨，配售对象及配售价格由政府管理部门审核认定。

7 解困房

解困房是指各级地方政府为解决本地城镇居民中特别困难户、困难户和拥挤户住房问题而专门修建的住房。

8 再上市房

再上市房是指职工按照房改政策购买的公有住房或经济适用房首次上市出售的房屋。

9 廉租住房

廉租住房是指政府或单位在住房领域实施社会保障职能，以租金补贴或实物配租的方式，向符合城镇居民最低收入且住房困难的家庭提供的社会保障性质的住房。

廉租房的分配形式以租金补贴为主，实物配租和租金减免为辅。我国的廉租房只租不售，出租给城镇居民中最低收入者。

10 花园式住宅

花园式住宅也叫西式洋房或小洋楼，或称花园别墅。带有花园草坪和车库的独院式平房或二、三层小楼，建筑密度很低，内部居住功能完备，装修豪华，并富有变化，一般由高收入者购买。

11 公寓式住宅

公寓式住宅相对于独院独户的西式别墅住宅而言。一般建在大城市，大多数是高层，日照率低于国家标准的住宅。

12 安居工程住房

安居工程住房是指直接以成本价向城镇居民中低收入家庭出售的住房，优先出售给无房户、危房户和住房困难户，在同等条件下优先出售给离退休职工、教师中的住房困难户，不售给高收入家庭。

成本价由征地和拆迁补偿费、勘察设计和前期工程费、建安工程费、住宅小区基础设施建设费（小区级非营业性配套公建费，一半由城市人民政府承担，一半计入房价）、1% ~3% 的管理费、贷款利息和税金等七项因素构成。

13 经济适用住房

经济适用住房是指根据国家经济适用住房建设计划安排建设的住宅。由国家统一下达计划，用地一般实行行政划拨的方式，免收土地出让金，对各种经批准的收费实行减半征收，以政府指导价、按保本微利的原则确定出售价格。

14 已购公房

已购公房又称售后公房，就是购买的公有住房。

15 单位产权房

单位产权房是指产权属于单位所有的房屋，也称系统产权房、系统房。

16 私房

私房也称私有住宅，私产住宅。它是由个人或家庭购买、建造的住宅。在农村，农民的住宅基本上是自建私有住宅。公有住房通过住宅消费市场出售给个人和家庭，也就转为私有住宅。

17 二手房

二手房即旧房。新建的商品房进行第一次交易时为“一手”，第二次交易则为“二手”。一些无房的人，可以买一套别人多余的房；而另一些手里有些积蓄又有小房子居住的，可以卖掉旧房买新房；而那些住房富余户，也能卖掉自己的多余住房换取收益。

18 期房

期房是指开发商从取得商品房预售许可证开始至取得房地产权证大产证为止，处在这一期间的商品房统称期房，消费者在这一阶段购买商品房时要签预售合同。期房在港澳地区称作买“楼花”，这是当前房地产开发商普遍采用的一种房屋销售方式。购买期房也就是购房者购买尚处于建造之中的房地产项目。

19 现房

现房是指开发商已办妥房地产权证（大产证）的商品房，消费者在这一阶段购买商品房时要签出售合同。在某些地方，如成都市，通常意义上的现房是指项目已经竣工可以入住的房屋。

20 准现房

准现房是指房屋主体已基本封顶完工，小区内的楼宇及设施的大致轮廓已初现，房型、楼间距等重要因素已经一目了然，工程正处在内外墙装修和进行配套施工阶段的房屋。

21 尾房

尾房又称扫尾房。它是房地产业进入散户零售时代的产物，是空置房中的一种。一般情况下，当商品住宅的销售量达到80%以后，就进入房地产项目的清盘销售阶段，此时所销售的房产，称为尾房。开发商经过正常的销售后剩下了少量没有竞争力的房子，这些房子或朝向不好、采光不足，或是楼层不佳、位处两级，其中一层大多不带小花园且遮挡较严重。

22 烂尾房

一般是指那些由于开发商资金不足、盲目上马，或者错误判断供求形势，开发总量供大于求，导致大面积空置，无法回收前期投资，更无力进行后续建设，甚至全盘停滞的积压楼宇。“烂尾”的情况一般不会直接发生在房产推出销售的时候，而是随着项目不断推进，一步步显现。

五 建筑内部空间称谓

对于建筑物的内部空间，销售人员应掌握各部分空间的界限，掌握阳台、平台、走廊等内部空间的概念。

1 阳台

阳台是指供居住者进行室外活动、晾晒衣物等的空间。

2 平台

平台是指供居住者进行室外活动的区域或由住宅底层地面伸出室外的部分。

3 走廊

走廊是指住宅套外使用的水平交通空间。

4 地下室

地下室是指房间地面低于室外地平面的高度超过该房间净高的1/2者。

5 半地下室

半地下室是指房间地面低于室外地平面的高度超过该房间净高的1/3，且不超过1/2者。

6 玄关

玄关是指登堂入室第一步所在的位置，它是一个缓冲过渡的地段。居室是家庭的“领地”，讲究一定的私密性，大门一开，有玄关阻隔，外人对室内就不能一览无余。玄关一般与厅相连，由于功能不同，需调度装饰手段加以分割，就是自己人回家，也要有一块放雨伞、挂雨衣、换鞋、放包的地方。平时，玄关也是接收邮件、简单会客的场所。

7 隔断

隔断是指专门作为分隔室内空间的不到顶的半截立面。

8 过道

过道是指住宅套内使用的水平交通空间。

9 假层

假层是指建房时建造的，一般比较低矮的楼层。其前后沿的高度大于1.7米，面积不足底层的1/2的部分。附层（夹层）是房屋内部空间的局部层次。

10 阁楼（暗楼）

阁楼一般是指房屋建成后，因各种需要，利用房间内部空间上部搭建的楼层。

第二节 六类商品房相关概念

商品房是指由房地产开发公司综合开发、建成后出售的住宅、商业用房以及其他建筑物。

一 商品房建筑用地

商品房的建筑用地，要区分居住小区总用地、住宅总用地、公建总用地等不同概念。

1 居住小区总用地

居住小区总用地包括住宅总用地，公共建筑设施总用地，道路、广场用地、庭院、绿化用地的总和。

2 住宅总用地

住宅总用地指低层、多层、中高层、高层以及住宅用地面积的总和。

3 公建总用地

公建总用地指小区内部公共建筑占地面积的总和。

二 商品房相关面积

按照开发的不同阶段，商品房面积计算方式有所不同，分别有房屋施工面积、房屋新开工面积、房屋竣工面积、前期预售面积、实际销售面积、后期预售面积等，除此之外还应区分公摊面积、居住面积等概念。

1 房屋施工面积

房屋施工面积是指在报告期内施工的房屋建筑面积，包括本期新开工面积和上年开发跨入本期继续施工的房屋面积，以及上期已停建在本期复工的房屋面积。本期竣工和本期施工后又停建、缓建的房屋面积仍包括在施工面积中，多层建筑应填各层建筑面积之和。

2 房屋新开工面积

房屋新开工面积是指在报告期内新开工建设的房屋建筑面积，不包括上期跨入报告期继续施工的房屋面积和上期停缓建而在本期恢复施工的房屋面积。房屋的开工应以房屋正式开始破土刨槽（地基处理或打永久桩）的日期为准。

3 房屋竣工面积

房屋竣工面积是指房屋按照设计要求已全部完工，达到入住和使用条件，经过验收鉴定合格（或达到竣工验收标准），可正式移交使用的房屋建筑面积总和。

4 前期预售面积

前期预售面积是指报告期末仍未竣工交付使用，但已签订预售合同的正在建设的商品房屋面积。报告期预售又在报告期转正式或协议销售的商品房屋面积应列为实际销售面积，同时统计为销售收入。

5. 实际销售面积

实际销售面积是指报告期竣工的房屋面积中已正式交付购房者或已签订（正式）销售合同的商品房屋面积。不包括已签订预售合同正在建设的商品房屋面积，但包括报告期或报告期以前签订了预售合同，在报告期竣工的商品房屋面积。

6. 后期预售面积

后期预售面积是指报告期末竣工的可供销售或出租的商品房屋建筑面积中，尚未销售或出租的商品房屋建筑面积，包括以往年度竣工和本期竣工的房屋面积，但不包括报告期内竣工的拆迁还建、统建代建、公共配套建筑、房地产公司自用及周转房等不可销售或出租的房屋面积。

7. 套内建筑面积

套内建筑面积是指套内使用面积与套内墙体面积以及阳台建筑面积的总和。

8. 公摊面积

商品房分摊的公用建筑面积主要由两部分组成：

电梯井、楼梯间、垃圾道、变电室、设备室、公共门厅和过道等功能上为整楼建筑服务的公共用房和管理用房的建筑面积；

各单元与楼宇公共建筑空间之间的分隔以及外墙（包括山墙）墙体水平投影面积的50%。

9. 套（单元）建筑面积

套（单元）建筑面积是指套内建筑面积与分摊的公用建筑面积之和。

10 实用面积

实用面积是建筑面积扣除公共分摊面积后的余额。

11 共享地面面积

共享地面面积指两个或两个以上产权人共同占有使用的不能分割的土地范围。

12 公用面积

公用面积指住宅楼内为住户出入方便、正常交往、保障生活所设置的公共走廊、楼梯、电梯间、水箱间等所占面积的总和。开发商在出售商品房时计算的建筑面积存在公共面积的分摊问题。

13 居住面积

居住面积指住宅建筑各层平面中直接供住户生活使用的居室净面积之和。所谓净面积就是要除去墙、柱等建筑构件所占有的水平面积（结构面积）。居住面积一般作为衡量居住水平的面积指标。

14 计租面积

计租面积指作为房租计价基数的面积。在住房制度改革中，统一规定：住宅用房按使用面积计算，包括居室、客厅、卫生间、厨房、过道、楼梯、阳台（闭合式按一半计算）、壁橱等；非住宅用房按建筑面积计算。

三 商品房组合形式

不同数量与形式的商品房组合，形成单元式住宅、住宅群落、居住小区、居住组团等。

1. 单元式住宅

单元式住宅指在多层、高层楼房中的一种住宅建筑形式。通常每层楼面只有一个楼梯，住户由楼梯平台直接进入分户门，一般多层住宅每个楼梯可以安排 4 到 24 户。所以，每个楼梯的控制面积又称为一个居住单元。

2. 住宅群落

住宅群落的规模介于单栋住宅和居住小区之间，服务设施则因规模和环境而异，是一种适合现有城市道路网（特别是旧城区）的住宅区形式。

3. 居住小区

以住宅楼房为主体并配有商业网点、文化教育、娱乐、绿化、公用和公共设施的具有一定规模的居民生活区，并不为城市交通干道所穿越的完整地段。

4. 居住组团

居住组团一般称组团，指被小区道路分隔，并与居住人口规模 1000 ~ 3000 人相对应，配建居民所需的基础公共服务设施的居住生活聚居地。

5. 住宅街坊

住宅街坊是由城市道路或居住区道路划分，用地大小不定，无固定规模的住宅建设地块。它的规模介于居住组团和居住小区之间。服务设施一般因环境条件而异。通常沿街建有商业设施，内部建住宅和其他公共建筑。

四 商品房特殊形态

商品房有几种特殊的建筑形态，如复式商品房、跃层式商品房、错层式商品房。

1. 复式商品房

复式商品房是一种经济型房屋，在层高较高的一层楼中增建一个夹层，从而形成上下两层的楼房。

2. 跃层式商品房

跃层式商品房指客厅挑空的上下两层楼面、卧室、起居室、客厅、卫生间、厨房及其他辅助用房，并采用户内独用的小楼梯连接的房屋。

3. 错层式商品房

错层式商品房指一套住宅内的各种功能用房在不同的平面上，用 30～60 厘米的高差进行空间区隔，层次分明，立体性强，但未分成两层，适合大面积住宅。

五 居住密度

居住密度指单位用地面积上居民和住宅的密集程度，是一个包含人口密度、人均用地、建筑密度和建筑面积密度指标的综合概念。

1. 人口毛密度

人口毛密度指每公顷居住区用地上容纳的规划人口数量，单位：人/公顷。

2. 人口净密度

人口净密度指每公顷住宅用地上容纳的规划人口数量，单位：人/公顷。

3 住宅建筑套毛密度

住宅建筑套毛密度指每公顷居住区用地上拥有的住宅建筑套数，单位：套/公顷。

4 住宅建筑套净密度

住宅建筑套净密度指每公顷住宅用地上拥有的住宅建筑套数，单位：套/公顷。

5 住宅面积毛密度

住宅面积毛密度指每公顷居住区用地上拥有的住宅建筑面积，单位：平方米/公顷。

6 住宅面积净密度

住宅面积净密度也称住宅容积率。指每公顷住宅用地上拥有的住宅建筑面积，或以住宅建筑总面积（万平方米）与住宅用地（万平方米）的比值表示。

7 建筑面积毛密度

建筑面积毛密度也称容积率。是指每公顷居住区用地上拥有的各类建筑的建筑面积，或以总建筑面积（万平方米）与居住区用地（万平方米）的比值表示。

8 建筑面积净密度

建筑面积净密度指住宅建筑基底总面积与住宅用地的比率。

9 户室比

户室比又叫户型比。是指各种户型在总户数中所占百分比，反映到住宅设计上，体现在一定数量住宅建筑中，各种不同套型住宅占住宅总套数的比重。如一栋住宅楼中，小套（或一室户）占25%，中套（二室户）占47%，大套（三室或四室户）占28%。

10 住宅成套率

住宅成套率指成套住宅建筑面积与实有住宅建筑面积的比例。计算公式：

住宅成套率（%）=成套住宅建筑面积/实有住宅建筑面积×100%

11 住宅自有（私有）率

住宅自有（私有）率指自有（私有）的住宅建筑面积与实有住宅建筑面积的比例。计算公式：

住宅自有率（%）=自有（私有）住宅建筑面积/实有住宅建筑面积×100%

12 户均住宅套数

户均住宅套数指按居住户数计算的平均每户拥有的住宅套数。计算公式：

户均住宅套数（套/户）=住宅套数/居住户数

13 面积误差比

面积误差比指产权登记面积与合同约定面积之差与合同约定面积的比率。计算公式：

面积误差比=（产权登记面积－合同约定面积）/合同约定面积×100%

六 其他

商品房其他相关概念包括配建设施、公共活动中心、建筑小品等。

1 配建设施

配建设施指与住宅规模或与人口规模相对应配套建设的公共服务设施、道路和公共绿地的总称。

2 公共活动中心

公共活动中心指配套公建相对集中的居住区中心、小区中心和组团中心等。

3 建筑小品

建筑小品指既有功能要求，又具有点缀、装饰和美化作用，是对从属于某一建筑空间环境的小体量建筑、游憩观赏设施和指示性标志物等的统称。

第三节 房地产交易专有名词

在房地产交易过程中，必须掌握房屋的权属、相关证书、交易形式以及交易需要缴纳的各种税费。

房屋所有权

房屋所有权是指对房屋全面支配的权利。《民法通则》规定，房屋的所有权分为占有权、使用权、收益权和处分权四项权能，这也是房屋所有权的四项基本内容。

1. 房屋产权证

房地产权证分三种颜色，四种类型。房产证有绿证、红证、黄证之分，是房地产主管部门对不同房地产权益实行分类发放和管理的需要，持绿、红、黄三证的房地产权人分别享有不同的房地产权利。

（1）**绿证**

绿证颁发给拥有的土地使用权已出让、转让地块上房地产的权利人，该证所记载的房地产可直接进入房地产市场。

以下情况填写绿证：

第一，以出让方式取得土地使用权的；

第二，外销商品房；

第三，已补交土地使用权出让金的花园住宅；

有以下情况也应填写绿证，但要注记“限内销房”：

第一，已补交土地使用权出让金的内资六类用地；

第二，已补交土地使用权出让金的内资联建、参建商品房；

第三，外资内销房；

第四，1994 年 4 月 30 日前立项并取得商品居住计划，1994 年 12 月 31 日前领取土地使用证的内销商品房。

（2）红证

红证颁发给集体所有土地上的房地产权利人，该证所记载的房地产不能进入房地产市场，只能出售给房屋所在乡（镇）范围内，具备居住房建设申请条件的个人。

以下情况填写红证：

第一，申请集体所有的非农用地登记的；

第二，申请坐落在集体所有土地上单位和个人所有的房屋登记的。

（3）黄证

黄证颁发给除上述用地情况外的拥有其他地块上房地产的权利人，该证所记载的房地产按规定办理补地价等有关手续后，可进入房地产市场。

以下情况填写黄证：

第一，以征用划拨方式取得土地使用权的；

第二，坐落在征用划拨土地上的单位和个人的房屋；

第三，公有住宅出售后的房屋；

第四，职工购买的平价房、优惠价房等；

第五，补偿所得的房屋。

2 房屋部分产权

职工以标准价购买住房，拥有部分产权。经登记核实后发给房屋所有权证，产别为“私产（部分产权）”。注记：“房改出售的标准价房，总价款：××元，售房单位：××××，产权比例为：××（个人），××（单位）。”

3 房屋权属登记

房屋权属登记指房地产行政主管部门代表政府对房屋所有权以及由上述权利产生的抵押权、典当权等房屋他项权利进行登记，并依法确认房屋产权归属关系的行为。

（1）**总登记**

总登记指县级以上人民政府根据需要，在一定期限内对本行政区域内的房屋进行统一的权属登记。

（2）**初始登记**

初始登记指新建房屋（竣工）或集体土地上的房屋转为国有土地上的房屋所进行的房屋所有权登记。

（3）**转移登记**

房屋买卖、交换、赠予、继承、调拨、以房地产作价入股或者作为合作条件与他人成立法人或者其他组织、法人或者其他组织合并（分立）、以房地产清偿债务、以其他合法方式使房屋权属发生变更的，当事人申请转移登记。

（4）**变更登记**

变更登记指房屋所有权人（共有权人）名称改变、房屋坐落的地址变更、房屋面积增加或减少、房屋登记状况变更的，权利人申请变更登记。

（5）**他项权利（抵押权）登记**

设定房屋抵押权，当事人申请房屋抵押登记。登记后抵押情况发生变更的，当事人申请抵押变更登记。

（6）注销登记

注销登记指因房屋灭失、土地使用年限届满、他项权利终止等进行的房屋权属登记。

（7）补证、换证登记

证书（证明）遗失的，申请补证登记；证书（证明）破损的，申请换证登记。

4 地籍

通常所说的地籍、产籍、房地产籍是同一概念。指土地的自然状况、社会经济状况和法律状况的调查与登记，包括土地产权的登记和土地分类面积等内容。是对在房地产调查登记过程产生的各种图表、证件等登记资料，经过整理、加工、分类而形成的图、档、卡、册等资料的总称。能反映土地的位置（地界、地号）、数量、质量、权属和用途（地类）等基本状况的簿籍（或清册），也称土地的户籍。

5 地籍管理

地籍管理指国家为取得有关地籍资料和为全面研究土地的权属、自然和经济状况而采取的以地籍调查（测量）、土地登记、土地统计和土地分等定级等为主要内容的国家措施。

6 宗地

宗地是地籍的最小单元，指以权属界线组成的封闭地块。

7 宗地图

宗地图是土地使用合同书附图及房地产登记卡附图。它反映一宗地的基本情况，包括宗地权属界线、界址点位置、宗地内建筑物位置与性质、与相邻宗地的关系等。

8. 证书附图

证书附图即房地产证后面的附图，是房地产证的重要组成部分，主要反映权利人拥有的房地产情况及房地产所在宗地情况。

9. 房屋权利人

房屋权利人指依法享有房屋所有权和该房屋占用范围内的土地使用权、房地产他项权利的法人、其他组织和自然人。

10. 申请人

申请人指已获得了房屋并提出房屋登记申请，但尚未取得房屋所有权证书的法人、其他组织和自然人。

二 房屋权属证书

房屋权属证书是权利人依法拥有房屋所有权并对房屋行使占有、使用、收益和处分权利的唯一合法凭证，受到国家法律保护。包括房屋所有权证、房屋共有权证、房屋他项权证或者房地产权证、房地产共有权证、房地产他项权证。

1. 所有权证

所有权证指由县级以上房产管理部门向房屋所有人核发的对房屋拥有合法所有权利的证书。

2. 共有权证

共有权证指由县级以上房产管理部门对共有的房屋向共有权人核发，每个共有权人各持一份的权利证书。它是房屋所有权证的附件，用以证明共有房屋的归属。

3. 他项权证

他项权证指在他项权利登记后，由房管部门核发、由抵押权人持有的权利证书。

三 房屋交易形式

房屋的交易形式包括转让、租赁、抵押三种。

1. 房屋转让

房屋转让指合法拥有土地使用权及土地上建筑物、附（引）着物所有权的自然人、法人和其他组织，通过买卖、交换、赠予将房地产转移给他人的法律行为。

2. 房屋租赁

房屋租赁是指由房屋的所有者或经营者将其所有或经营的房屋交给房屋的消费者使用，房屋消费者通过定期交付一定数额的租金，取得房屋的占有和使用权利的行为。房屋租赁是房屋使用价值零星出售的一种商品流通方式。

3. 房屋抵押

房屋抵押指抵押人（债务人或第三人）以自己的房屋作为抵押物价权人，在债务人到期不履行债务时，债权人有权依法律规定将抵押的房屋折价或以变卖该抵押房屋的价款而优先受价。

四 房屋“五证”“一照”“二书”

房屋交易时，房地产开发商和销售商应提供齐全的“五证”“一照”“二书”，这是法律对销售方的基本要求。

1“五证”

“五证”具体指建设用地规划许可证、建设工程规划许可证、建设工程施工许可证、国有土地使用证和商品房销售（预售）许可证。

国有土地使用证是证明土地使用者（单位或个人）使用国有土地的法律凭证，受法律保护。

建设工程规划许可证是有关建设工程符合城市规划要求的法律凭证，是建设单位建设工程的法律凭证，是建设活动中接受监督检查时的法定依据。

建设工程施工许可证又叫建设工程开工证，是建筑施工单位符合各种施工条件、允许开工的批准文件，是建设单位进行工程施工的法律凭证，也是房屋权属登记的主要依据之一。

建设用地规划许可证是建设单位在向土地管理部门申请征用、划拨土地前，经城市规划行政主管部门确认建设项目位置和范围符合城市规划的法定凭证，是建设单位用地的法律凭证。

商品房销售（预售）许可证是市、县人民政府房地产行政管理部门允许房地产开发企业销售商品房的批准证明。

2“一照”

“一照”指营业执照及资质证书。

3“二书”

“二书”是指房屋质量保证书和使用说明书。

五 房屋交易税费

房屋交易应缴纳的税费包括房产税、契税、营业税、城市维护建设税和教育费附加、企业所得税、印花税、土地增值税。

1 房产税

房产税是以房产为课税对象，向产权所有人征收的一种税。

2 契税

契税是在土地、房屋权属发生转移时，对产权承受人征收的一种税。

3 营业税

营业税是对有偿提供应税劳务、转让无形资产和销售不动产的单位和个人，就其营业收入额征收的一种税。房地产业涉及的营业税主要是转让无形资产和销售不动产。

4 城市维护建设税和教育费附加

城市维护建设税是随增值税、消费税和营业税附征并专门用于城市维护建设的一种特别目的税。城建税税率分别为7%、5%、1%三个档次。

教育费附加是随增值税、消费税和营业税附征并专门用于教育的一种特别目的税。其税率在城市一般为营业税的3%。

5 企业所得税

企业所得税指对中华人民共和国境内的一切企业（不包括外商投资企业和外国企业），就其来源于中国境内外的生产经营所得和其他所得而征收的一种税。

6. 印花税

印花税是对因商事活动、产权转移、权力许可证照授受等行为而书立、领受的应税凭证征收的一种税。

7. 土地增值税

土地增值税是对有偿转让国有土地使用权及地上建筑物和其他附着物产权、取得增值性收入的单位和个人征收的一种税。

第四节 房地产销售专用术语

销售专用术语包括销售流程相关术语、销售价格相关术语、销售手段相关术语以及付款方式相关术语。

一、销售流程相关术语

在销售的过程中，应掌握案场、开盘、销讲、销控等房地产销售专用术语。

1. 案场

案场指地产项目售楼处。

2. 开盘

某一个地产项目取得了预售许可证，并通过一定量的媒体投放，告知客户该案开始进行销售。

3. 销讲

销讲的全名是“销售讲习资料”，指在案前准备期，整个专案组通过对该案的了解所整理出来的一份资料。它包括整体市场介绍、区域市场介绍、该案环境介绍（含生活机能、交通动线、扫楼标的图）、发展商基本资料、建材备份录、产品解说、SWOT分析、答客问、目前政策法规介绍、企划配合（媒体安排）等。其中，最重要的是“答客问”，它是整篇销讲的灵魂所在。

4 销控

销控指在专案或主委拟订的运货顺序控制下，对整个楼盘的房源进行控制的一种手段。它包括软销控（价格销控——单价、总价）、硬销控（房源销控——楼层、位置、面积、房型）。销控的唯一目的是达成销售目标：一般来说，于销售代理而言销控是为了销售速度最大化，于项目包销而言是为了销售利润最大化。

5 销售循环

销售循环是指完整的销售追踪过程（客户接待——电话追踪——信件联系——节日问候——告知工程进度——客户再来现场）。

6 抗性

抗性是指阻碍个案销售的任何事物，比如价格、地段、生活机能等。

7 强销期

强销期是指大批量的媒体广告投放出去，公司耗用大量人力物力，以期在短时间内创造高销售率的一段时间。

8 报备

报备是指销售业务员须让专案知道或批准的事情，包括吸烟、饮食、出外、拨打私人电话、如厕等。

二 销售价格相关术语

作为一名房地产销售人员，应掌握均价、基价、起价、预售价等术语的含义。

1 均价

均价是指商品房销售价格和数除以单位建筑面积和数，即每平方米的价格。

2 基价

基价是指经过核算而确定的每平方米商品房基本价格。商品房的销售价格一般以基价为基数，再根据楼层增减、朝向差价后得出。

3 起价

起价是指商品房在销售时各楼层销售价格中的最低价格。

4 预售价

预售价是商品房预（销）售合同中的专用术语。预售价不是正式价格，在商品房交付使用时，应以有批准权限部门核定的价格为准。

5 一次性买断价

一次性买断价是指买方与卖方商定的一次性定价。一次性买断价属房产销售合同中的专用价格术语，确定之后，买方或卖方必须按此履行付款或交房的义务，不得随意变更。

6 开盘价

开盘价是指首次对外销售的价格，一般比以后销售的价格低。

7. 清盘价

清盘价是指楼盘售罄前的残留房的价格。当商品住宅的销售量达到80%以后，一般就进入房地产项目的清盘销售阶段，此时价格相对较低。

8. 主力单价

以100元/平方米或200元/平方米或其他数量的单价为一档，对某个案的单价进行分类，按照百分比得出的最大值那一档，即为主力单价。

9. 主力总价

以5万元或10万元为一档，将某个案的总价进行分类，按照百分比得出的最大值那一档，即为主力总价。

三 销售手段相关术语

在房地产的销售中，通常有“大定”和“小定”之说，“大定”指按照法律规定所缴纳的定金，“小定”指订购房屋的诚意金。另外，还要区分“临定”、“足定”等销售中经常用到的概念。

1. 商品房预售

商品房预售是指房地产开发企业将正在建设而尚未竣工的房屋预先出售给买受人，并由买受人支付定金或者房价款的行为。

商品房预售的最大特点在于其标的物的特殊性。在签订《商品房预售合同》时，房屋形态尚未确定，根据不动产登记立法的规定，非竣工商品房不能进行房屋产权登记，这就意味着买受人在合同订立后的相当长时间内无法取得标的物的所有权，只能基于合同拥有对标的物所有权的期待权利。

2 商品房现售

商品房现售是指房地产开发企业将竣工验收合格的商品房出售给买受人，并由买受人支付房价款的行为。

3 定金

定金是指当事人约定由一方向对方给付的，作为债权担保的一定数额的货币。它属于一种法律上的担保方式，目的在于促使债务人履行债务，保障债权人的债权得以实现。

根据我国《民法通则》和《担保法》第八十九条规定："定金应当以书面形式约定，当事人在定金合同中应约定交付定金的期限。定金合同从实际交付定金之日起生效，定金的数额由当事人约定，但不得超出合同标的额的20%。如果购房者交了定金之后改变主意决定不买，开发商有权以购房者违约为由不退定金；如果开发商将房屋卖给他人，应当向购房者双倍返还定金。"

4 订金

订金即房屋订购金，又称协议金、诚意金等，一般为1000~2000元人民币。

5 临定

在客户对业务员所介绍的房源较感兴趣时，客户支付对该房屋进行保留的订金。

6 足定

在客户对业务员所介绍的房源很感兴趣时，客户支付定购该房屋的定金。

客户对定购的房屋与业务员或开发商签订合同，视为“签”（若没有经过“足”的过程，则视作“足签”）。

退则为“足退”或“签退”。

7. 违约金

违约金是指违约方按照法律规定和合同的约定，应该付给对方的一定数量的货币。违约金是对违约方的一种经济制裁，具有惩罚性和补偿性功能，但主要体现惩罚性。只要当事人有违约行为且在主观上有过错，无论是否给对方造成损失，都要支付违约金。

8. 折让

经过代理商或开发商同意，所给予客户的一定价格让步。

四 付款方式相关术语

付款方式的相关术语包括一次性付款、分期付款和各种形式的贷款。

1. 一次性付款

一次性付款是卖方市场最为常见的付款方式，在买方市场时一般多见于那些低价位小单位的楼盘销售。通常开发商对一次性付款者都有优惠。一次性付款对开发商来说是解决资金危机的灵丹妙药。

2. 分期付款

分期付款又分免息分期付款和低息分期付款。对客户来说，免息分期付款最合心意，而且越长越好，但对开发商的资金回笼很不利。这是淡市比较吸引人的销售方式。

3. 动产抵押贷款

动产抵押贷款是指以土地使用权或房屋、其他土地上的定着物及附着物为抵押物的贷款。

4. 银行按揭

银行按揭的正确名称是购房抵押贷款，是购房者以所购房屋之产权作为抵押，由银行先行支付房款给开发商，以后购房者按月向银行分期支付本息，银行按揭的成数通常由五成到九成不等，期限由 5 年到 30 年不等。银行按揭业务在中国发展非常迅速，它符合工薪阶层的支付特点，使市场潜在需求能够迅速转化为有效需求。银行按揭是促进房地产市场活跃的最有效的手段。

5. 公积金贷款

建立职工住房公积金是我国推行住房制度改革的一项措施，目的在于由国家、集体、个人三方共同负担，解决职工住房困难问题。按照规定，凡是缴存公积金的职工均有享受此种贷款的权利，均可按公积金贷款的有关规定申请公积金贷款。

6. 组合贷款

组合贷款是指符合某银行个人住房商业性贷款条件的借款人，同时缴存住房公积金，在办理个人住房商业性贷款的同时，还可向银行申请个人住房公积金贷款。即借款人以所购本市城镇自住商品房作为抵押物，可同时向银行申请个人住房公积金贷款和个人住房商业性贷款。

第二章

如何做房地产楼盘销售市场调查

房地产市场调查是指为实现房地产项目特定的经营目标，运用科学理论及现代化调查技术方法和手段，以客观的态度，有目的、有计划、系统地通过各种途径收集有关房地产市场的信息资料，通过资料整理和分析，判断和把握房地产市场现状和发展趋势，从而为开发商预测房地产市场未来发展、制定产品决策提供可靠依据的行为过程。

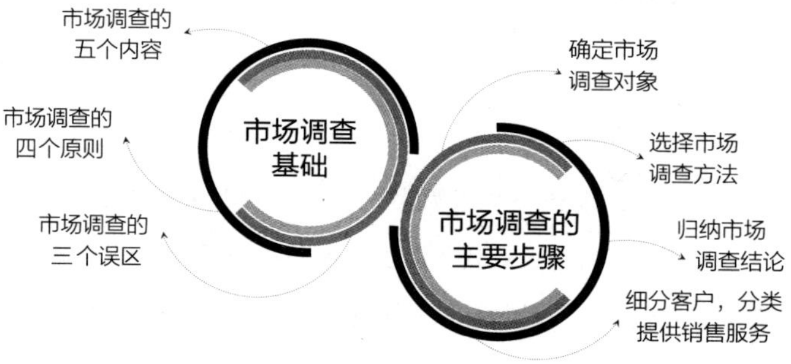

市场调查的
五个内容
市场调查的
四个原则
市场调查的
三个误区
市场调查
基础
市场调查的
主要步骤
确定市场
调查对象
选择市场
调查方法
归纳市场
调查结论
细分客户，分类
提供销售服务

第一节 销售员的市场调查基本功

掌握市场调查方法是房地产销售人员的基本功之一。前期市场调查工作能帮助销售人员了解市场，锁定目标客户。市场调查分析越详细，促成成交的可能性越高。作为一名房地产销售人员，必须掌握市场调查的主要内容与调查原则，同时还要避免走进市场调查的误区。

一 市场调查的五方面内容

房地产行业的发展能推动区域经济的发展，同时亦不可避免地受到区域整体经济环境的影响与制约。因此，要掌握房地产市场大势，必须对反映社会经济运行状态的相关数据进行考察和了解。

房地产市场调查内容主要有以下五个方面：

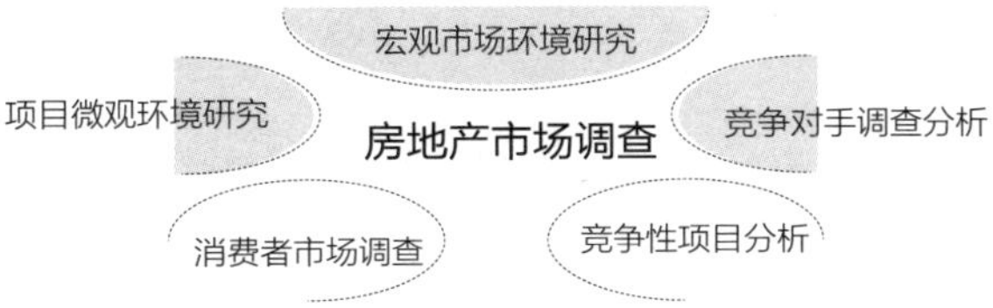

图 2－1　房地产市场调查的主要内容

1. 宏观市场环境研究

对宏观市场环境的研究，有很多指标需要考量，比如人口规模、经济发展、政策倾向、历史文化、产业组成、固定资产投资比例、恩格尔系数、消费指数等。研究房地产的宏观市场环境，可以从以下四个角度进行：

（1）从整体市场到区域市场

怎样界定整体市场和区域市场呢？这要视项目的性质而定：一个城市、一个经济圈或者一个国家，都可以看作一个整体市场；一个板块、一个城区，也都可以看成是一个区域市场。界定的范围标准要与项目自身的特点以及调查需要获得的结果有关系。

表 2－1　从整体市场到区域市场的研究内容

研究内容	包含事项
区域总体概述	地理位置与资源条件 区域特色与文化表现
区域经济环境分析	国民生产总值与产业结构 人口结构与消费力水平 消费品结构与零售总额 恩格尔系数与人均 GDP 固定资产投资表现
区域社会经济运行情况总结	经济环境判断 经济环境对房地产行业的影响

（2）从地产到房产

土地供应永远是决定房地产发展的重要指标。一个城市的规划如何，城市土地供应量多少，土地供应结构如何，这些问题都直接决定这个地区的房地产未来发展。

表 2－2　从地产到房产的研究内容

研究内容	包含事项
区域整体城市发展战略	发展纲领与战略特征 功能布局与资源配置 空间结构与连接体系 发展序列与未来趋势
区域城市规划解读	城市规划对房地产行业的影响 区域发展潜力判断

（3）从过去到现在

房地产业在近几年发展非常迅猛，很多陈旧的衡量指标未必能全面地预测将来，但是，考量一个城市过往的参数指标对企业当前的决策仍然很重要，因为它是研究城市的一个横向参照。

这些过往指标主要包括以下五类：

第一，市场供求关系；

第二，整体价格趋势；

第三，一、二手市场结构表现；

第四，细分市场结构表现；

第五，一级市场供应状况。

（4）从存量到增量

存量市场又称为二手市场，增量市场又称为一手市场。目前城市发展一般都是存量市场份额逐渐增大，增量市场份额逐渐减小。

增量和存量两者相互影响，相互制约。二手市场如果不健全、不发达，一定会抑制一手市场的成长；反过来，一手市场健康兴旺，也必然带动二手市场的发展。

2 项目微观环境研究

销售团队进驻一个项目，首先要对项目情况了如指掌，这就是项目的微观环境，包括如下八项：

第一，项目周边的交通路网；

第二，项目周边的配套设施；

第三，项目周边的商业氛围；

第四，项目所在区域的楼盘竞争格局；

第五，项目自身的各项指标；

第六，项目的优势、劣势；

第七，项目的目标客户群体；

第八，企业自身的架构及背景。

3 竞争对手调查分析

从常规来看，对项目竞争对手的调研包括以下十个方面的内容：

图 2－2　竞争对手调研分析的内容

（1）专业化程度

专业化程度是指竞争对手将力量集中于某一产品、目标客户群或所服务区域的程度。

（2）品牌知名度

品牌知名度是指竞争对手主要依靠开发项目的市场声誉，而不是价格或其他因素进行竞争而形成的影响力，如万科、中海、金地等开发商经过多年开发后形成的市场影响力。

（3）推动度或拉动度

推动度或拉动度是指竞争对手在销售楼盘时，是寻求直接在最终用户中靠品牌知名度来拉动销售，还是依赖分销渠道来推动销售的速度。

（4）开发经营方式

开发经营方式是指竞争对手对所开发的楼盘是出售、出租还是自行经营。如果出售，是开发商自行销售还是通过代理商销售等。

（5）楼盘质量

楼盘质量是指竞争对手所开发楼盘的质量。

(6) 纵向整合度

纵向整合度是指竞争对手采取向前（贴近消费者）或向后（贴近供给商）整合所产生的增值效果。

(7) 成本状况

成本状况是指竞争对手的成本结构是否合理，开发的楼盘是否具有成本优势等。

(8) 价格策略

价格策略是指竞争对手的产品定价策略，该策略会影响项目的目标客户分流以及市场推广工作。

(9) 与当地政府部门的关系

与当地政府部门的关系是指竞争对手与当地城市建设规划部门、土地管理部门等政府职能部门的关系。

(10) 其他开发信息

其他开发信息包括竞争对手历来的项目开发情况、土地储备情况以及未来的开发方向等。

4 竞争性项目分析

竞争性项目分为两类：一类是处在同一区域的楼盘，另一类是在不同区域但定位、规模、产品组合、区位资源等与本项目类似的楼盘。

对竞争性项目的调查主要包括以下五方面：

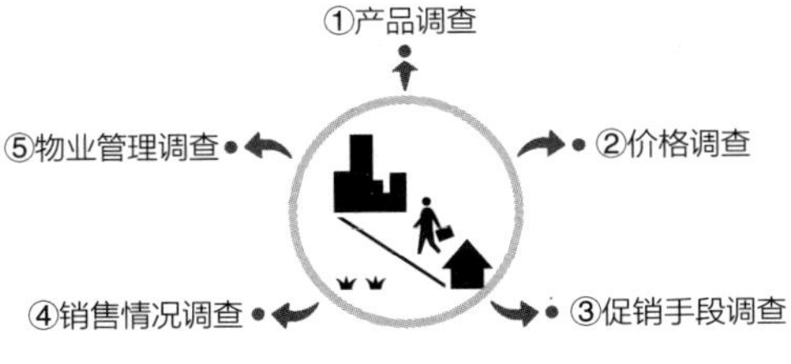

图 2－3　竞争性项目的调查内容

（1）产品调查

产品调查主要包括楼盘区位调查、产品特征调查、交房时间调查等。

（2）价格调查

价格调查是房地产营销中最基本、最便于调控的调查，这也是实际调查中最难取得的真实信息。包括楼盘的单价调查、总价调查和付款方式调查。楼盘单价反映的是楼盘品质的高低，而楼盘总价反映的是目标客户群的选择结果。

（3）促销手段调查

竞争项目促销手段是项目市场竞争调研的重要内容之一。

表2－3　竞争项目促销手段调查

调查内容	含义
广告促销调查	这是对手房地产促销的重要信息，对竞争项目的广告调查是市场调研的重要部分
活动促销调查	了解竞争项目整体促销活动的安排，营造楼盘的销售氛围的结果，以及促销对楼盘销售的促进作用
人员促销调查	了解竞争对手的人员促销技巧
客户关系促销调查	了解竞争对手的客户关系营销理念及实现路径

（4）销售情况调查

销售情况是判断一个楼盘优劣的最终指标，也是市场调查里最难获得准确信息的部分。

表2－4　竞争项目销售情况调查

调查内容	含义
销售率	最基本的指标，反映一个楼盘被市场接纳的程度
销售次序	指不同房屋的成交先后次序，反映市场需求结构和强度
客户群分析	分析竞争项目客户特征，可以判断客户购买动机，从而找出本楼盘影响客户购买行为的因素以及影响力大小

（5）物业管理调查

物业管理调查包括物业管理的内容、管理情况、物业管理费、物业管理公司背景、实力以及操作过的项目等。

5 消费者市场调查

在房地产领域有这样一句话："你什么都可以挑战，但你不要轻易挑战人的消费习惯。"虽然楼盘要尝试引导消费，慢慢改变居民的消费意识和消费习惯，但这样做仍会有很大风险，需要花费大量时间成本和金钱成本，还会导致常说的"水土不服"的问题。因此，做消费者市场调查就是为掌握当地的消费习惯。

做消费者市场调查的目的，简单讲有以下四点：

第一，寻找细分市场，区隔竞争对手；

第二，更好地了解消费市场的消费习惯；

第三，建立清晰、准确的品牌形象；

第四，找准营销方式和渠道，降低营销费用。

在做消费者市场调查时，调研设计要点如下：

表 2-5 消费者市场调查的要点

调查设计要点	具体内容
被访对象是否符合调研条件	任何针对具体项目的消费者调查都会设置调研对象条件，只有符合条件的对象才是有效的调研对象。比如，做市调的项目是别墅，如果随意在街头拦截或入户访问，而被访问者没有住过别墅，也没有能力买别墅，甚至近几年都不考虑买房，那对他的调查则没有意义。再比如，被访对象以前从事过市场调查工作，回答问题就不会代表真实需求，这类调研结果也要放弃
客户背景与家庭结构	客户年龄情况、职业背景、教育背景、工作背景、收入背景、婚姻背景、家庭结构背景、家庭年收入等
置业区域选择与价格承受力	置业会选择哪些区域，原因是什么；一定不会选择哪些区域，原因是什么；能承受何种价格，单价多少，总价多少等

续表

调查设计要点	具体内容
户型选择与空间功能	喜欢什么户型，多大面积，几房几厅，对户型有哪些具体要求，空间结构上有何需要等
园林环境与配套	要求有哪些配套设施，收费标准怎样，商业如何设置，喜欢什么样的园林景观风格等
建筑审美与归属	喜欢什么建筑风格，不喜欢什么风格，原因是什么，喜欢什么样的社区文化等
物业管理与服务	希望有哪些物业服务，收费标准预期是多少，信任的企业品牌包括哪些等
现时居住需求是否得到满足	现在居住何处，是否满意，当初为何选择该地区，居住年限是多久，有哪些未能被满足的需求，改变居住条件的意愿是否强烈等
对政策及前景的看法	对国家宏观调控政策了解多少，对房地产行业前景判断如何，价格走势如何，是否敢于积极做地产投资等

一般而言，研究买家时，调研者需要回答七个问题（6W + H）：

第一，哪些人是买家（who）？

第二，买家要买什么样的房（what）？

第三，买家为什么要买这些房子（why）？

第四，谁参与买家的购买行为（whom）？

第五，买家什么时候买房（when）？

第六，买家在哪里买房（where）？

第七，买家以什么样的方式买房（how）？

这七个问题回答清楚了，我们的基本调研目的也就达到了。

刚进入一个新城市或者新区域，到哪些地方去了解市场？如何能最快速地打开销售局面？如何最快速地了解市场？一个重要的解决方法就是正确选择调研对象。

二 市场调查必须掌握四个原则

房地产市场调查有以下四个原则：

图 2-4 市场调查的原则

1 准确性原则

准确性原则是市场调查最基本的原则，也是最重要的原则，但很多市场调查连这一点都没有做到。

2 时效性原则

这个原则是针对“懒人”而言的，做调研要切记两点：

（1）不要直接使用别人的调研数据和结论

有人一说到市场调查，第一反应是去“找朋友拿资料”，因为他的朋友或许之前做过本区域市调，了解基本情况。但是，在目前市场报告满天飞的年代，人们获取资料的成本越来越低，也越来越容易。做市调的目的在于获取有效数据，那些不论时间、不论目的、不论项目、不论质量地随便照搬别人的数据，不仅与调研的目的背道而驰，还会遗患无穷。

（2）二手资料要注意资料年限，尽量亲手统计

有些城市由于统计数据不完善或者严重滞后，经常能够看到2013年的市场报告中存在大量的2009年、2008年数据，甚至还有2005年的数据。做房地产开发的人都知道，每一年的房地产市场都不一样，楼价也不同，年份之间的数据可比性极低，更无参考价值。所以，有时为了保证数据时效性，就要尽可能多地收集第一手资料，甚至要亲自统计，只有这样才不会让市调结果失真。

3 针对性原则

面对同样的市场环境，不同项目形态的市场调查完全不一样，不同目的下所做的市场调查也完全不一样，一定要针对本项目需求做专项的市场调查。

4 创造性原则

市场调查本身是工具和手段，不是目的，而通过调查得到结果才是目的。市场调查并不是在运算一个精密的程序，所以，在实地调研中会出现很多阻力和困难。因此，调查要以尽可能多且准确的数字为基础，手段要灵活变化，既不能过于死板，也不能拘泥于形式。

案例

国外有一个生产罐装汤料的企业，汤料鲜美，包装讲究，但它的客户受众在哪里呢？谁会是消费主力呢？该企业针对此疑问展开了市场调查。

他们的办法是找到垃圾回收公司，让回收员特别留意每天在哪些区域的垃圾堆里更容易见到这个罐子。他们很快发现，此罐在富人区很少见到，在穷人区和工薪家庭区很多见。为什么呢？因为穷人要节约时间，所以食用罐装汤料更方便快捷；而富人有充裕的时间，他们更愿意自己动手慢慢做。答案揭晓，目的很快达到。

三 市场调查易陷入的三个误区

在正式开展市场调查之前，首先要明白市场调查的诸多误区，才能完成市场调查任务。没有理论指导，行动就是盲目的，盲目行为轻则导致徒劳无功，重则导致决策失误。

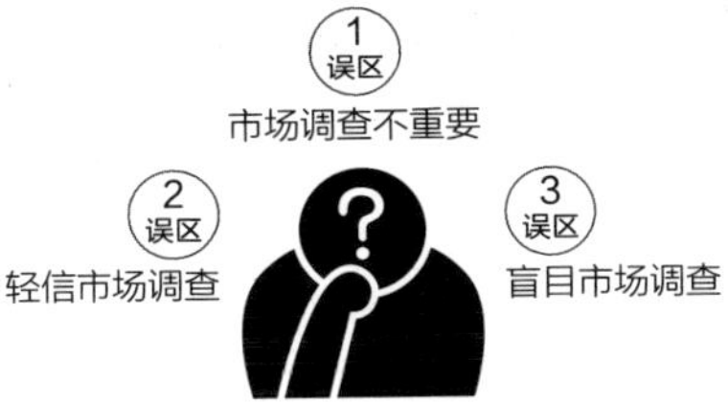

图 2－5　房地产市场调查常见的误区

1. 认为市场调查不重要

轻视市场调查常表现为自认为对市场已经非常了解，不需要再做市场调查。这种情况多发生在一些土生土长的小企业老板身上，他们自认为自己在本地生活了很多年，什么情况都了如指掌。但事实上，如果不是从事这个行业，即使在一个城市生活了很多年，也依然有信息盲点，这就叫“熟视无睹”。轻视市场调查绝对属于专业上的低级错误。

2. 轻信市场调查

将市场调查报告奉为宝典，盲目迷信结论，这种情况也多发生在新入行的小企业老板身上。不懂市场调查的方法及过程，过度依赖所谓的专业人士的结论，一切按照数据办事，殊不知这些数据中也有很多人为因素，并非绝对准确。需要注意的是，市场调查是一项工具，是一种方法，是了解市场的一个途径，但不是唯一的决策依据。

3. 盲目市场调查

为什么要做市场调查？做市场调查的目的是什么？必须先解决这两个问题，才能开始做市场调查，否则，将陷入盲目和尴尬的境地。

市场调查不是越细越好，也不是越广越好，更不是钱花得越多质量就越好。手段必须服务于目的，最好是带着问题做调查，明确了目的才能有的放矢，这样也更省时、省钱、高效。

第二节 房地产市场调查的主要步骤

房地产市场调查可分为三步走，第一步为确定市场的调查对象；第二步为选择市场的调查方法；第三步是对归纳分析调查信息，得出结论。

一 确定市场调查对象

房地产市场调查的对象主要有五类：

图 2－6　房地产市场调查的对象

1. 项目开发商

目标：消化开发商的相关资料。

如果你是专业代理公司的销售经理，首先最省力的调查办法是先找到开发商，拿到他们已经获得的资料，多多益善，然后把这些资料消化掉。如果你是开发商企业里的销售经理，那更好办了，能获取的内部资源越丰富越好。

消化完已有资料后，第二步是有针对性地约谈策划部、市场部、设计部、工程部的专业人士，整理好他们对这个项目的意见和看法，要保证能听到很多不同的声音。

2 政府机关

目标：拿到翔实、准确的统计数据。

政府机关也是销售部门销售楼盘前一定要跑的部门，可以由销售人员前往，也可以是公司领导或市场策划部同事前往。这些政府部门包括：国土局、建设局、房管局、规划局等。

另外，如果当地有诸如地产行业协会之类的组织，也要拜访一下，以便拿到其他方面的相关资料。

3 新闻媒体

目标：获得内幕实情。

新闻媒体的资讯最发达，也是门路较多、较好进的地方。和房地产版面或频道的记者做朋友，是房地产界销售人士必须要做的事。

这个渠道有最新的政策汇集和跟踪报道，有最多的小道消息和内幕实情，有最完善的人际关系网络，也比较容易结交到信息灵通的朋友。

4 同行/竞争者

目标：获得细致而真实的一线资料。

大家不要认为对方是同行或竞争者就不会告诉你实话，这并不一定。每个人都有交际圈子，找朋友介绍认识，或通过朋友式的闲谈，你会有很多收获。

另外，找竞争对手中的一线销售人员喝茶聊天是了解资讯的好方法。你借此拿到的一线资料细致而真实。这类资料也不难获得，因为对对方来说，你也是他的同行，大家有共同的行业平台，每个人都愿意给自己的职业生涯多创造一些机会，这里面的关系比较微妙，恰当把握就行。当然，对方所说的信息哪些可信，哪些不可信，需要你自己判断。

5. 潜在消费者

目标：调查购房意向。

潜在消费者即消费者调查中的消费对象，这里有两点需要注意：一是抓住“潜在”二字很重要，不是每个当地居民都是调研对象，需要认真筛选。二是要根据项目情况初步锁定人群，比如，年龄需要符合什么区间，家庭收入需要符合什么区间，最近几年是否有购买意愿等，只有这样去细分调研对象才会保证调研的效率。

二 最常用有效的市场调查方法

房地产市场调查的方法按照不同标准可以分为很多种：

表 2－6　按不同标准划分的房地产市场调查方法

划分标准	包含类别
按照调查目的	探测性调查、描述性调查、因果性调查和预测性调查
按照调查范围和对象	全面普查、重点调查、随机抽样和非随机抽样
按照调查资料的来源	分为二手资料的案头研究以及一手资料的初级研究两类。初级研究又分为观察法、实验法和询问法三类。询问法又分为小组座谈法、深度座谈法、投影法、面谈调查法、电话调查法、邮寄调查法、留置问卷法
按照调查结果的性质	定性调查和定量调查

1. 定性研究分析

定性研究得出的不是一串数字，所以无法统计，但是可以传递出一种看法或感觉，它是定量研究的基础。

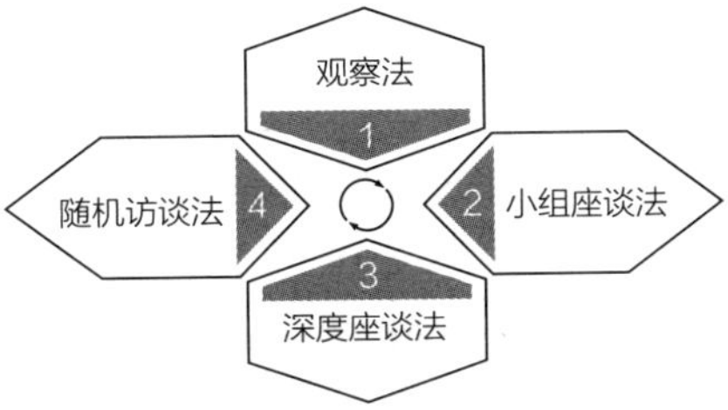

图 2－7　定性研究的方法

（1）观察法

形式：进入市场在售项目中了解情况。

观察法就是去踩盘。即到市场在售的项目中去观察，了解谁在买房、买什么样的房、买的价格如何等信息。

观察法不是向被调研对象提问，而是将人们与调研主题相关的活动记录下来。其特点在于：第一，被调研对象并不清楚自己正在被调查；第二，被调查者行为不会因调研人员参与而发生扭曲；第三，调研信息较为客观真实。

不过，通过外部观察很难判断被调查者的内在感受，因而观察法具有间接性的特点。同时，人们公开的行为容易观察到，而人们私下的行为则无法观察。

观察法在一般消费品等产品类市场调研中应用较多。在房地产市场调研中，由于人们的购买及相关的决策需要较长时间，在短时间内（处于观察状态时）无法做出明确的决策，因而获得的信息较为模糊，观察的结果即反映出的信息并不优于直接询问。

（2）小组座谈法

形式：邀请一些业主或目标客户，一起讨论若干专题。

采用小型座谈会的形式，邀请一些具有可比性项目的业主或一些预设的目标客户群，在主持人的组织下，就若干个专题进行讨论，从而深入了解有关问题。小组座谈会一般由少量（不超过 10 人）的被访者组成，多是针对消费市场的问题展开，如购买意愿、购买动机、购房考虑因素、购买要求、市场前景看法等。

实施这类研究的关键，是要使被访者在不受压抑的环境下能充分详尽地表达自己的想法。主要意义在于了解被访者对某一设计、观念等的看法，了解所调研的项目与其生活的契合度，以及在感情上的融合程度。

小组访谈法的过程包括下列三个方面：

图 2－8　小组访谈的内容

①准备过程

即布置访谈环境、遴选被访者、选择主持人。

精心布置访谈环境。一要注意舒适、安静，能让被访者放松下来，不能过于严肃；二要注意便于记录，能将访谈内容全面记录下来，必要时可以安排录音或录像，录音或录像设备要放置在不引人注意的地方。

遴选被访者要极其慎重。一方面要考虑市场调研问题的特殊性，另一方面要使被访者能代表待研究群体的总体特征。确定了被访群体的主要特征后，就可以在这一范围内随机确定人选。另外，被访者人数一般不宜超过 10 人，人数太多，会使访谈变得冗长，被访者配合意愿会下降，无法获知其真实的看法。如果人数太少，则会使访谈缺乏代表性，不容易得到全面的意见。

选择合格的主持人是小组访谈法成功的关键环节，主持人需要具备多种技能，尤其是人际交往和引导访谈的技能。

②精心准备访谈指南

即围绕访谈主题，按一定的逻辑次序将各类问题组织起来，引导访谈，使之不至于偏离主题。这个环节要注意的是：第一，编写详尽的访谈指南可以减少不必要的时间浪费；第二，要集中被访者的注意力。

访谈指南应包括以下三个部分：第一部分是解释小组访谈法及其基本规则，着重说明小组访谈法的性质，强调小组访谈重在阐述个人观点，不涉及正确与否的问题。另外，为打消被访者的疑虑，要说明凡有可能涉及个人隐私的内容会予以保密。第二部分是按一定的逻辑顺序组织提问及操作步骤，提问应全面、简明，操作步骤逻辑性强且注意不要给被访者任何倾向性的意见。第三部分是总结及总体讨论部分，一般是对访谈提供的各种备选方案进行总体评价，排列出优劣和差异，并说明理由。

③撰写访谈报告

小组访谈结束以后，要及时对访谈进行总结、分析和整理，撰写访谈正式报告。报告的主体部分大致可以按解释研究目的、说明访谈的主要问题、描述访谈参与者的背景、说明遴选被访者的过程、总结研究发现、提出建议的顺序来组织。

（3）深度座谈法

形式：针对某个专题进行更深入访谈。

在调查中，常常需要对某个专题或某些问题做更深入的了解，同时希望通过访谈得到更多更详细的情况。要达到此目的，仅靠一般访谈远远不够，还需要做一些深度座谈。

小组座谈对象一般针对消费者，深度座谈对象一般针对同行业内人士。目的不同，形式也不同。

深度座谈一般无结构性，更多是针对行业情况，是迅速了解市场情况及竞争格局的好方法。这类访谈的组织者，在访谈过程中，可以通过以下技巧，营造良好的访谈氛围，从而得到更加真实的访谈信息。

深度访谈组织者要掌握如下技巧：

图 2-9　深度访谈组织者工作技巧

①首先丰富自己，对访谈的相关内容进行充分的知识储备

销售人员遇到的被访者不可能是单一类型，因此需要访谈组织者培养与他们相同的兴趣，这是尊重对方的表现。例如，访问高端客户，可能需要对红木、高端家居等有所了解。进门前一定要知道对方姓名、职业领域。在头脑中简单假设一下遇到这类人的情景。

②给被访谈者具体的评价

不要泛泛地评价，避免“这房子不错”之类笼统的表述。这样被访者会觉得你在走形式。但如果说：“这房子采光应该不错”，对方必然就会有所附和。甚至有些时候会在一些小的点上，因为你的评价而打开话题。

例如，某销售人员看到有一个住户将热水器放到了掏空的墙里面，就说：“这种方法很独特，既省地方，也牢固。”结果这点正是对方的得意之处，后面聊起装修的问题就没有什么阻碍了。

③给对方中肯的赞扬

恰当的评价不会让被访者显得尴尬，有利于气氛的营造。尤其需要设身处地地为被访者考虑。

例如，某销售人员访问一个高端客户，在访问的现场，客户背后有一个毛泽东头像，访问中在了解其生活方式、价值观念时，销售人员半开玩笑地说：“A 总，您看上去有派头，很像毛泽东啊。”结果对方居然用手摸一下前额，非常高兴地说：“不瞒你说，我最佩服的就是毛泽东。工作中也经常用他的一些策略。”

④故意借题发挥

例如，被访者聊起小孩的教育问题，适度地聊一下你所了解的附近的几个学校，以及大家对这些学校的看法。

⑤用通用的方式进行适当的调侃

例如，被访者说，买房时他跟老婆都去了，老婆选中一套，他看中另一套。这个时候如果主持人跟对方年龄相差不大，而且已经聊到比较投机时，完全可以说，“那最终你肯定买了老婆选的那套”。

⑥注重共享与交流

不要将访问变成一个单向的索取信息的过程，在不影响访问客观性的情况下，将其他被访者的观点或主持人自己的观点与对方交流，让“访谈”变成“对话”。如果被访者能够通过“对话”，学到一些对他来说有价值的东西，这将比给他礼金更重要。

例如，在一次访谈中，被访者对他家的卫生间采光很不满意，销售人员告诉他，可以在墙体靠近屋顶的地方加一排小的不可打开的玻璃窗，让厨房的光透过来。被访者开始觉得与厨房连起来不好，但仔细想了后，觉得是个不错的主意，然后采纳了这个意见。

（4）随机访谈法

形式：随机性调查，是对前几种访谈方法的补充。

这种形式一般很简单、很轻松，对象可以是吃饭时的饭店老板、经理，开车司机，卖东西的销售主管，竞争对手的一位顾客，竞争楼盘已经入住的业主，楼盘附近的居民……这些人都可以作为访谈对象，只是不同对象反馈的情况需要进行权重处理，不可不信，也不可尽信。

这种方法是前面几种方法的有效补充，这类访谈一般无法深入细致，但可以得到一个意向性的答案。

2 定量研究分析

有时候仅有定性研究还不够，还需要用数据来说话。所以，必要时候需要采用定量研究。尽管花钱更多一些，花时间也更长一些，但一定值得。

定量分析一般有问卷数量的要求，回收问卷一般要在 200 ~ 300 份之间，回收问卷如果过少，结果就会缺乏代表性。

图 2 – 10　定量研究的方法

（1）入户问卷访问法

形式：到符合访谈要求的家庭中面对面访问。

这是房地产定量研究中最常用的一种方法，多针对消费者市场。

入户问卷调查，是指调查人员按照抽样方案的要求，到符合访谈要求的家庭中，依照事先拟定好的问卷顺序，对被调查对象进行面对面访问。入户访问的回答率高，信息比较全面，但是人力、经费会消耗较多，对调查人员的要求也较高。这类办法最重要的是严格管理调查员，防止调查员做假或不守调研规则。

（2）街头拦截问卷法

形式：征得被访者同意，现场简短问卷调查。

经过培训的访问员在事先选定的若干地点，如高级写字楼区、发达商业区、高级消费场所、繁华路口或者专业市场等，按照一定的程序和要求，选取访问对象，在征得同意后，在现场进行简短问卷调查。街头拦截的好处是能快速高效地得到初步结果，有一定的针对性，但是挫败率高，对调查人员的要求也较高，仍然防止调查员破坏规则。

三　归纳市场调查结论的工作步骤

做市场调查很重要，得出调查结论更重要。通过对所有方法的运用，充分集中宏观、中观、微观原始市场素材，并对其进行整理和结果陈列，从而奠定本案的市场判断基础。

1. 撰写市场调查说明

运用全息化搜索方法，从各个角度调研市场，目的只有一个：最大限度规避因信息不对称所导致的经营决策失误之风险。

2. 市场调查结果推论的过程

后期营销策划所做的市场调查和前期可行性分析所做的市场调查是不同的。不同点不仅在于所阐述的目的不同、重点不同、方法不同，还有很重要的一点就是推导方式不同。

前期的市场调查，重点需要回答四个主要问题：谁是客户？客户需要什么样的房子？打造什么样的产品组合最好？做什么档次的项目？

后期的市场调查，重点需要回答另外四个问题：谁是客户？客户在哪里？如何快速直接地找到他们？如何让他们接受产品和价格？

市场调查结果推论有以下四个步骤：

图 2－11　市场调查结果推论的步骤

（1）谁是客户

通过对市场环境、竞争对手、竞争项目、消费者的调查，首先要弄清楚：客户是谁？是主流客户还是顶端客户？是城市中产还是城市新贵？是传统家庭还是时尚丁克？谁会更容易接受我们？当然，这一切问题首先要结合产品的定位。

（2）客户在哪里

客户在哪里？他们是蜗居在高档写字楼里还是穿梭在飞机巴士上？他

们是坐在幼儿园里看儿子弹钢琴还是守在湖边钓鱼？他们是坐在咖啡吧里品咖啡还是守在电脑前研究自己的股票？他们是在绿阴道上散步还是在高尔夫球场上竞技……不同的人群有自己不同的爱好，不同的爱好也锁定了不同的人群，我们无法改变他们，只能研究他们、顺应他们，进而满足他们。

（3）如何找到客户

如果说前两步推论是在定位市场，那后两步则是在做市场推广、市场营销。是借助广告把客户从纷繁复杂的人群中吸引出来，还是用其他绝招把目标客户找出来？是全面“撒网”、滴水不漏，还是重点“捕捞”、逐个击破？如何让“网”撒得更准确些……这都需要从市场调查中推导出结论。

（4）如何有效沟通

找到客户，他们就会来吗？他们来了就一定会买吗？不一定！如何让客户接受我们的产品、接受我们的价格？

微笑是沟通的润滑剂，语言是沟通的方式，样板房是沟通的工具，售楼部是沟通的桥梁。看得见的园林是最有力的实景沟通，一个精心的设计就是打动客人的一次细节沟通，兑现承诺是诚信的沟通，高档大气是实力的沟通……沟通的方式可能有很多种变换，但目的只有一个：销售产品并且使品牌增值。

四 根据客户细分结果分类提供销售服务

销售员在找到目标客户之后，更细致更精准的销售工作要求还要对这些目标客户进行再一次细分。这次客户细分工作的结果意味着对所销售的产品的细分、服务的细分和销售策略的细分。这些都是成功率较高的销售工作的重要前提和核心基础。

国内的大部分房地产企业，包括美国一些著名的房地产公司，客户细分策略和使用方法已经非常成熟。本书以广东某房地产开发集团的客户细分办法为例，讲解客户细分的基本方法。

这个企业把目标客户分为四类客群，分明定位为“朝阳型”“时尚型”“成功型”和“望子型”。然后根据这些类型去分析客户的家庭结构、年龄状态、消费偏好、居住需求、购买能力等，在此基础上建立客户需求模型，以此确定企业的产品设计和销售服务策略。该企业的客户分析逻辑思路和客户分析的方法非常具有代表性。

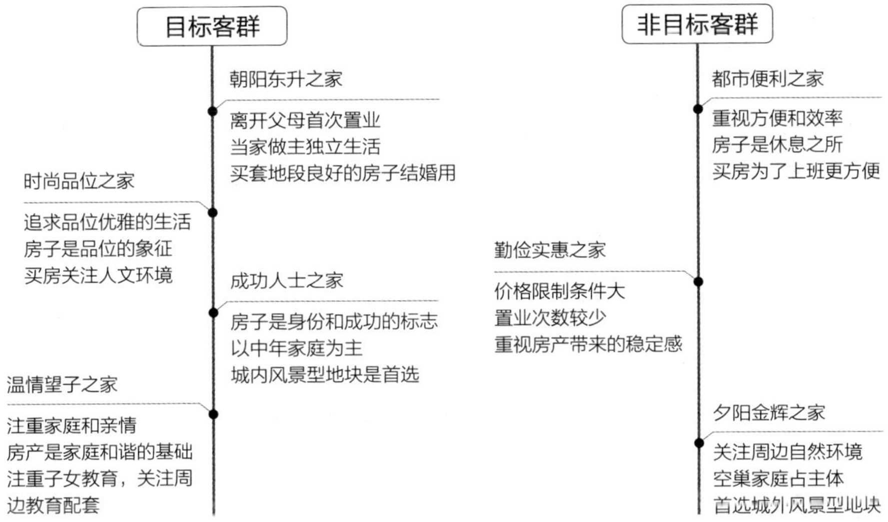

图 2-12　某集团客群分析模式设计

1. 朝阳型客群

表 2-7　朝阳型客群背景特征

要素	特征
年龄	这是该集团四类目标客群中最年轻的族群，大多为 35 岁以下的年轻客户，其中以 26～35 岁的客户为主（74%）
教育程度	四类客群中学历最高的族群，92% 接受过高等教育（大专或以上）
职业	该类客群参加工作时间不长，但有近 60% 的人已经有一定成就：34% 为企事业单位管理人员，其中又以中层管理人员为主（28%）；11% 为自雇人士（私营企业主），10% 为专业人士，剩余 40% 左右为普通职员

（1）家庭构成情况

家庭结构：新婚（68%）与小三口之家（22%）是该类客群中的主体。

家庭收入：家庭年收入达到总体平均水平，但各城市间差异较大：北京的朝阳型客群家庭年收入最高，为29.2万元/年；上海的该类家庭年收入也较高，为18.6万元/年；武汉和沈阳的该类家庭平均年收入较低，为9万元/年。

私家车拥有情况与出行交通工具：其中部分客群拥有私家车（38%）；但就整体而言，出行时对公交系统比较倚重：53%的客户主要使用公交车和地铁，16%的客户使用出租车，朝阳型客群对于地铁与出租车的使用率明显高于其他客群。

（2）最近1～2年的计划

该类家庭正处于事业的奋斗期，在最近1～2年内会专注于工作方面的不断提升，期望在经济方面得到较多的积累；在最近1～2年内，该客群也会考虑生小孩，因此在选择商品房的时候，会提前将孩子作为一个重要的购房考虑因素；由于父母年龄并不是很高，短期内没有照顾长辈的压力。

（3）购房目的和价值观

购房目的：朝阳型客群的购房目的比较分散，其中最主要的是新婚或准备结婚的客户（39%）、离开父母独立居住或和爱人独立居住的客户（16%）。

房产价值观：83%的客户认为“房子是甜蜜的港湾”，69%的客户认为“房子是自由独立的象征”。

（4）房子满足的心理需求

朝阳型客群追求生活独立和温馨的二人世界，期望通过购买房子来构建属于自己的空间，从而能更好地表达爱，并且享受简单而和谐的生活。

（5）购房关注因素

购买房子时，该类客群主要考虑交通便利（50%）、自然环境（32%）和配套设施（31%）。

比较而言，该客群对于交通便利性、开发企业品牌、房屋建筑类型和升值空间等方面的考虑比其他客群要多。

（6）购房类型

产品类型：主要购买中档楼盘产品，其中以市中心中档产品为主（45%）；相对于其他客群而言，该类客群对于远郊产品的接受度较低。

楼房类型：就具体楼房类型来说，多数偏好小高层（52%）和中高层（27%）；相对于其他客群，该客群对于这两个楼房类型偏好度更高。

（7）购房价格和支付能力

由于该客群较为年轻，在经济方面的支付能力不高，虽然得到家庭的资助，但并不会在初次购房时就购买较高价位的，购买偏好普遍为经济实用的紧凑型住宅。但其中部分收入较高的年轻白领阶层，经过几年的经济积累拥有独立购房能力，也会有较高的支付能力。

（8）基于房产价值观念的商品房配套选择

朝阳型客群认为，周边生活配套、物业管理和小区整体园林景观设计最能够体现“房子是甜蜜的港湾”和“房子是自由独立的象征”这两个心理需求。

对比其他客群，朝阳型客群认为小区周边的休闲娱乐配套、小区内的活动和商业配套更能够体现其核心价值，但会所与其核心价值的关联度较低。

表2－8　朝阳型客群对商品房配套的选择

配套类型	需求特征
周边生活配套	楼盘周边的商业、医疗配套与房产核心价值的关联度较高
小区内生活配套	对比其他客群，朝阳型客群对小区内的室外活动配套和商业配套能体现其核心价值的认同感高于其他客群
小区智能配套	购买市中心高密度产品的朝阳型客群比其他客群更多地认同智能配套能够体现其房产核心价值

(9) 针对朝阳型客群的产品模型设计方案

该人群处于事业和家庭发展的初级阶段，置业经历还不够丰富，对商品房外部配套的要求不高，偏好小户型商品房，要求空间紧凑实用。

表 2－9　朝阳型客群对产品的具体需求

产品需求	具体内容
周边生活配套	除了生活必需配套，该人群还注重可以节约时间、便捷生活、开销不算高的配套服务，也愿意选择相对时尚新潮的配套
楼盘整体规划	综合置业经历和开销方面的因素，该人群对楼盘整体规划的要求较低，一般倾向于成本不高的规划设计
小区景观	与其他群体的偏好无太大差异，该人群对中式和欧式园林的接受度比较高，偏好与水景相关的景观小品
小区生活配套和会所	该人群对小区内运动型室外活动配套要求较高，而对其他小区配套没有特别要求；会所不是该类人群关注的重点
物业管理	除了基本的清洁等服务，对能够提高日常生活便捷性的上门服务也有较高需求
智能配套	需求主要集中在基本的安防配套和宽带入户
楼房设计风格和公共空间	该客群对这方面的关注度不高
装修程度	该客群希望属于自己的空间有个性，故对毛坯房和全屋菜单式精装修的接受度较高
房屋结构与格局	作为独立或家庭的开始，该客群偏好选购 90 平方米以下的户型，其中以 2 室 1 厅为主；要求配备的空间相对其他客群偏低，关注的房间重点集中在主卧和客厅

(10) 对住宅的代表性需求

与其他客群类似，该客群认为可以体现健康住宅的特征主要有小区园林景观、节能/环保的建材和配套设施、健身设施、房屋格局。值得注意的是，他们认为小区园林景观最能体现健康住宅特征的比例也相当高（T3B *[①]：61%）。

小区园林景观：小区绿地多、树木多，活水景观等对体现健康住宅特

① T3B * 指该产品关注度位于前三位的比例。

征都有很大的帮助，驱蚊作用的植物也有一定吸引力。

节能环保建材和配套设施：该客群对环保建材关注度较高，如防噪声、无辐射、甲醛含量低的建材都能体现健康住宅特征。

健身设施：完善的户外运动设施和休闲步道都能体现健康住宅特征。

房屋格局：日照/采光、通风和朝向都能从不同角度体现住宅设计的合理性。

与其他客群相比，由于该客群比较年轻，喜欢结交朋友，所以对社区氛围、业主关系更加重视。

表 2－10　朝阳型客群对健康住宅元素的需求对比

健康住宅元素	基数＝朝阳型客群被访者（329 人）		指数
	总体占比（%）	T3B＊（%）	
小区园林景观	70	61	97
节能/环保的建材和配套设施	50	39	100
健身设施	48	36	96
房屋格局	46	37	108
地段和周边环境	34	25	99
社区氛围/业主关系	32	20	112
健康服务	29	21	89
高科技技术/智能化的配套设施	26	20	92

2 时尚型客群

表 2－11　时尚型客群背景特征

要素	特征
年龄	总体而言，时尚客群是四类客群中较年轻者，平均年龄约为 37 岁；但该客群的年龄分布比较分散，在 26～45 岁间均有分布，其中最主要的是 26～35 岁的客群（42%）
教育程度	该类客群中 77% 的客户接受过高等教育；年轻客户的教育程度较高，而部分年长客户的教育程度偏低，有 23% 的客户为中等学历或以下
职业	该客群中的年轻人工作时间虽然不长，但是在目前的岗位上已经有一席之地；25% 为企事业单位管理人员，15% 为专业人士（教师、律师、医生等），12% 为自雇；而年龄偏大的客户则仍然以一般职员为主（25%）

（1）家庭构成情况

家庭结构：该客群中的年轻客户主要是新婚夫妇（21%），而年长客户则以成年三口之家（38%）为主。

家庭收入：总体而言，该客群的家庭年收入略高于城市总体水平，城市间差异较大：北京和上海的时尚型客群收入近似，为25.8万元/年；武汉和沈阳的该类客群平均年收入为8.1万元/年；其中，年轻客户在工作上取得了一定成就，家庭年收入相对较高；而年长客户的家庭年收入则相对较低。

私家车拥有情况与出行交通工具：接近四成（38%）的客户拥有私家车。总的来说，出行时主要以公交车（36%）和私家车（26%）为主。

（2）最近1～2年的计划

在最近1～2年，时尚型客群在事业方面希望得到更多的发展空间。年轻客户会紧跟时尚潮流，使自己的休闲生活更丰富多彩；年长客户会追求更有品位的生活方式；年轻客户随着自身经济能力的逐步提升，在近几年内会打算购买人文环境、自然环境更好的房子来居住；而年长客户则会打算购买更加符合自己生活品位的房子来居住。

（3）购房目的和价值观

购房目的：与总体情况趋同，该客群中21%的购房者是为了“买一套面积更大的房子居住”；但相对总体来说，该客群更多是为了追求更好的自然环境（21%）和人文环境（16%）。

房产价值观：92%的时尚型客户认为：“房子是提高自我生活品质的保障”；相对总体，更多该客群被访者认为：“房子是身份品位的象征”。

（4）房子满足的心理需求

时尚型客群追求品质生活，期望房子能体现自己的个性，工作之余在家中能获得轻松惬意的享受。

针对该客群，宁静优雅的小区环境、独特的楼房设计风格、大开间的户型格局以及高品质的生活会馆，能够增添该客群心理需求方面的满足感。

（5）购房关注因素

与其他客群类似，该客群购买商品房时首先也会考虑交通便利性（42%）、自然环境（38%），同时也会考虑价格（32%）和地段（32%）。

时尚型客群在追求品质时讲求实际，对物业管理（28%）、房间的户型格局（26%）和开发企业品牌（11%）的关注度稍高。

（6）购房类型

产品类型：该类客群中较大比例的购房者选择购买市中心高密度中档产品（46%）和远郊中低密度产品（22%）；对比总体而言，时尚型客群更加偏向选择市中心高密度楼盘，近郊和远郊楼盘对其吸引力稍低。

楼房类型：趋同于整体状况，该客群中的多数客户偏好小高层（47%）和中高层（26%）。

（7）购房价格和支付能力

该客群的购房支付能力略高于总体水平，部分人追求较高价位的商品房。年轻客群工作时间虽不长，但收入较高，已具备选择能体现生活品质的商品房的能力；年长客群虽然收入稍低，但已有一定积累，有能力追求更有品位的生活方式。

（8）基于房产价值观念的商品房配套选择

时尚型客群认为周边生活配套、物业管理和小区整体园林景观设计最能突出体现生活品质和身份地位。同时，基于“房子是提高自我生活品质保障”的价值观念，时尚型客群认为会所、大堂、楼房外立面材料和外立面风格等方面能很好地凸显生活品位，保障生活品质。

表 2－12　时尚型客群对商品房配套的选择

配套类型	需求特征
周边生活配套	楼盘周边的商业和医疗配套最能体现时尚型客群的核心价值
楼房设计风格和公共空间	时尚型客群对于外立面材料和风格以及大堂设计与房产核心价值关联方面都有明显高于其他客群的认同度，尤其是选择市中心高密度住宅的客群

(9) 针对时尚型客群的产品模型设计方案

该人群注重生活品质，对小区内的生活配套、会馆以及物业服务等能够体现生活品质的诸多方面都有较多的关注。

表 2-13 时尚型客群对产品的具体需求

产品需求	具体内容
周边生活配套	对周边生活配套的需求基本和其他客群趋同，但对于商业配套，除要求能够满足日常生活所需的基本服务，对能够提高自身生活品质的配套服务项目需求也较高
楼盘整体规划	与其他客群一致，该人群同样偏好“行人入口和行车入口分开”，喜欢地下停车场；不同的是，他们对行列式的组团形式和人造微地形关注度更高
小区景观	虽然中国式园林吸引力最高，但该人群对于能体现时尚风格，显示高雅品位的欧式园林也较为偏好；同时对流动水景的关注度较高
小区生活配套和会所	该群体对小区内生活配套的主要需求与其他客群一致，但还会关注一些能在细节上突出生活品质的配套；高品质的生活会馆，能增添该人群在心理需求方面的满足感，所以要求会所除了具备齐全的运动设施及配套，还能提供能体现品位、提高生活品质的配套服务
物业管理	物业管理方面仍以基本的清洁和安防要求为主，但对便利又可提高生活品质的服务有一定需求
智能配套	需求集中在安防配套，高端安防配套对其也有吸引力；对宽带入户和卫星电视需求度较高
楼房设计风格和公共空间	公共空间对生活品位的提升有一定的影响，所以，相比整体，该客群对大堂和电梯间的关注度稍高
装修程度	为了达到自己要求的品质，体现品位，该人群更愿意选择毛坯房
房屋结构与格局	面积为 100 平方米左右的小高层和中高层，90 平方米以内的户型偏好 2 室 1 厅，90 平方米以上则偏好 3 室 2 厅 2 卫格局的人较多；房内的主卧、客厅、厨房以及卫生间最能够体现该人群的房产核心价值观，得到的关注最多

（注：由于该客群中别墅客户基数过少，数据没有统计意义，所以在分析房屋结构与格局时，仅分析非别墅客户）

(10) 对住宅的代表性需求

与其他客群差异不大，该客群认为能体现健康住宅的元素主要有：小区园林景观、健身设施、节能/环保的建材和配套设施、房屋格局等。其中，园林景观被认为和健康住宅的关联度最大。

小区园林景观：注重绿化，且活水景观对健康住宅有很大的提升，有驱蚊作用的植物也有一定吸引力。

健身设施：完善的户外运动设施和休闲步道都能体现健康住宅的特征。

节能环保建材和配套设施：该客群不仅对环保建材关注度较高，如防噪声、无辐射、甲醛含量低的建材，且认为节能设施和环保配套都能从不同角度体现住宅的健康性能。

房屋格局：日照和采光、通风和朝向都能从不同角度体现住宅设计的合理性，景观和楼间距也有较大的吸引力。

该客群认为健康住宅采用高科技技术/智能化配套设施非常重要。注重生活品位，提升生活品质，是该类客群的消费特征。

表 2－14　时尚型客群对健康住宅元素的需求对比

健康住宅元素	基数＝时尚型客群被访者（360 人）		指数
	总体占比（%）	T3B＊（%）	
小区园林景观	73	63	101
健身设施	52	38	105
节能/环保的建材和配套设施	51	39	102
房屋格局	41	34	97
地段和周边环境	34	21	98
健康服务	33	24	104
高科技技术/智能化的配套设施	32	23	111
社区氛围/业主关系	30	17	107

3 成功型客群

表 2-15　成功型客群背景特征

要素	特征
年龄	在四类客群中平均年龄最高，为41岁，有57%是36岁或以上的客户，但其中也有43%是26~35岁之间较年轻的成功型客户，他们年龄较轻但事业心强，在工作上已有一定成就
教育程度	71%的客户具有高等教育学历，其中部分年龄较高的客户学历相对较低；有23%的客户是中等教育学历
职业	该客群的职位以管理层为主，企业一般职员的比例较低（仅占15%）：有36%是中高层管理人员，15%是专业人士，还有10%是私营企业老板

（1）家庭构成情况

家庭结构：成功型客群中的客户基本上都和孩子一起居住（80%），其中成年三口之家占多数（37%），单身客群仅占3%。

家庭收入：家庭年总收入在四类客群中最高。北京和上海的该类客群平均家庭总收入为30万元/年；武汉和沈阳则为9.7万元/年。

私家车拥有情况与出行交通工具：私家车拥有比例及出行交通工具情况在城市间差异较大：北京有82%的该类客户拥有私家车，私家车是主要出行工具；上海的私家车、地铁和公交车的使用比例较为平均；而武汉和沈阳的该类客户私家车拥有率较低（分别为13%和30%），目前出行交通工具主要是公交车，但50%的人在近1~2年有购车打算。

（2）最近1~2年的计划

成功型客群追求事业的成就，在最近1~2年仍然以工作为重心，不断提升自己的社会地位和财富积累量。

该客群由于工作压力较大，因而注重生活的舒适度，随着个人身份地位的提高，倾向选择更舒适的、更符合自己身份地位的房子居住；同时，他们将房子作为投资手段，平常十分关注房产发展趋势，比其他客群更注重掌握更新的房产信息。

（3）购房目的和价值观

购房目的：该客群购房主要目的是“买一套面积更大的房子来居住”（24%），或“买一套自然环境更好的房子来居住”（17%）。与另外三类客群不同的是，他们还有“买一套更符合自己身份地位的房子来居住”的目的。

房产价值观：81%的成功型客户认为房子是一种资产和财富，与其他三类客群有明显区别的是，该客群中有44%的人认为房子是事业成功的标志。

（4）房子满足的心理需求

成功型客群追求成功的生活，期望房子能带给自己被尊重和掌控驾驭一切的感觉；同时他们也渴望工作之余能够在家中做自己爱好的活动。

通过高档的建筑设计、大开间的户型格局、高档会所和专业素质高的物业管理团队，增添该客群对被尊重和驾驭一切的心理满足感，并且可以为他们提供更多放松享乐的机会。

（5）购房关注因素

成功型客群购买房子时除了考虑交通便利（39%）和价格（35%）两个因素外，对自然环境（34%）和地段（33%）也有较多的关注。

对比其他客群，成功型客群对房屋建筑质量（24%）以及房产升值空间（18%）的考虑较多。

（6）购房类型

产品类型：买房的区域主要集中于市中心和远郊（54%和31%）；对比其他客群，该客群对于远郊产品有较高的偏好度（31%），而近郊产品比例较低（14%）。

楼房类型：房屋类型以小高层（51%）和中高层（23%）为主。其中，该类客群对远郊中低密度住宅偏向于小高层（75%），对市中心高密度住宅则偏好 12 ~ 18 层的中高层。

(7)购房价格和支付能力

该客群由于经济方面积累较多，有较高的支付能力；对比其他三类客群而言，成功型客群对高档商品房有较高的接受度。

另外，成功型客群在经济方面已有一定的积累，他们不仅将房子作为自己居住的居所，也作为一项投资，在具备支付能力的前提下会较为理性地进行选择。

(8)基于房产价值观念的商品房配套选择

该客群认为物业管理、周边生活配套和小区景观三方面的产品属性最能够体现他们两个核心房产价值观："房子是事业成功的标志"和"房子是资产与财富"；同时，停车场和会所与体现该客群核心价值的关联度明显高于其他客群。

物业管理：成功型客群对物业管理的关注度高于其他三类客群，60%的客户认为物业管理水平能够体现出该类客群在房产方面的核心价值需求。

周边生活配套：楼盘周边的商业、医疗和餐饮配套与其房产核心价值的关联度较高；但教育配套的关联程度则较低，低于其他三类客群。

小区景观：小区的整体园林景观设计也能够体现出成就型客群的核心价值需求。

停车场：停车场配套的关联度明显高于其他客群，尤其是市中心和远郊高档住宅的客户。

会所：成功型客群对会所的关注度明显高于其他客群，认为会所能够体现其核心价值。

(9)针对成功型客群的产品模型设计方案

该人群在事业方面比较成功，阅历相对丰富，对商品房的外部配套和服务有较高要求，偏好大户型商品房。

表 2-16　成功型客群对产品的具体需求

产品需求	具体内容
周边生活配套	成功型人群偏好周边 10 分钟车程内设置有银行、大型购物场所或超市、规模较大的医院和初级教育配套，以保障生活方面的基本需要；另外，家政服务、面包房、高尔夫球场或垂钓场所等周边配套对该人群有较大吸引力
楼盘整体规划	对比整体而言，该人群对停车场的整体规划有相对高的关注度。偏好人车分流和地下停车场，保护行人和车辆且不影响小区景观；此外，有档次感的人造微地形，对该人群有一定的吸引力
小区景观	该人群偏好以草坪和树木为主，带局部水景的景观，如草坪式景观和成片树林景观类型，里面有小桥流水、喷泉、亭台楼阁和养鱼的水景等；此外，小区入口处硬地广场有助于提高小区的档次感，从而彰显该人群所处楼盘的档次
小区生活配套和会所	对于小区内的生活配套，该人群关注室外活动配套较多，偏好户外运动和散步方面的设施；对于会所方面，该人群的需求并不太多，一般只需要提供基本的健身设施如游泳池、健身房、羽毛球馆等，但要求高品质的会所服务
物业管理	社区安防、清洁和维修服务是对物业管理的首要要求，而该人群对管家式服务有一定的需求
智能配套	重点关注安防设施，但偏好于目前技术较成熟和主流的智能设施，对高新的智能设施暂时持观望态度
楼房设计风格和公共空间	偏好现代简约风格的电梯间、以面砖和暖色调为主的外立面材料，而且偏好中式或欧式风格
装修程度	该人群对开发商配装修比较接受，尤其是拥有市中心高档和近郊高档住宅的成功型群体，能节省较多的时间和精力
房屋结构与格局	面积为 102 平方米左右的小高层和中高层，91～119 平方米范围内比较偏好 3 室 1～2 厅的户型；房内的主卧、客厅、卫生间以及书房最能够体现该人群的房产核心价值观，得到最多的关注

（注：由于该客群中别墅客群基数过少，数据没有统计意义，所以在分析房屋结构与格局时，仅分析非别墅客群）

（10）对住宅的代表性需求

结合定性研究结果发现，成功型客群对健康住宅的元素认知程度较高，相应地，要求体现健康住宅的方面也更多。

小区园林景观、健身设施、节能环保建材与配套设施以及房屋格局是体现健康住宅的主要元素。

小区园林景观：绿地、树木以及有活水的景观都是能较好地体现健康住宅的元素。

健身设施：通过室内外相结合的运动设施来满足该类客群对有氧运动和室内健身的双重需求。

节能环保建材和配套设施：该客群对环保建材和节能设施有较高的关注度，如防噪声、无辐射、甲醛含量低都是能体现健康住宅的建材；太阳能、隔热材料和中水处理则反映了节能的理念。

房屋格局：日照、朝向和通风均反映房屋对身体健康的有利元素；景观和楼间距则关系到主人心理体验到的健康元素。

表 2－17　成功型客群对健康住宅元素的需求对比

健康住宅元素	基数＝成功型客群被访者（280 人）		指数
	总体占比（%）	T3B＊（%）	
小区园林景观	71	62	99
健身设施	53	41	106
节能/环保的建材和配套设施	52	41	104
房屋格局	40	31	95
地段和周边环境	38	25	110
健康服务	36	25	111
高科技技术/智能化的配套设施	29	21	101
社区氛围/业主关系	25	13	90

4 望子型客群

表 2－18　望子型客群背景特征

要素	特征
年龄	四类客群中较为年长的客群，平均年龄 40 岁；其中 36～45 岁客户占比 40%，明显高于其他三类客群
教育程度	受教育程度较其他三类客群低，仅 70% 的客户受过高等教育，且 12% 的客户仅受过初等教育
职业	打拼多年，半数已经有一定成绩：23% 为管理人员，17% 为自雇人士（私营企业主），15% 为专业人士；半数依然为普通职员

（1）家庭构成情况

家庭结构：均处在满巢期，且近七成家中有未成年人。

家庭收入：平均而言，年均收入状况并不高，为四类客群中最低者；城市差异较大：北京和上海的望子型客群收入近似，约20万元/年；武汉和沈阳的该类客群年均收入7.7万元/年。

私家车拥有情况与出行交通工具：其中部分客户拥有私家车（37%），日常出行以公交车（32%）与私家车（31%）为主。

（2）最近1~2年的计划

重视亲情和家庭，在最近1~2年该客群仍然需要努力工作，增加经济积累，为家人提供更好的生活环境。很关注子女的成长，竭力为子女创造好的成长环境和学习条件。

（3）购房目的和价值观

购房目的：购买目的分散，较为突出的是“买一套面积更大的来居住”（25%）、“为孩子上学”（15%）和“买一套自然环境更好的来居住”（14%）。其中，前两个购买目的较其他三类客群占比明显偏高。

房产价值观：77%的客户认为房子是享受与孩子共度快乐时光的地方，75%的客户认为房子是给孩子好的成长环境的基础。

（4）房子满足的心理需求

望子型客群在购房心理方面主要表现为从孩子出发：期望与孩子相互进行爱的表达，并且力求通过和谐简朴和有文化气息的环境让孩子拥有健康快乐的成长过程。

（5）购房关注因素

该类客群购房时同样比较多地关注交通便利性（51%）、自然环境（38%）和配套设施（33%）；同时比较其他客群可以发现，望子型客群对人文环境（邻里素质、文化氛围）的关注度（24%）较其他客群要高。

（6）购房类型

产品类型：主要购买中档产品，其中又以市中心中档为主（35%），但比较而言，其对市中心中档产品的接受度较其他客群要低，而对于近郊中档（18%）和远郊中档产品（26%）的接受度较其他三类客群高。

楼房类型：就具体楼房类型而言，多数客户偏好小高层（45%）。除此之外，对其他楼房类型偏好有所不同：市中心住宅客户对中高层和高层偏好度较高，远郊与近郊客户对多层偏好度较高。

（7）购房价格与支付能力

该客群购房支付能力略低于整体水平，但也有近四成客户愿意支付较高价格的房子。该部分客户经过多年打拼已有一定经济实力，为了能给家人孩子提供更好的生活环境，愿意购买较好的房子。

（8）基于房产价值观念的商品房配套选择

望子型客群认为周边生活配套、物业管理和小区景观三方面的产品属性最能体现"房子是享受与孩子共度快乐时光的地方"和"房子是给孩子好的成长环境的基础"这两个核心价值。同时，教育配套是该客群认为能够显著凸显房屋核心价值的重要元素。

表 2－19　基于房产价值观念的商品房配套选择

配套类型	需求特征
周边生活配套	楼盘周边的教育配套与核心价值的关联程度明显高于其他三类客群，也最能够体现望子型客群以孩子为出发点的房产核心价值；另外，小区内教育配套的关联度也显著高于其他客群
物业管理	物业管理与核心价值的关联度稍低于总体水平，但仍有超过半数（52%）的望子型客户认为，物业管理水平能够满足其核心价值
小区景观	望子型客群以孩子为出发点的核心价值需求还通过小区整体园林景观设计来体现，为孩子提供好的小区环境能使孩子健康快乐地成长

（9）针对望子型客群的产品模型设计方案

总体来说，该客群家庭收入相对较低，生活重心主要在家人和小孩身上；在置业问题上主要综合考虑经济因素和家人的需求；对商品房外部配套的要求不高，较为关注与小孩相关的一些配套设施。

对比其他客群，成功型客群对房屋建筑质量（24%）以及房产升值空间（18%）的考虑较多。

表 2－20　望子型客群对产品的具体需求

产品需求	具体内容
周边生活配套	望子型客群以孩子的生活和成长为重心，为了能使孩子未来接受良好的教育，他们非常关注周边的教育配套设施，而对于个人休闲及商业方面的要求比较低
楼盘整体规划	望子型客群对地形、停车场要求相对较低，他们倾向于选择一个较为舒适宁静且较安全的环境，有利于小孩的成长
小区景观	此人群偏好的园林景观以中式园林风格为主，具有中国传统元素的景观，如小桥流水、亭台阁楼等景观小品深受他们的喜欢
小区生活配套和会所	望子型人群以家庭为重心，对小区生活配套的考虑都是基于家人和小孩的需求展开的，以体现对家人和孩子的关心。双语幼儿园以及针对小孩的医疗服务设施很受喜欢，另外方便日常生活的小型中式饭馆和购物班车很受欢迎
物业管理	该客群对物业管理总体需求相对较低，社区安防、社区清洁以及与小孩相关的物业管理服务是他们关注的重点
智能配套	该客群对小区智能配套方面的需求相对较低，公共区域摄像头监控系统和宽带入户为其相对较为关注的智能配套
楼房设计风格和公共空间	楼房设计风格并非该客群重点关注的需求，该客群对公共空间关注度不高，简单实用就好
装修程度	望子型客群对装修的参与程度较高，对毛坯房相对较为偏好
房屋结构与格局	偏好房屋面积平均值为 102 平方米，以小高层和中高层为主。除了客厅和主卧，儿童房也能较好地体现房屋的核心价值

(10) 对住宅的代表性需求

相对总体，望子型客群对健康住宅元素的认知度较低。小区园林景观、节能环保建材与配套设施、健身设施以及房屋格局是体现健康住宅的主要元素。

小区园林景观：绿地、树木以及有活水的景观都是能较好地体现健康住宅的元素。

节能环保建材和配套设施：该客群对环保建材有较高的关注度，如防噪声、无放射性、甲醛含量低、太阳能等都能体现健康住宅特征。

健身设施：通过室内外相结合的运动设施满足该客群对有氧运动和室内健身的双重需求。

房屋格局：该客群较为关注日照和采光、通风和朝向等房屋格局设计。

表 2－21　望子型客群对健康住宅元素的需求比对

健康住宅元素	基数＝望子型客群被访者（311 人）		指数
	总体百分比（%）	T3B＊（%）	
小区园林景观	74	63	102
节能/环保的建材和配套设施	47	39	95
健身设施	46	37	92
房屋格局（如朝向/采光等）	42	34	100
地段和周边环境	33	23	95
健康服务	32	23	98
高科技技术/智能化的配套设施	27	21	94
社区氛围/业主关系	25	16	88

第三章

客源寻找及客户管理的实用方法

对房地产楼盘销售员而言，通过有效途径找到客源是非常重要和关键的能力。

很多销售员对房地产行业仍缺乏正确认识，具体表现为：第一，采用盲目聚客或单一推广手法寻找、挖掘客源；第二，对客户和客户认知渠道缺乏深入分析，手段多为自发，比较粗放、简单；第三，过于注重制定策略、方案和计划，缺少主动且有意义的执行方法。

寻找客源是一项细节比较多的工作，除了找到客户、建立客户档案，还要有从庞大客户信息库中对客户需求进行更详细地归类分析的能力。只有做完这些工作，才算确定下来一个真实的客户。

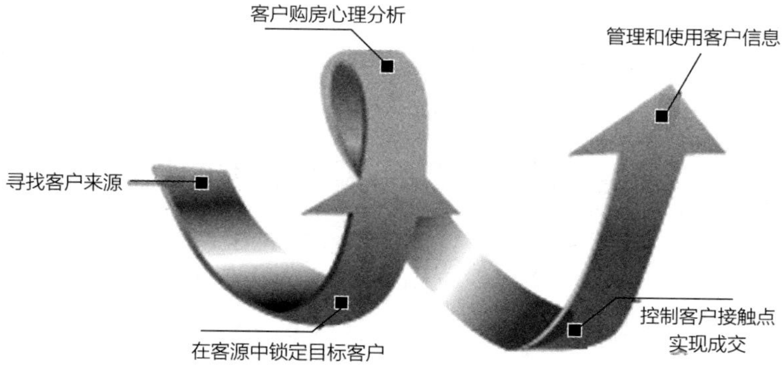
客户购房心理分析
管理和使用客户信息
寻找客户来源
控制客户接触点
实现成交
在客源中锁定目标客户

第一节 寻找客户来源的常用渠道和方法

随着国家宏观政策的不断调整，住宅类楼盘成交变得越来越不容易，销售人员坐在售楼部等客户上门，然后登记、接待、介绍楼盘的时代已经过去。寻找潜在客户成为销售员开始工作的第一步。据专业市场调研公司的研究数据显示，在销售失败的人员中，80%是因为对潜在客户的识别不到位，在确定市场区域后，无法找到潜在客户在哪里，无法与他们取得有效的联系。

一、寻找客户来源的常见步骤

从来源上看，客户通常分为两种，一种是主动来访的客户，另一种是被动来访的客户。主动来访的客户通常是项目周边的、路过的和朋友介绍来的；被动来访的客户是通过项目宣传而来的。

图3-1 房地产客户来源

对于主动来访的客户，我们如何管理？如何实现成交？如何使其发挥更大的价值？对于不主动来访的客户，我们如何找到他们？如何请他们走进售楼部？

针对这一系列问题，我们应从以下几方面着手：

1 建立客户发掘分析表

表 3－1 客户发掘分析表

建表要点	工作分解
建表宗旨	低成本、高质量、多数量、快速找到大批有效目标客户
目的与任务	实行精确锁定，有效收网的指导策略
	根据区域特点和项目特点，有目的、有意识地圈定目标客户的圈层，有针对性地建立搜寻渠道，找到有效客户
	为实施全面的营销提供足够多的有效客户保障
聚客方法	通过网站、黄页、通讯录、过往积累的客户资料寻找；从其他地方交换或购买资料
	通过开发公司各层人员的关系、项目合作单位相关人员的关系等，开展圈层营销
	在项目周边三到五公里范围内圈定各种目标群体，并针对他们开展宣传
	主动出击，与项目附近的政府部门、事业单位、大型企业、商业市场、各种学校团体等负责人建立联系
筛选及使用客户	找到 50～100 个意见领袖型客户，具体数量视项目规模、档次和类型而定
	找到一个以上的意向团购单位
	找到一批意向强烈的准客户

2 分析各种客户来源渠道

表 3－2 客户来源渠道划分及客户特征

营销方式	营销手段和客户渠道	客户类型	客户素质
大众营销类	借助大众手段广泛寻找客户，属于漫天撒网式的办法 可使用的媒介：报纸、户外广告和电视；可操作的现场：大型主题活动	缺乏共同特征 大杂烩式客户	低素质，低质量，低准确率

续表

营销方式		营销手段和客户渠道	客户类型	客户素质
小众营销类	关系营销	主管部门客户，如规划、国土、房管等部门 合作单位客户，如建筑、材料、营销等部门	情感认可度高	高素质
	圈层营销	深度发掘特定圈层，如公司各层人员球友圈、牌友圈等	类型趋同性强	
	区域营销	寻找地段周边居民、路过客户、各类单位团体等客户	区域认可度高	
	渠道营销	拜访、联系地段周边政府、事业、企业等单位客户	团体特征统一	
	数据库营销	挖掘银行、邮政、保险、证券、教育、各类团体俱乐部等数据库，能获得数量可观的优质客户	客户匹配性高	

表 3－3　从客户来源阶段界定客户范围

客户来源阶段	客户类别		客户来源范围界定	客户范围
营销启动前	前期积累客户	项目积累客户	指项目立项后，未做正式大众营销推广前，通过各行业人士、媒体人员、公司内部人员等渠道获得项目信息，主动打电话联系或登门咨询的客户	周边住户 周边单位的员工 周边商业经营户 路过的人 行业内人士 媒体人员 职业投资客
		公司自然积累客户	指公司成立以来即自然形成的各种客户的总和。特征是这些客户与公司有各种各样的联系，可能是公司的合作伙伴，也可能是公司业务关联人员	政府主管部门 各种合作伙伴 公司关系人员 系统内部人员 “铁杆”老业主

续表

客户来源阶段	客户类别	客户来源范围界定	客户范围
营销启动后	临时招募客户	正式营销开展后所积累的客户，客户通过项目公开推广获得信息，包括大众营销和小众营销所获得的客户	本区客户 本地客户 外地客户

3 制订客户开发计划

制订客户开发计划制订客户开发计划有四个重要原则：分项精细、目标明确、方法得当、时间有序。

图 3－2　制订客户开发计划的四个重要原则

（1）分项精细

分项精细制订客户开发计划要事无巨细，没有遗漏，确保任务制定得清晰且具有可执行性。如在开发对象栏（见表 3－4），必须列出公司所有合作单位的名称和联系人等内容。

表 3－4　××楼盘客户开发计划

开发对象			目标	方法	联系人	负责人	时间	备注
关系客户	公司员工	工程部人员						
		财务部人员						
	老板关系	老板的朋友						
		老板的圈子						
	主管部门	税务部门						
		国土局、房管局						
	合作单位	建筑工程单位						
		材料供应单位						

续表

开发对象			目标	方法	联系人	负责人	时间	备注
周围的人	周边单位	邮局						
		银行						
	周边经营户	市场一						
		市场二						
	周边大型企业	企业一						
		企业二						
	周边学校	学校一						
		学校二						
	周边小区	小区一						
		小区二						
其他客户	老业主	一期业主/楼盘一						
		二期业主/楼盘二						
	团体、俱乐部	团体一						
		团体二						
	各种圈子	圈子一						
		圈子二						
	竞争对手	楼盘一						
		楼盘二						

（2）目标明确

客户拓展计划和行动方向清晰，能具体转化成可执行的行动。能根据目标计划分解成可量化的工作任务和可考核的业务指标。

（3）方法得当

深入分析每个细分客户，由整个团队共同讨论制定跟进开发的方法并及时评估，根据实践的结果随时修订方法。

（4）时间有序

合理分配时间，时间安排原则为由近到远，从主要到次要，从容易到困难。

4 绘制客户锁定地图（模拟）

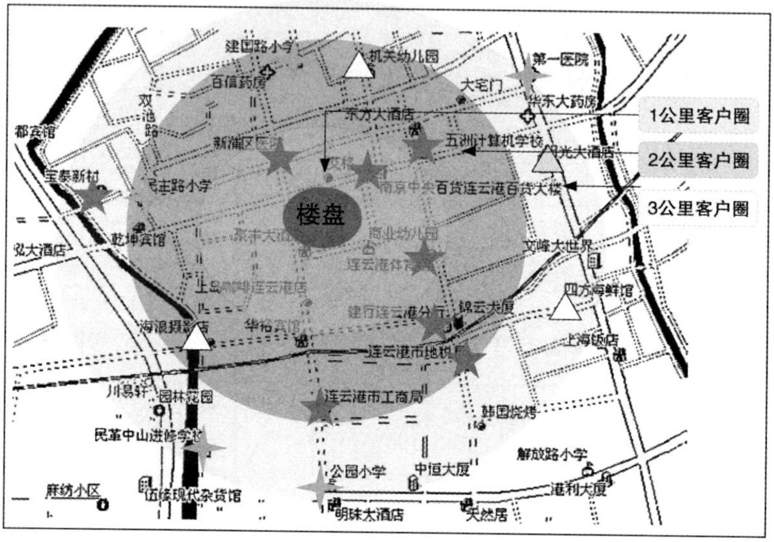

图3-3　客户锁定地图示意图

表3-5　客户服务级别分析

客户级别	客户服务级别
五星钻石客户	一级战备：总监以上全程跟进，大客户经理贴身专案服务
四星白金客户	二级战备：总监督导，经理全程跟进，主任级顾问贴身服务
三星黄金客户	三级战备：总监督导，经理全程跟进，销售顾问贴身服务

表3-6　客户接触地点分析

客户圈	客户接触地点
1公里客户圈	医院、百货大楼、体育场
2公里客户圈	工商局、地税局、银行、计算机学校、小学、幼儿园
3公里客户圈	新村、进修学校、小学、医院、酒店

二　锁定客户来源的五个核心策略

从企业内部营销活动日常积累的策略上讲，销售员寻找客源要多注意以下几个方向：

第一，借助公司的宣传活动认识新客户；

第二，及时抓住身边任何可能的信息源；

第三，抓住电话来访客户等机会进行客源管理；

第四，注重老业主客户管理营销；

第五，通过赠送礼品收集意向客户信息；

第六，通过看盘或者房展会、推广会等大型活动现场获得客源；

第七，直接拜访信息清晰的老客户；

第八，注意每一次楼盘组织活动的现场机会。

在楼盘即将销售前，房地产企业会通过营销部门做大量的广告推广，这会为楼盘带来一些大众类客户。这是楼盘销售员抓住客源的一个重要机会。因此，销售员要特别注意企业广告的发布渠道以及评估可能回收的客源，抓住每一个有可能成交的机会。

除关注企业内部活动，还有其他很多种锁定客户来源的策略，在这里重点解析一下。

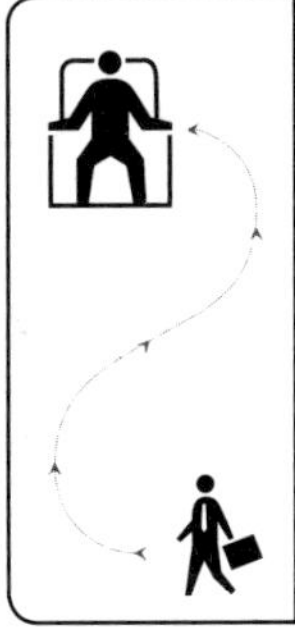

后台寻找	查阅资料法 / 名录名单法 / 通过发布广告开拓 / 借助通信手段发布信息 / 建立微博微信等自媒体
以人找人	连锁介绍法 / 攻坚核心人物
现场捕获	展示会或项目招待会 / 各种客户汇集中心 / 设摊揽客
围绕楼盘销售汇集客户	通过楼盘内部认购抓取客户 / 根据产品特性针对性地寻找客户 / 从未成交来访者中找客户 / 借助同行拓展客源
注重人际交往圈的客户挖掘	个人圈子的客户挖掘 / 老板圈子的客户挖掘

图 3－4　寻找客户的五个渠道

1. 借助企业后台寻找

借助企业后台寻找客户可以有以下五种方法：

（1）查阅资料法

销售人员可以通过查阅各种资料来寻找潜在客户。

资料类别有两种：一是企业内部资料，二是外部资料。内部资料主要是指各部门资料，外部资料主要是指各种情报资料的名录。

（2）名录名单法

①搜集黄页类资源公开的名录

各种公开的名录资源中有一部分可作为准客户。这些名录主要有：工商企业名录、统计资料（包括各行业、各部门、各单位以及专门的统计机构每年编制的各种统计资料）、产品目录样本介绍、工商管理公告、房地产业务信息书报杂志、专业团体会员名单、企业广告和公告、电话号码簿、年鉴等。

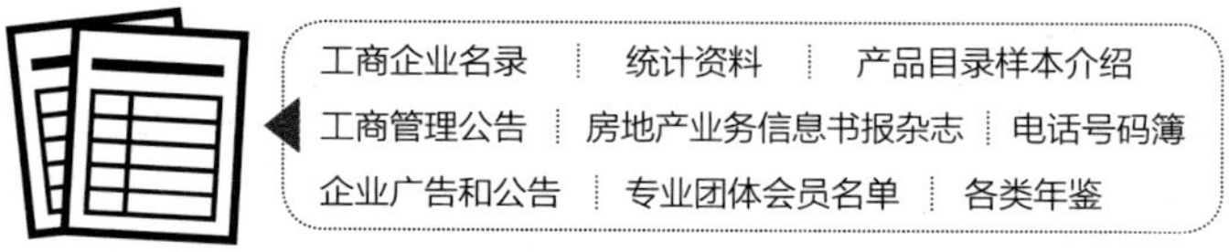

图 3－5　可搜集准客户的公开名录类别

②购买客户名单

购买客户信息名单，在获取电话号码后，对其进行电话访问，这是比较传统的获取方式，也是最直接、最见效的一种方式。

名单必须重复利用，客户的动态是随时间变化而变化的，在不同的时间跟进中所获取的信息是不同的。跟进时，千万不要舍弃曾遭拒绝的客户资源，不同的业务员用不同的方式跟进，获取的信息也会不一样。

2 通过发布广告开拓客户

我们已经生活在无处不是广告的时代了。像报纸杂志、广播电视、互联网、微博、微信、手机短信、淘宝，甚至公共汽车、火车站、马路边等，广告无处不在，它影响着人们的日常生活，刺激着人们的日常消费。

销售人员要经常接触广告，通过广告宣传招徕客户，从而把潜在的客户变成真正的客户，促进交易的进行。

（1）活用单页广告

制作、派发广告单页。广告单张的推介内容、文字、排版、色彩设计要有强烈视觉冲击力，吸引客户眼球，让客户留下深刻印象。

单张派发途径很多，只要用心捕捉就会有很大的收获。例如：第一，同书报亭建立关系，作为出售书刊时的插页；第二，扫楼时直接派发；第三，参加各种主题展会派发，如物业拍卖会、房地产展销会、楼盘推广会等。

（2）张贴户外海报

张贴广告宣传的海报途径有很多，如：住宅小区的招贴栏、小区居委会、小区健身场所等，只要有机会，就得想方设法地渗透，让业主们有需求买卖时，第一个就想到你。

（3）做社区宣传

城市里各个社区有很多空地，通过和物业人员协商，销售员可以去做社区宣传。在社区做活动的时候，要遵守不乱贴小广告，不乱发传单，不乱写乱画的文明法则，这样才不会干扰社区管理，也不会遭人反感，更大限度地搜集到目标客户。

（4）在网络上设置专家资料供人搜索

将销售员的姓名、自我描述、值班时间、联络方式并加盖有公司资质认定章等，制作成单页，以广告形式将信息发布在网络上。客户可以有针对性地选择销售员。

（5）借助通信手段及媒介发布信息

①群发短信及信函回访

将一套房源信息通过短信的方式传递给有需求的客户群。选择客户时尽量范围广，客户名单要精准，只要持之以恒就会有意外的惊喜。

还可以通过寄发宣传广告单页或投其所好提供一些房地产咨询资料，联络客户感情，以便有话题跟进客户。

②电子邮件沟通

销售人员通过电子邮件将企业的相关信息传给潜在客户，一方面方便了企业的信息回馈，另一方面使潜在客户向准客户转变的概率大大提高。

③建立微博微信等营销自媒体

自媒体时代有一个显著的特征，就是每个人都是信息源，每个人都可以主动发出信息，人与人之间的交流是有内容的交流。如果内容是人们共同关心的，就容易上升为话题讨论。特别是在微博微信这种公开的自媒体平台上，每个人所关注的人、讨论的话题、互动的好友等信息，很容易暴露他们的身份、生活状况、购房需求等。在微博微信上精准锁定目标客户，再通过各种策略接触客户，与客户互动，获取客户的信任，那么后期成交的概率甚至比电话营销要高出很多。

在微信平台上，寻找目标客户的方法有些不同。微信是个相对封闭的自媒体平台，要获取陌生人的信息不如微博方便。微信营销是一种圈层营销，首先得从自己的朋友圈，也就是从身边的熟人开始寻找，通过他们的朋友、朋友的朋友，一层一层扩散出去。但是，随着圈层的扩散，联系的紧密性会越来越弱，信任度逐步被削弱。

利用微信平台寻找目标客户还可以通过开通公众账号来进行，这是比较有效的收集客户信息的方法，也是微信营销的惯常做法。一般的思路是为目标客户提供喜闻乐见的消息，吸引更多人的关注。只要赢得客户的信任，营销就是可能的。

总的来讲，靠自媒体寻找目标客户，更多拼的是个人技巧和魅力。

3 以人找人

以人找人是指通过现在的客户、新来的客户、身边的亲朋好友或者其他陌生人引荐客户，或者以某个小团体中的核心人物为突破点，集中火力攻克一人，从而带动整个群体。

（1）连锁介绍法

连锁介绍法又称客户引荐法，是指通过现有客户的引荐获得新客户的方法。这是地产销售里找到有效客源最有效也是最主要的办法之一。有很多楼盘甚至专门通过老客户带新客户完成楼盘的大部分销售。

事实上，同一类型的楼盘，购买者之间有着相似的购买动机，客户之间也有一定的联系和影响。连锁式介绍法就是根据消费者需要和购买动机的相互联系及影响，依靠客户之间的关系来寻找新客户。

了解每一位客户的背景情况相当重要，这会随时给你带来商机。此法可以不断向纵深发展，扩大自己的客户群。

图 3－6 连锁介绍法的四种方式

①请现在的客户介绍新客户

销售人员不要忘记时时宣传自己、推销自己，只有将自己推销给客户，业务进展才可能更加顺利。

如果现在的客户对服务很满意，可以让他们帮助推荐新的客户。如果客户不满意，别忘了请他们帮助宣传；同时，请客户说出不满意的理由并谈谈自己的观点，销售人员必须对其所问的问题表示出极大关心，表现出应有的礼貌和专业水平，这样客户才有可能因信服而成为回头客。

②请新客户再介绍新客户

销售人员通过热情周到的服务、真诚的态度，时时为客户着想，会赢得新客户的信任和好感，让他们无心理负担，他们自然会回报销售员的好意，乐意接受销售员的推荐新客户的请求。

③请亲朋好友引荐

有效地利用自己的关系网络，是获得更多新客户的重要方式。朋友的朋友，亲戚的亲戚，都有可能成为自己的客户。而且，相对于陌生人来说，亲朋好友的引荐更容易成交。

④请陌生人介绍

多一分努力，就多一分收获、多一次机会。寻找客源就要有漫天撒网的耐心，哪怕是一个完全陌生的人也有他的价值，也有必要请他帮助你宣传。总之，此法是一种比较有效的寻找新客户的方法。需要注意的是，利用连锁介绍法寻找新的客户，关键是销售员要取信于现有客户，这也是在培养最基础的客户。

（2）攻坚核心人物

此法为核心人物带动法。任何一个小集体通常都有自己的影响力中心，处于这个中心的人亦即核心人物，他可以影响这个范围内的许多人。

让核心人物成为自己的客户，一方面可节省大量的时间和精力，另一方面又扩大了服务的影响力。但是必须注意的是，如果关系处理不妥当，则可能会失去大量客户。

销售人员必须将核心人物作为攻坚的对象，使其了解现今房地产行业的市场行情，让其体会专业服务，进而从排斥、理解到最终接纳。

4 活动现场捕获

活动现场捕获是指销售人员去各种有目标客户存在的现场，凭借其挖掘客户的能力，通过直接观察，迅速做出判断，寻找出潜在客户。此法有利于销售人员扩大视野，直面现实的市场，进而有利于提高各种能力。

销售人员身上无论什么时候都要有三样东西：笔、小笔记本、名片。销售员在生活中处处留心，就可以找到很多商机。要注意用眼、用耳、用心，观察周围人群，随时发现自己的准客户。想客户之所想，给客户之所需，得到客户的信任，慢慢地就能水到渠成地达成目标。销售人员可去观察的场合有如下一些：

（1）展览会或项目招待会

展览会、交易会一般由政府部门和专业传媒机构组织并参与，宣传力大，号召力强。购房者为了集中收集房源信息，会踊跃参加。

招待会一般由开发商独家举办，规模小、针对性强、现场气氛融洽，由专家作项目专题介绍。现场收集卡片或者登记来人信息是在这种场合获得客源的良好时机。销售人员可以利用各种方式去采集信息，以便有更多的选择余地。

（2）各种客户汇集信息

这是销售人员在从事房地产销售业务过程中汇集的交易双方及其他方面客户的信息资源。销售人员要充分利用好这些资源，从中利用老客户自身或其关系网络以延伸到更广阔的领域。在以往的销售工作中，销售人员凭借其优质周到的服务取信于客户，满足了客户的要求，获得了良好的口碑。客户只有得到了令其满意的服务，才会乐于与他人分享自己的成功经验。有了老客户的推荐，新客户自然就会越来越多。

虽然利用此种途径可以准确、快捷地发掘潜在客户，省时省力，但已有信息毕竟有限，仍然需要销售人员在销售服务过程中凭借良好的职业信誉、优秀的销售技巧和坚持不懈的努力去开拓潜在的客户资源。

（3）设摊揽客

在小区、公园、商场、步行街、城市核心路口等人流旺盛的地方摆设流动摊位，招揽过路客，吸引目标客户，从而获取客源信息。

（4）围绕楼盘销售汇集客户

房地产楼盘销售还可借鉴成熟行业营销渠道的建设办法，参照成熟行业的聚客办法以便吸纳更有效的促销营销策略和思维方式，使新楼盘开盘即热销。

房地产传统营销的特征是，下至一线的销售人员到销售主管、经理，上至总监和老总都喜欢在售楼部蹲点，死拼一个地方——销售中心。主管楼盘销售的老总和总监对销售的管理仅仅局限于“培训—学习—教育”这种闭环式卖房方式。虽说这种方式有它存在的价值，但对需要主动出击的团队和体量特别大的楼盘来说，它能抓取到的客户显然远远不够。

销售人员在前期寻找目标客户的过程中，还可以深度借助以下途径，有效抓取潜在客户。

图 3－7　抓取客户的有效途径

①通过楼盘内部认购抓取客户

内部认购几乎伴随了中国房地产业整个发展过程。但凡有楼盘要开盘，总在开盘前先给内部员工及其亲友安排一个低于开盘价格的内部优惠认购期。

内部认购期内客户活跃度高。随着现代营销方式逐渐精细化，开发商对市场判断越来越精准，很多大型楼盘都把内部认购当作楼盘试水或者试探市场的重要时机。企业在内部认购中给出的是优惠价格，而非市场价格，所以，对此时推出的房源，购买者关注度和接受度都比较高。这个时期的客户也比较活跃，楼盘销售的真实客户很多。

内部认购期间客户对象特征清晰。内部认购期间，楼盘销售主要针对的是企业内部员工、员工亲友、合作单位员工、老业主四类主要人群。值得一提的是，在与开发楼盘合作的单位中，通过内部认购获得客源的空间非常广阔。

在房地产开发过程中，企业因公会与政府相关部门多次接触，从而对产业链上下游的几十个企业形成信息传递。所以，如果能把认购对象延伸到政府相关的几十个部门以及产业链上下游几十个相关企业，则内部认购涉及人数将非常庞大，广告和口碑作用也非常大。这就需要销售人员更细致地管理这些客源。

②根据产品针对性跨界寻找客户

豪宅的本质即住宅中的奢侈品。世界上还有一些物品被列为奢侈品：钟表、服装、珠宝、化妆品、汽车、葡萄酒、游艇、高尔夫、香熏 SPA，这些奢侈品客户中一定有高端楼盘的目标客户。这类客户拥有购买奢侈品的能力，更有购买豪宅的能力；他们拥有鉴赏奢侈品的品位，同样拥有鉴赏豪宅的能力。高档楼盘可以与这类品牌组织跨界营销活动，获取客户。

③从“未成交来访者”中找客户

按照 5%～8% 的来访客户成交率倒推计算，如果一个楼盘前期已经销售了 1000 套房子，那么来访但未成交的客户数量可能高达 2 万人以上。比如，一个开发商在当地开发了一个楼盘，在项目开盘 年内，根据以往看盘水准评估，前来访问登记的客户会达到 1 万人以上，假设这个城市有 50 万人口，这几乎囊括了大部分有能力购房的目标客户群体。

一个有丰富作战经验的销售团队，会掌握大量客户资料，如何让客户资料变成有效的客户资源是非常重要的一项工作。在很多大中型城市，销售人员如果把这些客户“盘活”，将会激发出更大的效益。

分析未成交因素，制定精准销售策略。从价值角度而言，不同客户之间本质上并无分别，所有来访客户对楼盘销售都有价值。因为客户选房子，是主动寻找与自己的条件“匹配”的房子。来访者最后没有成交，这其中可能有意愿因素、有价格因素或其他因素。分析这些因素后，可以制定更精准的销售策略，就有再次促进成交的机会。

从未成交客户的生活圈层挖掘客源。来访者身后附带的是一个生活圈层，这个生活圈层就是楼盘一个重要的客户源头。从圈层理论角度而言，来访客户生活圈子里的人，在能力、家庭结构特征上彼此近似，那些人也是适合本楼盘的对象，很多成熟大盘中后期50%的成交都源于已成交的业主介绍和未成交的来访客户介绍。主要体现在以下三点：一是未成交来访者仍有机会向圈层内的朋友推荐楼盘；二是已购买业主可能已由普通的利益关系、客户关系转变成了密切的朋友关系；三是只要你给未成交的客户留下了足够好的印象，他们同样能够为你推荐有价值的客户。

④借助同行拓展客源

为了研究竞争对手，同行通常最先知道你的楼盘项目信息，一旦你所在的项目采取什么动作或区域内出现新的项目，他们第一时间就会知道，并前来踩盘。很多销售员看到售楼部有同行进来的第一反应是排斥进而做各种防守。其实，这一部分人群也能对你的楼盘销售产生广泛的影响力。一个优秀的销售员或者销售经理，是善于把每一次接触都变成销售机会的人。对待同行，从销售楼盘的角度看，销售人员需要秉承以下四个理念：

图3-8　竞争对手对楼盘销售的价值

让竞争对手帮你卖房子。同行们的口碑对楼盘销售至关重要，比如星河湾，这个楼盘之所以被神化，成为行业内的样板，多半是拜同行口碑所赐。星河湾实施的跨界营销和把售楼部当作开放式样板间的做法，让广州城内同行和全国各地的同行免费观摩，加上楼盘品质确实非常好，几乎每一个踩过星河湾楼盘的人都成了它忠实的口碑宣传员。再比如，每当万科和中海楼盘开盘时，第一批购房客户里总能找到从事房地产行业的人。那些每天提高警惕、如临大敌般地提防同行踩盘的开发商，如果对自己的产品有信心，确实该换一种销售思维了。

竞争对手的客户有机会成为你的客户。竞争对手手里的客户有三种可以转化为你的客户：一是竞争对手接待过但未成交的客户；二是准备到竞争对手楼盘去看房的客户；三是准备去竞争对手楼盘进行二次购买的业主。

图3－9　竞争对手手里的客户有三种可以转化为你的客户

当你对竞争对手充满敌意时，其实是在浪费机会。因为竞争是永远存在的，你的项目不可能是绝无仅有的，那些地理位置和周边配套等相近似的楼盘或多或少地都和你有竞争关系。随着生活圈子的扩大，甚至有一定距离的楼盘，也默默地成了你的竞争对手。

竞争对手的资源能和你的资源形成互补。成熟的大公司的共同经验是：公司员工不能诋毁竞争对手。如华为公司即明确规定公司员工不得在竞争中诋毁竞争对手。在房地产界，大的开发商在开盘时甚至开设同行参观日，专门组织同行来参观考察，通过他们传播产品、制造声势。但仅仅这样做还不够，要想和竞争对手实现资源利用最大化，还有更多功课要做。

竞争变成联合，共同做大市场“蛋糕”。对于超级大盘来说，它所辐射的区域已经跨出了市域、省域，资源优势明显甚至能辐射全国以及国外邻近国家。而想获得更好的市场，开发商们应树立共同的目标，把区域的板块做热，配套做成熟，人气做旺，吸引更多的人群过来投资。

最常见的做法包括：协同区域内的其他楼盘，进行板块联合炒作。把所有能挖掘到的目标都集中到本板块上来，让其成为该区域内最热的置业板块。早几年前的广州滨江东板块，现在已经发展为标志性豪宅区，原因是此前媒介曾经把各开发商集中起来，对该区域进行了阶段性的联合炒作，让全市重新认识该区域的价值。

联合竞争对手进行专题炒作的操作手法类似板块炒作。另有联合竞争对手实行价格联盟，即各楼盘私下形成价格默契，保持一定的价格水平，或者形成联手涨价或不降价的共识。当然，这种联合行为不能触犯政策底线。

5 注重人际交往圈的客户挖掘

圈层是一种新的社会单位，是具有某种社会共性的群体所构成的圈子，又是一种社会关系的总和，是一个新的营销单位。围绕圈层所开展的渠道营销，是一种与时俱进的营销方式。圈层营销是非常重要的营销策略。

图 3－10　人际交往圈

大多数中国人都长期生活在“圈”所编织的社会网中：亲戚圈、同学圈、老乡圈、同事圈、生意圈、网友圈、微博圈、微信圈、牌友圈、驴友圈、股友圈、健身圈。随着社会经济的进一步发展，在网络、新媒介等各种工具的推动下，更多形形色色的“圈”正在形成。

（1）个人圈子的客户挖掘

由于圈层是由具有若干社会共性的人构成的圈子，因此一个圈层包含了若干个人；而一个人由于拥有多种个性，每种个性都可能与他人的个性形成共性，因此一个人往往会有多个圈子。每个人都是多个圈子的组合，把这些圈子用线条连接，就构成了一张以这个人为中心的社会关系网，这个人就是这张网的中心。

根据“吉拉德250定律”，一般人的影响范围可以达到250个人。而作为专业人士，其影响范围则要远远大于一般人，他们甚至可以影响到500~800个人。

那么，销售人员怎么找到这些人呢？实用的办法有五个：第一，翻阅你的手机通讯录查找电话号码；第二，你名片收藏夹里的卡片数量；第三，你的QQ或微博微信圈的好友名单；第四，你曾经服务的公司的同事名单；第五，你待过的楼盘和接待过的客户。把这些信息统计一下，数字非常惊人。

（2）老板圈子的客户挖掘

开发企业的老板往往才是最优秀的销售人员，也是卖房子最给力的人员之一。很多楼盘在项目一期销售之初，为打开销售局面，开发商总经理以一人之力，动员其身边各种关系前来购买，数量惊人。“老板卖楼”是很多楼盘的常用法宝。老板或者总经理手里握有很高的打折权限，他们金笔一挥，能省出来的钱可是不小的数目。这个权限对购房者是很大的诱惑，购房者与卖方最高负责人当面沟通，省去了折扣审批的中间环节，让购房者享有拿到最低折扣的实惠。

三 及时建立客户档案

必须注意的是，在抓取各类客户的时候，应及时建立客户档案。

每一次客户资源开发都意味着销售人员要付出大量辛勤的劳动。一个触觉敏锐、眼观长远的销售员必须养成随时记录客户档案的习惯，一是积少成多，二是让自己每一次辛劳不至于付诸东流。

如何建立好客户档案呢？要求有两点：一是内容要详尽全面，以便更好地分析客户资料。这些内容包括客户姓名、年龄、职业、住址、家庭成员情况、联系方式以及兴趣爱好、个人资信等。二是与已登记的客户要经常保持联系，保证联络方式的及时变更以及感情认同。一个销售员只有建立强有力的人际关系网络，才可能使销售工作事半功倍。

第二节 在客源中锁定目标客户

楼盘销售中锁定客户需要解决两个“W”的问题，即客户是谁？客户在哪里？本质上，它是一个明确“到底谁在买房子”的过程。有效的销售行为是必须精准锁定客户，这是一项有具体技术和方法的工作，销售人员应逐条掌握。

一、锁定目标客户的步骤

如果按照大的地域标准锁定客户，对于目前市场上的超级大盘而言客户可以分两类，一是楼盘所在地周边的地、州、县、市，二是楼盘所在城市内的人。这要求楼盘销售不但要把目光放在本区域，锁定近处的潜在客户，而且还要把目光放在远处。

这时候的分类筛选客户，就是一个有策略的工作，销售员或者销售经理可以按照以下几个分类办法筛选客户：

首先，根据购房者需求特点可以将客户分为首次置业、二次置业、外资购房、投资购房；

其次，按照购房者社会角色，具体细分为公务员、中小工商业者或是白领；

最后，按照购买者所处区域，列出对方更细致的特征信息，比如是温州人购房、山西煤老板购房还是周边地区人购房等。

图 3－11　分类筛选客户的方法

这里面临着一个问题：你所锁定的这些客户，此时也是其他楼盘的目标客户。他们属于这个区域所有楼盘的共享客户，是大家都可以瓜分的“公共蛋糕”。如何把他们吸引到你的项目上来，就需要销售员做足筛选和公关客户的功课。

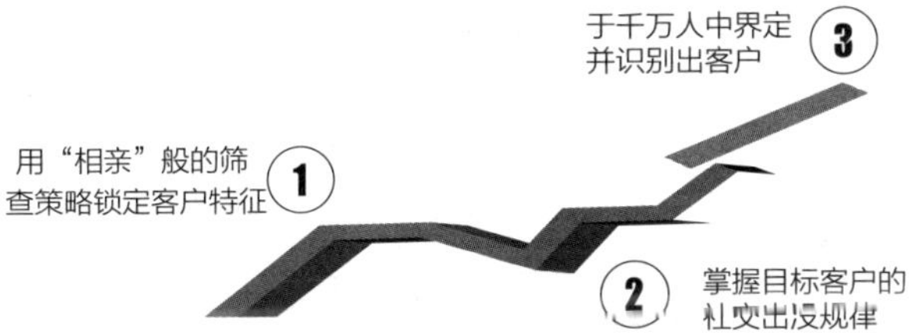

图 3－12　锁定目标客户的三个步骤

1. 用“相亲”般的筛查策略锁定客户特征

看过“非诚勿扰”节目的电视观众都知道，女嘉宾在谈婚论嫁、寻找亲密爱人之前，都要事先设定目标对象的基本要求：个人财富、学历、家世、籍贯、年龄、身高、个人爱好及专长、甚至头发长短等。这些条件是她们按图索骥寻找心中人选的关键依据。

女嘉宾先确定目标特征再去寻找目标对象的逻辑，同样适用于销售领域的客户寻找。

2 掌握目标客户的社交出没规律

锁定目标人群的特征后，就需进一步了解目标人群的心理特征、人际关系、活动规律等。销售员要做的就是找到接触这些客户、认识这些客户的途径，然后了解他们的社交出没规律，创造与其接触的机会。

一个优秀的销售员要自备一张财富金字塔尖客户的“藏宝图”。显然，居于金字塔尖的那类客户，是社会上所谓的成功人士，这些人多半为某个行业的权威人物或领袖人物。他们既是非常挑剔的客户，也是购买力非凡的客户。这类“少数人”的活动规律与大多数人有明显的差别，销售人员必须掌握其活动特征、心理特征和消费特征，才能释放出具有针对性和打动性的销售信息。我们仅以白领精英人群为例，说明目标人群出没规律路线图如何制作。

表 3－7　白领精英接触路线

时间	接触地点
周一到周五	高级写字楼、工业园、科技园
周五下班后	健身俱乐部
周五、周六晚上	休闲聚会、咖啡厅、酒吧
根据需要，随机	中高档百货购物场所
五一、十一、年假	国内旅游旺地
周六、周日白天	职业素质培训场所

3 于万千人中界定并识别出客户

传统的大众营销路径一般是，先通过传统营销方式传播产品信息，再抓住那些被打动的客户。这个办法也有它的实际效果，只是变现的概率极低。

在如今“新媒体＋超级大盘”的时代，抓取客户的思维也需要转换：在几十万乃至几百万的茫茫人海中，如何提高抓取客户的命中率，抓住哪怕是万分之一的机会，是楼盘销售的重要工作。作为一个销售员，如何界定并识别客户是最重要的能力之一。

（1）认同项目

目标客户是否认同你的项目，是他能否成为你的客户的关键所在，这也符合“密码正确”原则。

怎样才能找到认同你所销售的项目的人呢？

首先，筛选你周围的人。这类人往往生活在项目周边，是第一拨认同项目的客户，他们往往会充当重要的口碑传播角色。只要他们认同了项目，就会自觉不自觉地把项目的正面信息传播给他们周围的人。

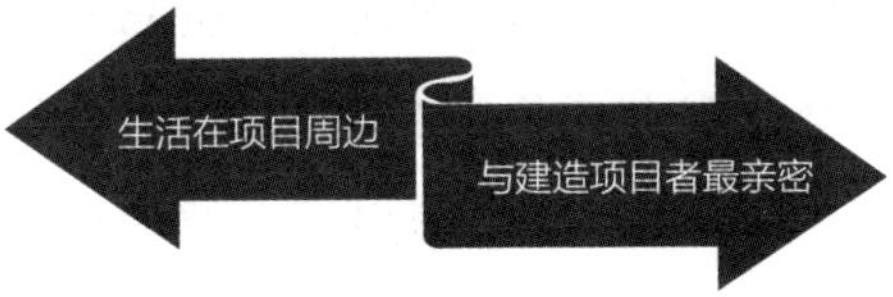

图 3－13　认同项目客户的两个特征

中国人的地域观念特别强，对自己生活习惯了的地方会有亲切感和深厚情感，对生活在周边的街坊甚至周围的一草一木、一人一物，都有怀旧心理。根据这个心理，我们认为一个楼盘最好的客户就是周围的人，这样的人对邻近项目天生有认同感，购房置业会首先考虑原居住区附近的新楼盘。

这些客户忠诚度高，往往会在楼盘刚打桩还没做任何广告时就已留意甚至咨询楼盘了，是绝对的主动型客户。销售人员的客户来访登记表中，那种通过“路过”“听朋友介绍”“看到宣传信息”等途径过来的客户就是这类客户。有经验的房地产公司非常重视这部分客户，营销工作做得好的企业已经针对这一部分人逐渐摸索出了一套挖掘思路。

其次，筛选与建造项目者最亲密的人。中国人的人际关系特点决定了与建造项目者最亲密的人，多半会认同这个项目。具体说来，这些人包括开发公司的员工、公司员工的亲友、项目的合作单位人员，还有非常重要的一类即开发公司的老业主等。

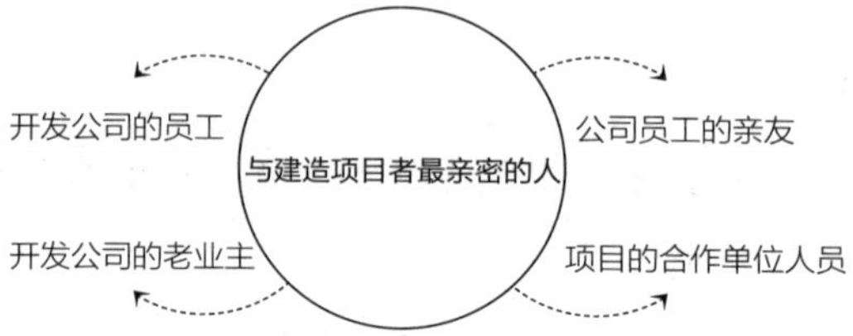

图3－14　与建造项目者最亲密的人

（2）消费力与楼盘档次匹配

“匹配”是“密码法则”的一个原则，是指关联的二者密码相对应。换句话说，即拥有与项目档次相匹配的其他消费品的客户也同时是你的客户。举个例子，开宝马、戴劳力士、打高尔夫的人才会去购买豪宅和别墅。对一个销售人员而言，找到这些客户最重要的标准就是：你卖什么档次的房子，就在同等档次商品消费群里找目标客户。

二　以客户为中心来设计销售

房地产这类大宗商品的购买特点是：动用资金数量非常巨大；需求多样化；消费者的决策反复且缓慢；不同客户购买房产目的不同，决定其购买的楼盘档次和规模不同。

漫天撒网的方式，只适合销售员或销售经理作日常积累客户资源之用，而对于一个正在销售的楼盘，最高效的办法是作精准营销。

精准营销的流程是：先清晰地了解自己的产品定位，再根据定位去描画购房者的需求。这个过程结束后，剩下的只是一小部分人群，然后再以部分人群为中心去组织销售策略。

以这群人为中心组织销售策略，首先要对他们的需求作尽可能细致的分类，如改善居住条件、子女教育、购物便利、休闲运动、品牌体验、商务机会、社交沟通、获得尊重、投资增值、养生养老。

图 3－15　购房人群的需求

楼盘销售之所以反复强调以客户为中心，目的就是要求销售员从客户切身利益出发去判断各种销售措施是否有意义，能否做到有的放矢、精确捕获，实现“一朝锁定，最终变现”的理想。这项工作大致说来可以分三步：

1. 分析客户需求线

分析房地产客户需求，要在上述分类基础上分出更细致的需求才能更准确地获取客户。例如，把改善居住条件这个需求细分为居住面积、空间体验、环境改善、安全保障、私密保障等方面。

（1）设法满足客户的每一点需求

原则上，客户每一点需求都可以设法满足。一个称职的销售员既要了解客户所有需求，更要善于满足客户需求关键点。这是一个为客户创造价值、实现增值的重要过程，是销售工作成败的关键。当然，这也考验了项目自身的客观条件，如是否有充足的人力、物力和时间。

值得一提的是，是否有必要满足客户的每一点需求，则要根据销售计划而定。销售员很难一一满足客户数十项需求，只有首先学会抓住关键满足点，才能事半功倍，并在这个过程中合理控制人力、物力、成本投入。

（2）对客户的关键需求进行排序

怎么理解客户的需求关键点？

首先要把客户的所有需求按照主次排序，排在前三位的需求就是关键满足点。反过来说，如果客户的关键需求没有获得满足，其他需求即使满足再多，也无法让客户感到满意。

2 分析客户购买过程线

客户购买过程线就是客户购买决策系统，指客户从初步接触到最后成交，乃至使用体验等环节的全过程。大多数行业的客户购买系统都大同小异，这个决策系统由六个步骤构成：

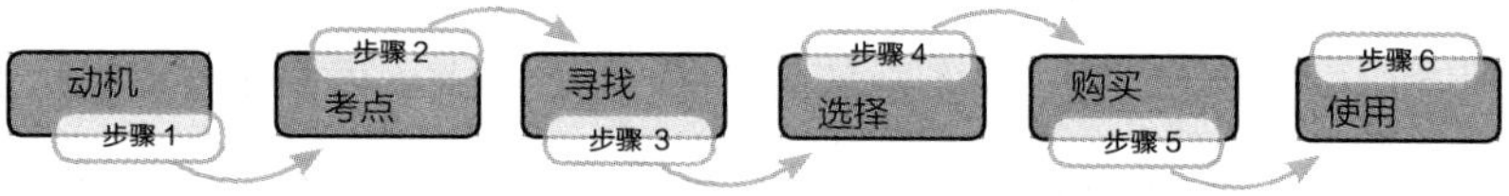

图 3－16　客户购买决策系统

这仅仅是客户购买决策系统的基本步骤，在实际的房地产购买中，过程相对复杂。我们在本书中将房地产客户购买决策系统再次细化，分为十二个步骤：

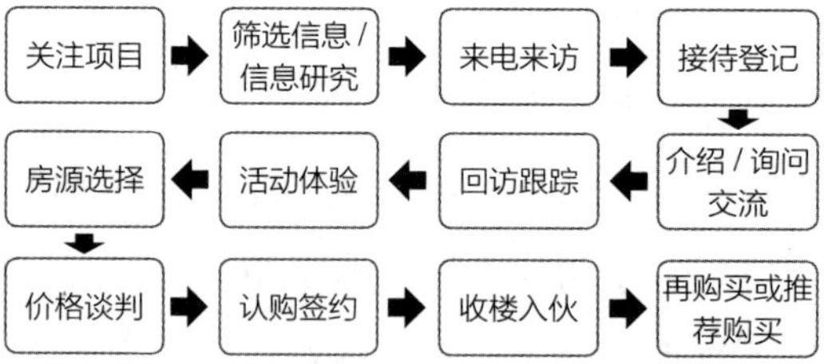

图 3－17　客户购买决策系统的基本步骤

在客户购买决策系统中，每个步骤都会与产品发生各种联系，而这种联系的过程，就是销售员实施客户管理、为客户提供实际服务的过程。

在这些过程中，销售员必须考虑四个核心问题：目标客户在做什么，目标客户在想什么，他看到产品后感觉如何，我们的沟通机会在哪里。

考虑好了这些问题，才可以针对过程的每个节点和问题来确定客户管理措施。各个细节上的管理措施最后将构成楼盘营销策略的前提要素。

3 将客户需求线和过程线同步设计销售

楼盘销售人员锁定销售方向的重要前提是管理好两条线：一是客户需求线的增值服务工作，二是客户过程线的客户管理工作。

如果仅仅从需求线和过程线的任何一条单线来考虑销售策略，都是片面的。只有寻求两条工作线的交集，才能最终精确锁定销售方向。

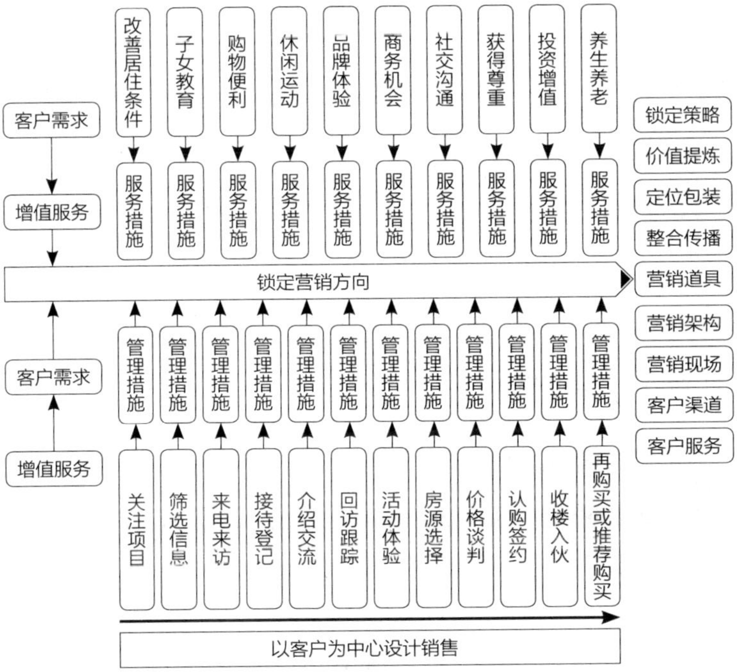

图 3-18 以客户为中心设计销售

第三节 客户购房心理分析

要想更好地掌握客户需求，进而更好地满足客户需求，必须对客户心理有足够的了解。因为“心”支配了一个人的思想、意志，进而支配了其购买行为。透析客户心理对掌握客户心理规律有极大的帮助，同时也更能促进销售。

一 五种常见的客户购房心理

客户购房最关心的事情无非两件：一是所购买的物业的具体特征，二是销售人员的职业品质。围绕这两点，再根据客户的性格差异，我们可以把客户可分为五种类型：

图 3－19 按客户意识划分的五种客户类型

1 防卫型

这类客户自我防卫意识非常强烈，总担心上当受骗，具有本能的抗拒心理，在言辞中喜欢采取高姿态，挑三拣四后仍显得心有不甘。面对这种客户时，销售人员最需要的就是“忍耐”，不要与他们争强斗狠，因为即使你占了上风，也达不成交易，应当以退为进，在看似处于下风的情形下取得实质性的胜利。

2 表面热情型

这类客户往往在表面上非常热心，很容易与业务人员打成一片，谈判中的气氛融洽而热烈。但是，他们的目的可能只是与销售人员建立良好的关系，或是只想获取一些知识和信息。

对于表面热情型的顾客，销售人员通常开始很高兴，但最后则发现是空欢喜一场，进而产生受骗乃至愤怒的感觉。实际上大可不必如此，应在与客户交谈中随时注意抓住物业主题，让客户时刻感受到业务人员对商品销售活动的关心与投入，唤起他对物业的兴趣与购买意愿，即使没有达成落定，也并非劳而无功，因为感受到满意的客户很可能会把这种满足感告诉别人，从而会吸引更多的客户。

3 不擅做主型

不敢果断负责型的客户即使到了决定购买的时刻，也只愿意扮演购买者与销售人员的桥梁角色，不肯自己决定，而把购买决策推给别人。

针对客户这样的心理特点，销售人员要利用其担心决策陷阱和不希望有负担的想法，首先找到一个使他安心并令其心态放松的方式，同时考虑对其购买行为产生重要影响的个人喜好，循序渐进地展开商谈。

4 跟风型

这种类型的客户对物业的关心程度，与对销售人员的关心程度大致相同，他们非常在意周围人对物业的评价，购买行为也最容易被其他人的意见左右。面对销售人员时，他们表面上态度积极肯定，但心里却在想别人对此有什么看法。

遇到这类客户，除了要展示物业的良好功能外，还要把物业销售业绩以及受到他人的好评一一列举，可能时还要把客户购买后的评价（如投资置业指南或其他形式）给他们看。

此外，销售人员要用充满自信的积极态度给这些客户强有力的正面暗示。

5 过于谨慎型

这类客户属于理智型，与销售人员接触前已深刻了解自己对物业的需求。当他们与销售人员交谈时，心中最关心的是物业本身的优点、缺点以确认自己是否需要购买。

对于这类客户，“晓之以理”是最佳策略。销售人员必须对购买者和楼盘之间的匹配关系找得非常准，才能最终打动客户。另外，面对这类人群，销售员的专业知识和沟通能力要非常扎实，能精妙地把握对方心理活动，对客户已知的和未知的信息判断准确，与对方步调一致，最终达成交易。

二 四种行为模式透析客户心理

行为是心理的表现，借助客户行为模式分析，可以把握客户性格，透析客户心理，并针对不同类型客户采取差异化的对待方法。

人和人之间先天具有性格差异，在一个团体中，一定有一部分人领导欲极强、爱表现，最后成为灵魂人物，也有一些性格较为温顺的跟从者。同样，在销售中面对某个特定的客户群，也可按不同性格所导致的行为差异，把他们分为“统帅、对立、畏惧、友好”四种类型，再根据其性格特点使用不同的沟通处理方式。

销售过程中遇到的客户行为表现，往往非常复杂，多数情况下是多种

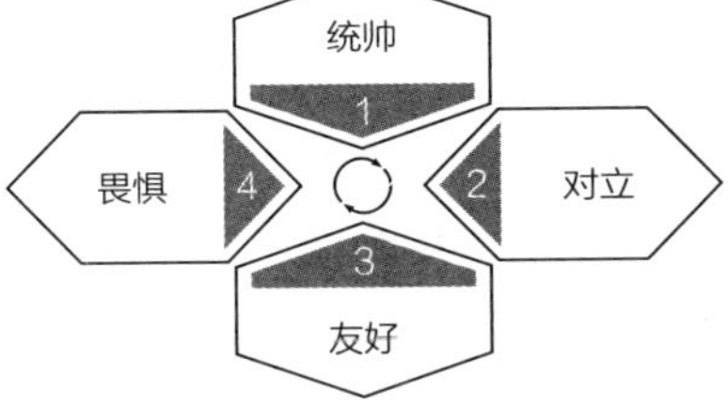

图 3－20　不同性格导致的四种行为类型

特征的结合。为了便于逐个攻克，我们把常见的客户行为分为以下四种类型：

1. 统帅对立型

这一类型的客户，一般都有比较强烈的自尊心，生性独立，自信心很强，甚至达到了刚愎自用的地步，很少采纳别人的意见。

由于统帅对立型客户很少有耐心听别人讲话，所以会给沟通带来一定困难。与一这类客户沟通的要诀是：扮演一个忠实听众的角色，尽量避免与他们争论。当他们滔滔不绝高谈阔论时，销售人员应以诚恳的目光与对方接触，谈话中以听为主，并注意以身体语言表示你正在心无旁骛地洗耳恭听，这样做至少能使客户感到满足，而客户在表现欲得到发挥后常常继续以高姿态实施购买行为。

2. 畏惧对立型

这类型客户一般不太会表现，大多较为沉默，在人际沟通方面不活跃，面对销售人员的热情介绍，往往报之以冷漠和无所谓的态度。处理与畏惧对立型客户的关系时，切忌态度过于热情，更不要急于成交，而是要跟着对方情绪的节奏走，不要因为热烈的进攻性情绪而招致对方的抗拒和敌对。最适合的策略是，谨言慎行，用恰当的方式，以极大的耐心引导，捕捉客户每一细微的心理变化，并抓住时机转变对方态度，达成落定。

3 统帅友好型

这种类型的客户属于讲求实际的客户，遇事不常涉及感情因素，而往往依照逻辑行事。在做出决策前，他们希望能获得足够的证据。因此，接触这类客户时，应尽量使用具有说服力的数据来引起他们的兴趣。

4 畏惧友好型

这类型客户本性友善而且热情，但表现得较为羞怯，无意在众人面前出风头，只想满足个人社会需求。

面对这样的客户，必须以开朗、诚挚的心和他们交往，采用“暗示成交法”。在与客人交谈时，先假定对方已购买，并描述购买后的未来生活的样子。用这种心理暗示，引导客户思路转向购买后的一些问题，让客户从心理上把购买设置为已定前提，当潜意识转变为购买决策时，客户就会觉得这一直是在依照自己的意愿行事，最终满意地完成购买行为。

三 如何面对四种问题客户

销售中会接触到形形色色的客户。一个销售员在面对客户时，不可避免地会遇到难以相处、不易实现合作的人。这类人数量不多，但却常使销售人员热情大为受挫，有时还会引发严重的不良后果。要化解这些“障碍”，使这些难以合作的客户感到满意，就要洞察他们的心理。为了便于销售员根据客户情绪特点应对客户，我们总结了常遇到的四类“问题客户”，并分析了他们的行为特点和适合的应对策略。

图 3－21　四种问题客户

1. 情绪波动型客户

这类客户的情绪变化很快、反复无常，让人难以捉摸他们的真实意图与需求。这种客户的心理特点为：第一，任性，个性不成熟。受生活环境和所受教育的影响，他们任自己的性子行事。第二，见异思迁。情绪被动型客户对新奇事物的感受通常相当敏锐，抢购的念头时常兴起，但这种热情维持不了多久，很快就会将目光转移到其他物业上。他们常表现出心绪不稳，见异思迁的特点。

针对这类客户，首先要多接触，了解其生活节奏，尽快客观地判断他们目前属于情绪波动的哪个阶段，是属于“高涨期”还是“低落期”。如果是处于情绪高昂的时期，最好能眼明手快、速战速决地与之交谈达成交易。反之，处于情绪低落状态的客户，对其应尽量采取安抚措施，不要急于展开实质性商谈。

2. 冷嘲热讽型客户

这类客户与人相处时通常表现为对他人的冷嘲热讽，总是以自己的唇枪舌剑占上风，令人难以接受。这类客户的心理特点表现为：第一，心中不满情绪较多。这类客户，由于生活或者成长经历，心中的不满情绪较多，如果看房子前刚遭遇不愉快的事情，心里郁闷，找机会发泄的想法会非常强烈。第二，个人的自卑感。对他人刻薄有时是一种自卑的表现。这类客户觉得事情不如意时就在潜意识中形成自卑情绪，这使得他们心胸变得狭窄，在言语行动上变得尖酸刻薄，以求心理上的平衡。

了解这类客户的心理后，销售人员应该以平和的心度对待可能遇到的不礼貌行为，以同情心去关怀、体谅他们。一般而言，销售人员的耐心和同情能缓解客户的不满情绪，从而改变他们的不合作态度。

当然，极个别的客户可能仍蛮不讲理，但销售人员切记一点就是决不能与之争吵。这种忍让会得到其他客户的认同，从而得到更多客户的理解与认可。

3. 多疑型客户

对开发商、销售人员产生疑虑是客户正常的心态，但有些客户在这一点上比较容易走极端。

具体表现为：第一，不相信任何销售人员。也许是由于曾与个别销售人员有过不愉快的交往经历或其他原因，形成一种不信任感。第二，总希望对方能提供有说服力的证据。由于不信任销售人员的话，就希望有切实具体的“证据”，似乎只有证据才会使他们感到安全，如只有看见样板房或现楼时，购买才能安心。

与这类多疑型客户交往时，必须拿出绝对的诚意，使客户产生信任，善于挖掘客户内心深处的“疑心之根”，引导客户把不满说出来，再向他们“证明”，进而消除他们心中的疑虑。

4. 挑剔型客户

挑剔型客户以挑三拣四为乐趣，希望从挑剔商品或服务中满足自己的心理需求，如支配感、权力欲或心理平衡感。

这类客户的心理特点表现为：第一，易受第一印象影响。挑剔通常针对物业，但原因却既可能在于物业本身，又可能在于销售人员的服务。对物业和销售人员服务的第一印象在这些客户心中会产生重要的影响，甚至立刻就使他们下判断，有了第一印象就很难改变。这类客户还常常思维敏锐。第二，希望获得更多优惠政策。挑剔型客户的真正意图可能在于以更低的价格获得物业的服务，所以总是试图找出对方的弱点。因此，在销售中就有了“挑毛病的人总是最终购买者”的这一规律。

面对挑剔型客户，销售人员要能够敏锐观察，摸清对方的真实意图。如果是前者，就应以积极、诚恳、主动的态度，努力纠正对方的看法；如果是后者，则应在条件允许的情况下以一些小的优惠打动客户，最终使客户满意而归。

第四节 控制客户接触点实现成交

客户接触点，即与客户进行电话沟通、面对面交流、搜集和填写信息表格等所有节点。对该过程的把握程度将直接影响成交与否。与客户接触的过程，就是一个谈判的过程，销售人员在这些节点中的观察沟通、引导和说服等能力要非常强才能增加成交可能。

销售员获取客户的信息，仅仅是精细化经营客户的开始，而更多的功力训练，是在与客户的真正接触中。表现为：一是增加对客户的了解；二是获得更具有销售指导意义的信息反馈；三是提供有针对性的产品和服务；四是提高客户对企业和产品的认同度，最终把客户变为企业的长期资产。

一 客户接触点的出现时机

就房地产而言，客户接触点总体来说分为三个大的节点：售前客户接触点、售中客户接触点、售后客户接触点。

表 3-8 客户接触点的呈现方式

接触阶段	客户接触点的呈现方式
售前	网站、客户口碑、广告、公关、现场推广
售中	售楼处、样板房、工地现场、销售人员、促销活动
售后	产品品质、物业管理、交房活动

在每一个客户接触点都会产生以下六类需求问题：第一，消费者最初接触这家公司时，感受到的服务如何；第二，是否为消费者提供了足够、恰当的信息；第三，当消费者遇到难题时，销售员有没有提供帮助；第四，销售员平时或者在一些特殊的日子是否关注消费者；第五，当消费者对销售员不满意时，销售员有没有满意地解决问题；第六，消费者产生了一些新需求，能否得到满足。

下面以与客户接触的三大步骤为例，列出客户接触模块的框架内容，在实际应用中还需要进一步细化完善。

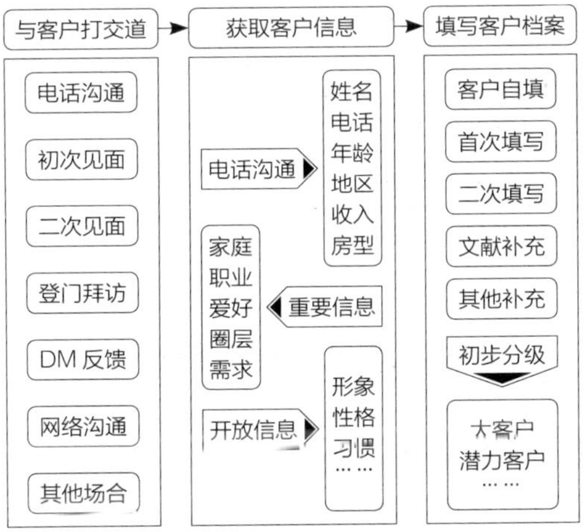

图 3－22　客户接触模块分析

表 3－9　客户接触模块工作分解

模块构成	工作分解
精神与纲领	一切以客户为中心，改变销售人员接待客户的方式，通过深度的客户管理，让客户发挥最大潜力
目的与任务	获得更多的客户信息，更深入、更全面地洞察客户
	与客户形成更深入的接触和更广泛的沟通

续表

模块构成	工作分解
内容与标准	完善表格：改变传统的接待表格内容，增加更多的开放或封闭的客户相关信息栏
	加强沟通能力：全面加强销售人员的沟通能力，让销售人员增加房地产以外的专业知识
	加强沟通效果：更长时间、更广泛地与客户进行多方面沟通，用各种方法让客户透露更多的个人信息
	更详细地填写接待表格，及时、完整、详尽地填写客户各方面信息
	更系统地管理客户资料，包括资料填写的检查、资料调阅程序的设计、资料运用的规定
	创造更多机会，更多次地邀请客户前来售楼部沟通
	主动走出去与客户沟通，节假日问候拜访
效益与成果	建立完整的客户档案
	与客户形成更密切的关系

二 不同客户接触点的客户价值分析

没有详细的客户信息资料，就不可能完成深度的客户分析，也不可能针对客户特点制订出有效的跟进服务方案。因此，在对客户接触点的客户进行价值分析前，先要做客户价值分析模块。

1 建立客户价值分析模块

对企业而言，客户基本价值通常有三个：一是直接购买物业带来的价值，二是介绍他人购买物业带来的价值，三是客户口碑传播和标杆效应产生的销售价值。

也就是说，如果客户是所在生活圈的意见领袖，则他的言论更有价值，他本人对项目而言就是一个最好的口碑传播；即使他本人不是意见领袖，他的直接购买也能产生标杆示范效应。

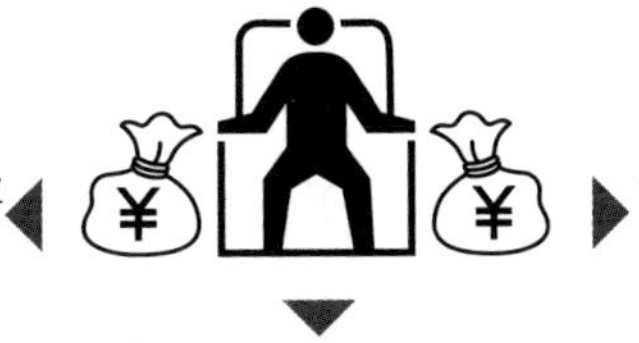

图 3－23　客户的三个基本价值

表 3－10　客户价值分析模块的构成

模块构成	工作分解
精神与纲领	全面发现客户价值：直接购买的价值，介绍有效客户的价值，口碑传播的价值，标杆效应的价值
目的与任务	更全面地了解客户，拓展认识客户的广度
	更深入地了解客户，延伸认识客户的深度
内容与标准	立即开展客户分析：客户离开后，第一时间填写客户档案表，之后立即与经理共同着手进行客户分析
	对客户进行深入分析：对客户的基本信息、重要信息、开放式的各种信息进行分析讨论
	了解客户的各种需求：直接的购房需求、生活需求、休闲需求、家庭需求、生意需求等
	对客户进行分级：大客户、潜力客户、各级意向客户
	确定客户服务的突破点
效益与成果	让客户的需求透明化
	找到攻克客户的方法

2 分析客户信息使客户价值最大化

客户分析是一个广泛的概念，各大开发商在长期开发与营销实践中总结了大量的分析方法。在此，我们选择 A 开发商在搜集到客户信息后对客

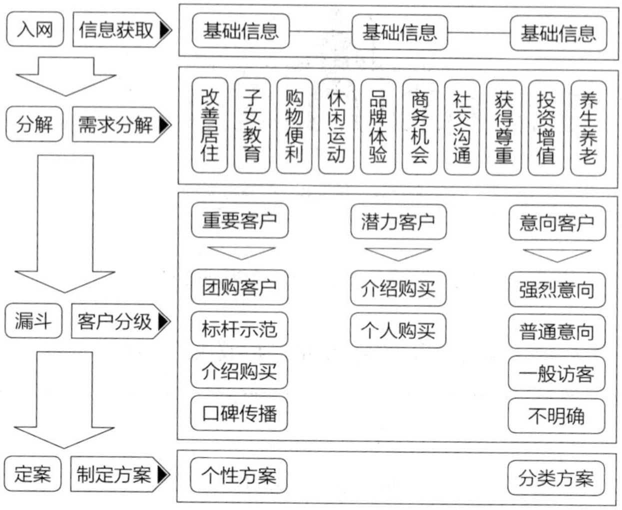

图 3－24　客户价值分析模块

户进行细分的方法作为例子。

通常来说，客户细分是指对客户信息进行分类分析，获取典型客户群组，这样的群组背后蕴含的信息可以拿来指导营销、产品或服务的改善工作。

（1）运用地图分析客群分布信息

万科曾经把美国地产企业帕尔迪当作学习标杆。帕尔迪的城市地图是其精细化运作的主要工具之一，他们将城市地图定义为，把客户细分的典型类型与城市区域关联起来，这样就可以指导项目的定位与客户搜寻。

新进入一个城市的开发商或者在本地历史沉淀不多的开发商，想要制作出城市地图没那么容易，中国城市客户分布比较分散，不像美国那样清晰集中。基于项目客户跟进的客户地图应用是相对实用的一种细分手段。

我们以 A 开发商在上海项目的客户地图制作为例进行解释。

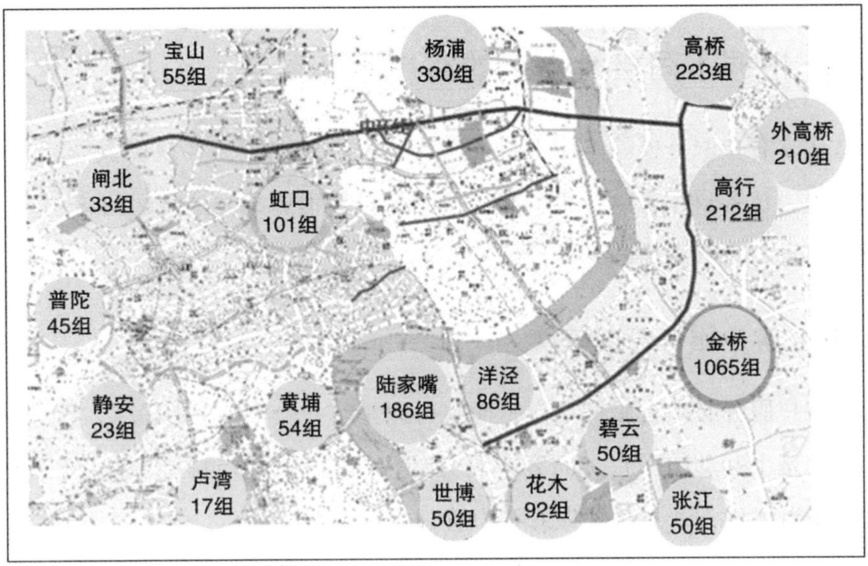

图 3－25　来访客户分布示意图

图 3－25 是 A 开发商在上海浦东开发的某项目到访客户的数量分布。这些信息来自客户到访问卷，经信息系统采集后统计汇总，再进行人工标注。仅有到访客户数量分类本身没太大价值，无非是知道某片区的项目潜在客户的多寡。但是，这个数据与后续信息采集分析相结合，就产生了有意义的结论。

（2）用客群分析摸清销售热门产品

经过项目一期推盘后，金桥区域来访客户最多，但成交量却不多，即使有，成交也都集中在公寓类的房产，别墅和花园洋房销售不太受此片区人的关注。结合此信息，销售人员做了进一步的走访调查，发现此片区到访人员的职业、购买力等决定了他们的关注点集中在公寓类房产上，后续营销对此片区公寓安排了集中推介，在二期销售中取得了很好的成绩。根据这次分析，销售员得出的结论是：对项目感兴趣的人多，不一定意味着成交多，还要细分客户购买楼盘的兴趣点是什么，在此基础上再布置精准的销售策略，而不是不加区分地盲目轰炸。

三 把握不同接触点上的客户服务要点

建立客户服务模块本质上是经营客户：是致力于为客户提供体验和创造价值，让客户在售前、售中和售后都获得增值服务，通过管理好每一个阶段的客户接触点而减少客户流失。

1 建立客户服务管理模块

客户服务必须有服务平台，通常可以是客户会和客户服务部。企业的客户会是个互动的平台，而客户服务部仅仅是一个单向提供服务的平台，这个平台无法深入系统地做好客户管理。

表 3－11　客户服务模块的构成

模块构成	工作分解
精神与纲领	全面发掘客户价值，让客户感受到宾至如归的服务，提高客户满意度和忠诚度
目的与任务	让客户为我们带来更多的客户
	将客户的“不满意度”降到最低，提升项目的口碑
内容与标准	制订客户服务方案 分类客户方案：针对不同分类的客户群体制订服务方案 个性服务方案：针对重要客户、大客户等制订面向个人的个性化服务方案
	建立客户服务平台 设立客户会：完善客户会会员制度与运作计划，吸收更多有效客户 设立专门客户服务部门：为客户提供售前、售中和售后服务
	让客户与项目发生更多的联系 创造更多的互动机会，让客户不断参与项目的相关互动体验，从而不断累积对项目的感情
效益与成果	拥有一大批忠诚度极高的客户

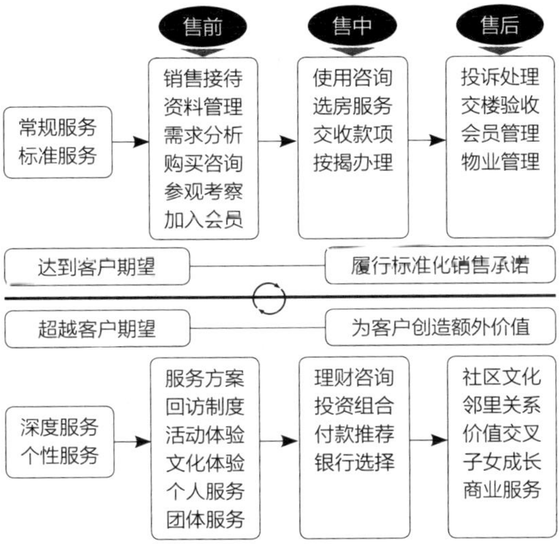

图 3－26　客户服务模块

2 提炼客户的真正需求

在接触客户前，销售员要提前做好问题提炼，把控沟通的内容和方向，有必要的话还可以先模拟一下提问，因为提问方式不同，得出的结果也不同。这里面也有五个工作方法需要销售员掌握。

（1）对部分重要客户做二次接触

第一次接触后，销售人员已经获取了部分客户资料，并对客户有了初步认知，也对客户做了初步分级。但是，一些重要的客户，也就是销售员判断出来的有明显意向或有意向的客户，还必须对他们做第二次接触，才能鉴别出他们的真实需求以及他们对于楼盘销售的价值高低。但是，这些客户往往具有一定的隐蔽性，他们或者出于保护自己身份的考虑，在第一次接触的时候保持较高的警惕性，对个人信息透露得比较少，或者为了防止决策干扰，对楼盘的兴趣隐藏得比较深。

所以，对这类客户需要在第一次接触后，根据获取信息的多少来制订第二次接触的方案，务必在第二次接触的时候了解客户更多的需求。

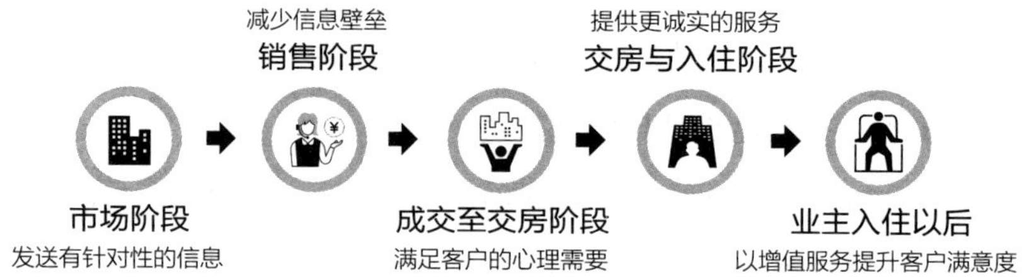

图 3－27　分阶段客户接触点管理

（1）市场阶段——向客户发送有针对性的信息

精准管理的前提是要有庞大的客户基础数据。目前房地产领域的很多企业都在逐步完善客户数据库，在不断丰富的地产营销实践中，用市场营销与客户营销相结合的模式来加大客户成交的比例。

多数房地产企业都难以完全把握市场阶段的客户触点，因为市场阶段对应的是客户的兴趣。如何把客户的兴趣转变为到现场看楼的动力，受销售员及其团队的工作方法和能力制约。

这个阶段的客户特点有三个：一是最具有潜在购房意向；二是购房需求强烈；三是自己无力搜集太多信息，非常需要获得楼盘的有效信息。

这个时间段是销售员销售的黄金时段，对销售员的工作能力也有具体要求：一是能精准地把握客户的个体需求；二是销售员此前的客户分类整理工作非常扎实；三是能很好地针对历史客户信息作分析归类；四是能筛选出针对这类客户的楼盘信息。

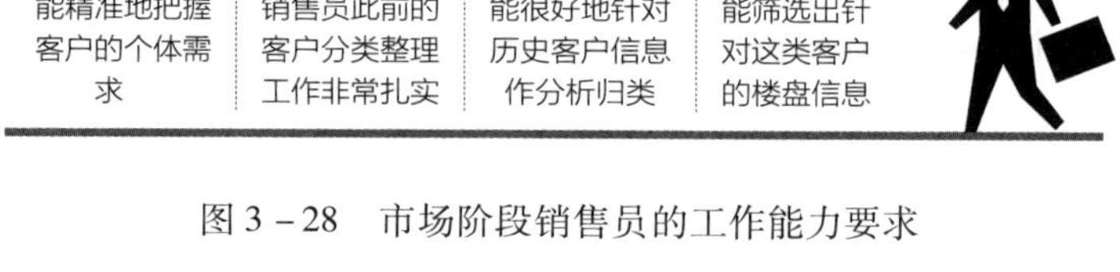

图 3－28　市场阶段销售员的工作能力要求

这样做的好处是，不仅受众明确，而且成本可控，没产生浪费，还精准地把握住了客户。

例如，如果向首次购房五年以上的会员发送新项目信息，就得仔细研究这部分客户。向这样的人群发送有效信息，获得兴趣反馈的概率就很大。如果要针对高端楼盘发送推介信息，也要参考客户的行业、职位、历史购房类型、成交总价等因素，选择针对性强的信息发送。

（2）销售阶段——减少信息壁垒

房地产销售阶段的客户接触点覆盖了从客户到访至签署合同的全过程。由于目前市场的诚信度等原因，导致每个行业都存在成交前客户防范心理过度的问题，购买大宗消费品前，人人都会担心隐藏的陷阱以及个人利益损失。销售员一定要把握客户的这个心理，并真诚服务，为即将购买的客户尽量提供透明度较高的信息，帮客户在法律层面消除风险隐患，最终以良好和周到的服务获得客户的信任。

从长远来讲，在产品销售阶段，保证信息透明、减少客户顾虑、增强客户信心是最关键的成交策略，也是提高企业品牌美誉度的重要措施。即使客户前期因为没考虑周全而购买了房产，后期也会产生抱怨，这也是企业品牌的重大隐患。

这里提供一个在销售阶段客户体验较好的三种服务策略：

图3－29　客户体验较好的地产公司的三种服务策略

第一，教客户如何看房、选房，帮他们弄清楚如何发现房产价值。教客户如何看房其实是提升客户的专业水平，减少与客户在专业上的差异，这也变相实现了信息对等。

第二，公示项目的不利因素，包括红线外不受开发商控制的因素，并且在房产定价上有所体现。公示不利因素是自暴缺陷，看似影响销售达成，其实是塑造了诚信的形象，减少了后期客户利益受损后投诉的可能；公示信息也是做好信息透明工作的重要举措，政府监管机构对企业也提出了这样的要求。

第三，尽可能公开项目的各类信息，并加以解释，例如合同条款等。

（3）成交至交房阶段——满足客户的心理需要

在中国目前的商品房销售中，期房居多，客户从签署合同到入住，要经历几个月甚至1~2年的时间。而现实是，从客户成交到客户收房这个阶段，很多房地产企业存在“三不管”地带：销售跟进阶段自然由销售部跟进，而客服/物业要等到房产交付以后才介入与客户接触。所以，这个阶段的客户需求基本处于无人关注的状态，客户在这个阶段也很容易产生心理落差，继而对企业服务水准产生怀疑。

销售理念比较超前的房地产企业，会很关注成交至交房期间的客户服务管理。他们的销售管理设计会在客户等待入住的环节，人为设计几个客户触点，例如售后的回访、工程进度的通报、工地参观开放日等，通过诸多精心设计的接触点，满足客户的心理需要，提升客户的满意度。

（4）交房与入住阶段——提供更诚实的服务

客户收楼和入住之后进入装修、入住磨合期，这个时期各种问题的投诉量最高。销售人员在这个环节中的主要工作有：一是必须提前知道前期工作存在的缺陷，二是明确是否要将这些缺陷预先告知客户，三是弄清楚企业内部为应对此类缺陷做出的准备，四是避免恶性投诉，五是谨防严重影响企业品牌的大事件发生。

很多企业在这个环节都会进行大量的人力物力投入，但仍会出现令人遗憾的后果。为什么？究其原因有三个：一是销售岗位和设计、工程、岗位之间的衔接沟通协作失调；二是在交房磨合期，企业缺乏处理投诉问题的经验；三是在执行层面，员工工作技术水准和服务能力欠佳。

图 3－30　交房入住环节出现令人遗憾的后果的原因

（5）业主入住后——以增值服务提升客户满意度

过了交房期，客户会逐步安定下来，逐渐开始自己的社区居住生活。

处于这个阶段的服务人员要明白一个道理：房产的居住属性不仅限于房子本身的功用，还来自社区文化生活氛围。那种认为进入向客户磨合期过渡的环节就算完成使命，接下来的服务主要靠物业提供基本维护就可以了的理念已经逐渐被房地产企业抛弃。更有远见和经营意识的房地产企业会加大对业主入住环节的利用，相应做一定程度的资源投入，以便为住户塑造更良好的社区氛围，提升住户的满意度。

房地产企业在业主的社区生活阶段的管理服务投入一般分为两类。

图 3－31　房地产企业在业主的社区生活阶段的管理服务投入

一类是针对社区活动的，重点在氛围营造和文化影响。例如，招商地产认为，老人和儿童的满意度是社区满意度的重要组成部分，所以他们做了有针对性的活动。例如，针对儿童成长的童子军系列活动，针对老年人文化生活的老年大学等，这对招商地产的品牌起到了很好的支撑作用。

另一类是针对房产的，例如质保期以后的公共部位翻新、住宅本身的定期巡检等。这样的投入不仅使客户的房产保值增值，而且也提升了业主的满意度。

四 在每一个接触点都要取得客户信任

在与客户接触的过程中，销售员或者销售经理应该注意以下细节，这些细节有助于取得客户的信任。

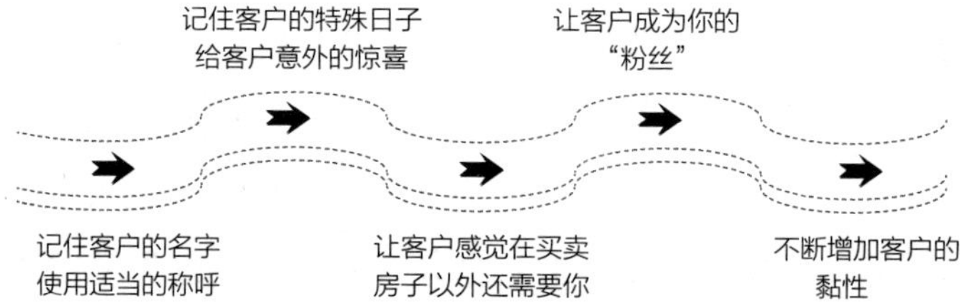

图 3－32　取得客户信任的细节

1 记住客户的名字，使用适当的称呼

当客户第二次走进售楼部的时候，如果你能够第一时间看见客户，并以适当的称呼招呼客户，那么成交的目标就完成了一半。

才第二次走进售楼部就被人认出来，并听到一个非常舒服的称呼，那么，客户进门的一刹那就已经接受了这个销售人员，也接受了这个楼盘。而如果客户第二次走进售楼部不但没被认出来，还要被迫作第二次自我介绍，这会导致他情绪失落，并质疑销售员的服务水平。

记住客户的名字只是销售工作众多“记住”准则中的一项，这里还包括记住客户的各种主要需求，如户型、价格、有待解决的问题等，这样在第二次会谈时，将很容易获得客户的认同。

2 记住客户的特殊日子，给客户意外的惊喜

在与客户进行销售谈话中，可能有意无意地知道了其个人或者其家庭

成员的一些重要日子，如小孩生日、结婚纪念日、公司开业时间、重要旅游纪念日等。记住这些信息，你就可以选择适当的日子，给客户送上恰当的礼物，哪怕是一句问候和关怀，都可以给他意外惊喜。没有人不喜欢被人惦记和重视，客户也会因此对你记忆深刻，并心存感激。当希望做生意或打算买房时，首先会想起你——一个能记住和他有关的特殊日子的人。

3 让客户感觉在买卖房子以外还需要你

如果你除了具备很扎实的房地产知识以外，不能在其他方面让客户感到有所收获，那么客户成为你的朋友的机会也非常小。

如果你还能够给客户以识别房屋价值的新知识、一些与购买行为相关的政策法规、时机引导或者资源提供，客户此时会把你视为一种重要信息源，确定为对之有用的人，你们之间就很可能会继续交往。例如，客户想把小孩送到某个学校去读书，而你刚好对这个学校比较了解，甚至有朋友或者其他客户可以帮他的小孩实现就读，这时候你就成为客户“在买卖房子以外还需要的人”。

4 让客户成为你的“粉丝”

要让别人成为你的粉丝，你自己首先要变成在某些方面比较有魅力或者有吸引力的人。例如，客户对电影很感兴趣，而你通过销售谈话刚好展示了丰富的电影信息和独到见解；如果客户对明年行业发展形势特别关心，而你能够把经济形势分析得头头是道；如果客户是个足球球迷，而你对欧洲各大球会如数家珍……当然，最重要也是最根本的，首先你一定要在自己的老本行——房地产方面成为值得信赖的专家。

5 不断增加客户的黏性

买卖成功是关系升级的开始，一个客户的价值，远远不只是一次购买而已，他的更大价值在于他的重复购买、他的口碑宣传和他的推荐购买。所以，当销售成功后，你和客户的关系，不是已经结束了，而是长远的关系或朋友式的关系刚刚开始。

图 3－33　一个客户的价值

销售成功后，为客户提供更多的售后服务与咨询不仅仅是客户服务部的事，更是一个销售员巩固资源获得下一次成功销售的机会，相当于增加了你的客户黏性。一个销售员或者销售经理要更加主动地跟踪访问客户，比公司客户服务部更关心他，让他依赖你，千万不要怕客户不停地找你。客户对你越来越熟悉，意味着你的下一笔生意马上就会到来。

五　与客户进行有效沟通的原则

在销售谈话中，要想征服客户，必须建立“四感”：信赖感、安全感、舒适感和尊重感。四种感觉包括了客户在谈话中的需求，这是所有客户的隐性需求。

图 3－34　与客户进行有效沟通的原则

事实证明，很多时候，在与客户沟通时仅仅需要多一点点耐心，多一点点服务精神，对客户多一点点尊重，处事多一点点变通精神，多站在客户的立场看问题，事情就会发生截然不同的变化。

1 销售谈话内容流程化

大多数楼盘对“销售流程”都很重视，但往往忽视了“销售谈话的流程”。销售流程自不必说了，那么什么是“销售谈话的流程”呢？比如在接待的过程中，有的销售员在沟通的时候，一直对“你想要买什么”穷追猛打，有的则迂回试探；有人先介绍建筑，有人先介绍户型……

对经验丰富的优秀销售人员来说，介绍内容自然可以随“需”应变、灵活掌控，但是又有多少人能达到沟通艺术化的销售境界呢？所以，销售谈话必须流程化，必须遵循先后顺序。

2 注重开场最重要的 5 分钟

如果在销售接待中，遇到“开场败”，那么基本可以宣布此次沟通失败了。在演讲中，往往前面的 5 分钟是最重要的，如果不能够在前 5 分钟征服客户，那么后面的演讲内容就会吸引力锐减。

在第一次销售接待中，要学会从客户的音容笑貌、衣着打扮和开场白中洞察他的需求，判断客户所看重的是户型、环境、地段还是价格，然后才能一击即中，用高超的沟通手段引导客户，让他进入你所擅长的领域和熟悉的流程。

3 做一个好的倾听者

古语中“察言观色”，运用到销售领域就是要学会听，学会看，学会洞察对方的言行举动，以便找到与之对话的最好方式、找到最好的谈话内容。所以说，好的谈话者，首先是一个好的倾听者。

在销售中，应善于观察，善于聆听、洞察与分析，不要随意打断客户说话。在客户表达观点的过程中，以听和看为主，适当的时候可以插问一句，或适当引导一句，但是千万别急于表达你的观点——特别是反对的观点。

4 说对方感兴趣的话题

一场成功的谈话，销售员或者销售经理在开始谈话前5分钟就应该确定三个问题：一是客户需求是什么，二是什么是他需求里感兴趣的话题，三是基本沟通次序和方案是什么。这相当于在谈话前先打好腹稿，腹稿准备主要考虑：先说哪部分，后说哪部分；重点强调哪一点，次要强调哪一点；是按照事先准备的标准流程开展，还是要相应调整顺序。如果客户强调的重点刚好是本楼盘的弱点，那么该如何组织语言；如何转弱点为优点，通过什么优点来弥补弱点而且能够让客户接受；谈话过程中是否需要寻求经理或团队其他成员的帮助等。

5 用项目卖点打动客户

项目落地后是否能获得更多客户的认可，要基于它是否有更多吸引客户兴趣的要素，也就是项目的卖点。

（1）策划要从客户的“心”出发

通信类公司的广告总爱强调“沟通从心出发”，做房地产营销策划也要主张从“心”出发。企业经常强调的“一切以客户为中心”，就是从客户的需求和想法出发。

（2）找到适合客户群的特殊趣味

房地产营销利用大众媒介举办高举高打的活动方式已经渐渐陈旧，因为再高明的厨师也无法用一道菜统御所有人的口味。

目前楼盘营销讲求的精准营销，就是为了让项目的受众对象从大众变成小众，从无趣变得有趣。在以客户为中心的楼盘营销中，讲客户感兴趣的话，目的也是为了挖掘客户需求，让项目在目标客户眼里成为一个“有趣味的项目”。很多奢侈品牌，都是借助塑造产品精确的特殊趣味而找到了忠实的“粉丝”。

瞄准特定的小众群体，从个体的趣味洞察小众群体的趣味，形成精确的集中趣味洞察，这样的推广和传播更有针对性，也是更有趣的传播方式。有趣的传播才能引起目标客户的深度共鸣，从而在心理层面上征服客户，维持客户关系。

6. 让对方在谈话中体会乐趣并收获知识

人与人的关系，归根到底就是利益和情感的关系。人们交流的最高期望是从对方处获得新知识。如果别人无法从与你的谈话中得到收获，他和你谈话的兴趣就荡然无存。

所以，在销售谈话中，除了能够介绍楼盘本身的情况外，还要将当前的房地产行业形势、竞争情况、发展趋势、政策措施，甚至行业以外的知识（如汽车、股票、经济政策、生活常识）等传达给客户，增加客户的收获，从而增加客户与你继续沟通的兴趣。

7. 方法得当永远是沟通的第一原则

人总是生活在社会这一张大网里，面对着各种人际圈子。因此，与人打交道的能力直接决定你在各种圈子内的地位，决定你和客户谈判的效果，并最终决定你的业绩。

对销售人员来说，首先要具备识别客户的能力。根据不同客户的购房需求与特征，采用恰当的沟通方法，能有效提高销售的成功率。沟通方法得当与否是影响实际销售水平的重要因素。

表 3-12　十二类客户的心理特征与沟通方法

客户类型	客户特征	沟通方法	解决对策
稳健型	深思熟虑、冷静稳健，不容易被销售人员的言辞说服，对于疑点必详细询问	合理论证	加强对楼盘品质、公司信誉及优缺点的说明，一切说明必须讲述合理且有证据，以获得客户的理性支持

续表

客户类型	客户特征	沟通方法	解决对策
喋喋不休型	因过分小心而喋喋不休，过于关注细节，常说话跑题	快速引导	销售人员要取得客户的信任，加强客户对产品的信心，离题甚远的时候要寻找恰当的时机引导客户回到主题，从下定到签约须讲究一个“快”字
沉默寡言型	出言谨慎、反应冷漠、表情严肃	套近乎	除了介绍产品外，特别需要用亲切、诚恳的态度拉近彼此的距离，想办法了解客户的工作、家庭，以求用拉家常的方式来了解客户内心的真实需求
感情冲动型	天性冲动，易受外界刺激和怂恿，短时间就会做出决定	实惠催化	一开始着重强调楼盘的特色和实惠促其快速决定，当客户不打算购买时，需要说话得体以免影响其他客户的现场洽谈
优柔寡断型	犹豫不决、反复不断、怯于做决定	坚若磐石	销售人员要态度坚决自信，获得客户的信赖，帮助客户下决定
盛气凌人型	趾高气扬，以下马威“震慑”销售人员，拒销售人员于千里之外	借助弱点突破	稳住立场、态度不卑不亢、尊敬对方，适当肯定对方，寻找他的弱点做突破口
求神问卜型	决定权操纵在冥冥之中的“神意”和“风水大师”手中	以人为本	多看一些关于风水的资料，用现代科学的观点来阐释风水，不要被客户所说的虚妄鬼神之学扰乱自己的思维，谈话中要强调人的价值
畏首畏尾型	缺乏购买经验，一般是刚参加工作不久或首次置业者，不易很快做出决定	陈述事实	给客户展示公司开发业绩和良好的社会信誉等，介绍楼盘所能体现的生活模式，用事实说话，增强客户购买的信心
神经过敏型	容易往坏处想，干什么都忧心忡忡	谨言慎行	谨言慎行、多听少说、表情庄重，加强说服工作

续表

客户类型	客户特征	沟通方法	解决对策
借故拖延型	个性迟疑、借故拖延、推三阻四	原因追查	查明客户不下决定的真正原因并设法解决
斤斤计较型	心思缜密、“大小通吃”“锱铢必较”	热销“逼定”	利用现场热烈的销售气氛和销售形势向客户施压，并强调楼盘的优惠和物有所值，促其快速决定
深藏不露型	出钱者通常不愿发表意见，决定权在身边的“军师”身上	“军师”优先	重点照顾“军师”，但也不能忽视他（她）的“依靠”

8 拙劣的坦诚比高明的欺骗强一百倍

坦诚至少包括三点：第一，不说假话；第二，不避短，不遮掩可能对消费者不利的信息；第三，不利用消费者的误解。

第一点相对容易做到，第二、第三点比较难。即使如此，与其欺骗客户，不如对客户坦诚相待，反而更能赢得客户的信任。正如当年潘石屹的SOHO现代城一样，面对媒体的质疑，他不仅没有回避，事后还将媒体对SOHO现代城的质疑出版成书。潘石屹认为，只要你拿出足够的坦诚，媒体和社会公众就会理解你。如果你躲躲藏藏，反而会陷入一发不可收拾的局面。

万科的企业文化强调，建设“阳光照亮的体制”。这条企业文化在万科的楼盘中得到了具体体现。在万科的很多楼盘现场售楼部，都用公告板把楼盘的劣势进行公示，包括垃圾场位置、道路情况、变电站位置、周边环境等。通过劣势公示，万科与客户坦诚相待，明显区别于很多楼盘刻意隐瞒劣势的做法。通过对客户的调查显示，这种做法获得了客户的一致认可。

六 约见客户的方式

锁定目标客户之后就进入销售谈判的阶段，也是楼盘销售工作中与客户正面交锋的阶段。确定好约见客户的方式不仅可以节约时间，提高工作效率，还可以避免吃闭门羹。

约见是房地产销售中经常使用的客户沟通办法。这要求销售人员在约见中，注意养成制订工作计划的习惯，合理安排自己的时间。在每次拜访之前都要事先预约，以赢得客户的信任和配合。成功的约见，可以更好地接近客户，这就为销售人员在客观上创造了有利条件。而“不约而见”，在很大程度上会打乱被访者的计划，引起客户的反感。

无论什么时候的约见，都是销售人员与客户的正面交锋。在此，将分类讲解销售员与客户正面交锋阶段的工作技巧。

常用的效果较好的客户约见方式有五类：

图 3－35　约见客户的常见方式

1. 面约

面约指销售人员利用各种见面机会向客户约定下次面谈的时间、地点、方式及主要内容等。在各种社交场合有四种约见机会：不期而遇时、见面握手时、分手告别时、被第三者介绍认识时，销售人员都可借机相约。

图 3－36　不同社交场合的四种约见机会

2 电话约见

电话约见是最常用的一种约见方式。这种方式迅速、方便，与其他约见方式相比可节省大量时间及往来奔波费用。

电话约见的要点是：第一，口齿清晰。由于客户是不见其人、只闻其声，故重点应放在“话”上。第二，语言简短，语调亲切。电话约见时表达得体，长话短说非常重要。通过语音进行有效沟通的最重要的条件就是简单明了，避免话语夹带太多情报。第三，掌握电话约见的技巧。

有以上三点保证，才能成功约见。

3 函约

函约是指销售人员利用信函约见客户，如通知、社交柬帖、广告函件等。它是一种成本低廉、散布面广的约见方式，因而经常被采用。

约见信函应文辞恳切、简明扼要、内容准确、文笔流畅、书写工整。如果是打印出来的信函，落款应亲笔签名。

4 广告约见

这种方式指利用各种广告媒介约见客户。在约见对象不明或约见对象太多的情况下，广告约见是一种较好的方式，其特点是信息覆盖范围广、及时快捷。它可以使准顾客主动找上门，并挖掘出大量的潜在客户。

另一方面，在广告刊载期间，短时段内可能会有大量的顾客需要约见，必须事先安排好足够的约见人力，以便及时满足客户的约见请求。

5 互联网约见

在互联网时代，销售人员有了很多花较少时间和较低成本就能约到更多客户的机会。但是，必须注意，利用互联网约见客户，要求你必须有较大影响力的个人媒体，现在流行的媒体是微博和微信，每一个销售员都应该认真学习如何使用这两个媒体为自己搭建客源收集和广告发布的平台。这里已经涉及传播学的知识和互联网的专业知识，销售员要借助一些实用的图书，把它当作一门营销学问去研究。

七 电话约见客户的技巧及注意事项

由于事先约见客户很容易让对方了解意图而遭到拒绝，这就需要销售人员在预约前做好充分的准备。

1 做好两种心理准备

电话约见客户必须有被拒绝的心理准备，同时还要克服恐惧心理。

（1）做好被拒绝的心理准备

约见客户之前如果有心理准备的话，心情会比较轻松，态度也会从容不迫，特别是在遇到不通情理的客户时，也能从容应对。

在约见客户时，被客户婉言拒绝，或被当作出气筒都是很正常的事。不要因为客户的冷漠和拒绝而气馁，要鼓足勇气，勇于面对。

（2）克服恐惧心理

做好销售的重要一点就是自信。要十分自信、充满热情，不要神情低迷、畏首畏尾。不要因为陌生就底气不足，从而导致恐慌。客户，尤其是一些大的企业的工作人员都有较高的修养和素质，即使拒绝也会彬彬有礼，不会给人造成很大的压力。

销售人员在解答客户疑问时不卑不亢，这样才能让客户信任你，达到预约成功的目的。另外，销售人员还要善于察觉客户的情绪。若其情绪不佳，或忙得不可开交，要主动停止约见。

2 打电话前将客户资料准备齐全

优秀的销售人员要善于收集客户的资料，详尽的客户资料会使销售人员在销售活动中掌握主动权。在约见客户时，必须弄清客户的基本资料。此外，了解客户性格特点、消费习惯也非常必要。

表3－13　销售人员必须准备的客户基本资料

基本资料	注意事项
姓名或名称	人们对姓名非常敏感，不要在这上面犯错误，否则可能要付出很大的代价
籍贯	攀情交友是各种业务工作的成功经验之一，同乡之情可打开客户的心灵之门
经历和学历	对不同学历、不同经历的客户要掌握适当的言辞，找出共同话题，以拉近与客户的距离
家庭背景	这是销售人员必须了解的，只有对客户的家庭背景有所了解，才有可能对症下药、投其所好
兴趣爱好	从客户的兴趣爱好入手也是销售人员博取客户好感的手段之一

销售人员对客户了解得越多，就越能增加信心和成功的机会。信心是会传递的，只有让客户感觉到你的信心，他才会对你产生信心。

3 约见客户时罗列清楚约见内容

销售人员要约见客户，必须确定合适的约见内容。以下几点主要内容在约见前要明确：

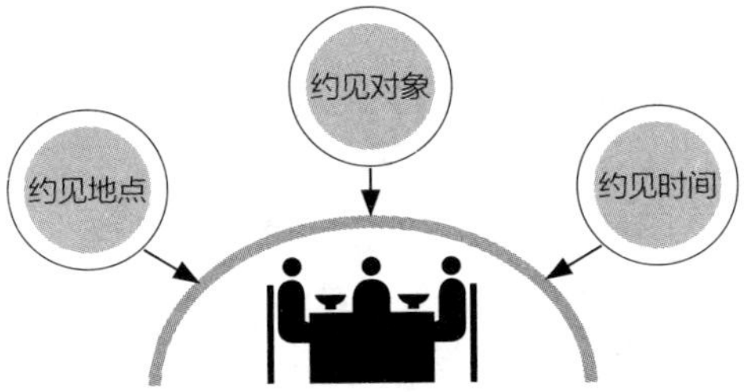

图3－37　约见客户需明确的内容

（1）约见对象要明确

确定约见对象，就是要求销售人员弄清约见的真正对象是谁，避免把精力浪费在那些无关紧要的人物身上。

要注意以下几点：第一，辨别真正买主与名义买主；第二，不轻视名义上的买主，如秘书、助手等，与名义上的买主保持良好的接触，取得他们的鼎力支持与合作是成功销售的关键一步；第三，在确定约见对象时，既要摸准具有真正决策权的主要人物，也要处理好与本次购买相关的人事之间的关系。

（2）约见时间要明确

销售人员在广泛收集客户信息时，要培养自己的职业敏感性，善于把握最佳约见时机。许多销售人员之所以遭到客户拒绝，通常是由于约见时机选择得不恰当。销售人员只要能根据情况，选择最佳时机，就能获得同其见面的机会。

在约见客户时，要注意以下两点：第一，时时站在客户的立场上，为其设计最佳方案；第二，约见客户时要有耐性，不要急功近利。

（3）约见地点要明确

约见地点与约见时间一样重要。客户业务性质不同，约见地点也就不同，可以是客户家里、办公室、公共场所、社交场合等。不同的约见地点对约见效果的影响也有所不同。约见地点可视具体情况而定。

4 电话约见可使用的四种方法

电话约见的方法一般有以下四种：

图 3－38　电话约见的四个方法

（1）问题解决法

问题解决法就是以社会普遍存在的或某个企业存在的迫切需要解决的

问题为契机，通过电话联系推荐相应的产品或服务。

销售人员在约见客户时，必须将目标定位在满足客户的需要上，要着重说明房地产产品对客户的好处，使其产生浓厚的兴趣。

（2）信函邮寄法

信函邮寄也是发起电话约见的一个重要托词。这类方法虽然在互联网时代已经逐渐失去了功效，但是，作为一种低成本推广办法，也值得推荐。前提是你掌握着准确的客户邮寄地址，方式就是先邮寄房地产楼盘资料，以此为引子让客户在未见到销售人员时，对产品先行了解，若顾客有意购买，必然会有所表示。然后在电话预约时，以提起邮寄材料为开头，征求意见为理由展开谈话，顾客对你有一定印象后，不会轻易拒绝你。

当然，如果为了更加有效，最好在邮寄前给客户打一次电话确认地址以及提醒客户注意接收，最好能附带一些有价值的礼品，以便让客户有兴趣打开并了解，而不是收到后随手扔到垃圾桶。

用此法一定要注意邮寄后的电话跟踪，一为加深客户的印象，二为加速客户的购买决定。

（3）心怀感激法

此法适用于已有一定交往的客户。销售人员利用与客户的关系，借感谢其大力协助支持之机，向其推荐新的楼盘，并要求约见。客户往往会因销售人员的这份关心而尊重之，并乐意接受约见。

（4）祝贺约见法

祝贺约见法是指销售人员借助从各种渠道得来的关于客户的“喜事”，以此为引子向对方提出约见的方法。

销售人员在使用这种方法时，一定要保证消息来源的可靠性，要有十足的把握。否则，可能会招致客户的不满或反感。注意，使用此法时语言要得体，符合社交礼仪规范。

5 与客户电话沟通的九个注意事项

销售人员与客户电话沟通有几个注意事项：

图 3－39　与客户电话沟通的注意事项

（1）客户资料必须井井有条

建立客户管理系统能够很好地保存所需要跟进的客户信息，不管是三年之后才跟进，还是明天就要跟进。打电话前要准备好名单，如果事先不准备名单，那么大部分销售时间将不得不用来寻找所需要的客户名字，而且会一直忙个不停，总是感觉工作很努力，却没有打上几个电话。因此，手头要准备一份可供一个月使用的客户人员名单。

（2）尽可能多地打电话

在打电话之前，永远不要忘记花时间准确地定义你的目标客户。如此一来，在电话中与之交流的，就会是市场中最有可能成为你客户的人。如果仅给目标客户打电话，就能联系到最有可能购买你房子的准客户。在每天安排的时间里尽可能多打电话，由于每一个电话都是高质量的，多打总比少打好。

（3）围绕目标设计措辞

在寻找客户和业务开拓方面，目标是要获得会面的机会，因此，在电话中的措辞就应该围绕这个目标而设计。

（4）时间频次为每天一小时

给客户打电话，频次最好为每天一小时。销售就像任何其他事情一样，需要纪律的约束。它的成效是被一次次枯燥甚至无限度重复的简单工作搭建起来的。如果没有这个基本认识，一个人就无法成为一个优秀的销售员。

（5）通话要简短

打电话做销售拜访的目标是获得一个约会机会。面谈的效果永远高于电话沟通的效果。因此，最好不要在电话上推荐过多房屋信息，当然也不要在电话中讨论价格，这样做很容易把这次难得的沟通机会切断。

电话销售最合理的沟通时间限定在2～3分钟之内，话题应该专注于介绍自己、房子，大概了解到对方的需求后，给出一个很好的理由让对方愿意花费宝贵的时间和你交谈，最重要的是别忘了约定与对方见面的时间和地点。

（6）避开电话高峰时间

通常来说，人们拨打销售电话的时间是在早上9点到下午5点之间。所以，销售人员每天也可以把这个时段腾出来专注于推销。

如果这种传统销售时段对你不奏效，就应将销售时间改到非电话高峰时间，或在非高峰时间增加销售时间。最好安排在上午8：00～9：00，中午12：00～13：00和下午17：00～18：30进行销售。

（7）变换致电时间

职场中的客户很可能在每周一的上午10点钟前参加会议，如果在这个时间不能够联系到他们，就要从中汲取经验，在周一的其他时间或改在别的日子给他们打电话。

（8）要保持电话约客时间的专注度

在销售时间里安排好时间，不要接听电话或者接待客人。充分利用营销经验曲线。任何重复性工作都一样，在相邻的时间段里重复该项工作的次数越多，就会变得越优秀。第二个电话的效果会比第一个好，第三个会比第二个好，以此类推。销售技巧将随着销售时间的增加而不断提高。

（9）电话约见的工作不要停歇

毅力是成功销售的重要因素之一，大多数的销售都是在第五次电话谈话之后才成交的。然而，很多销售人员会在第一次通话后就停了下来。

八 与客户面谈的技巧及注意事项

与客户面谈是销售的宝贵机会，这也是实现销售的一个绝好时机，在这个过程中销售人员要注意以下四个事项：

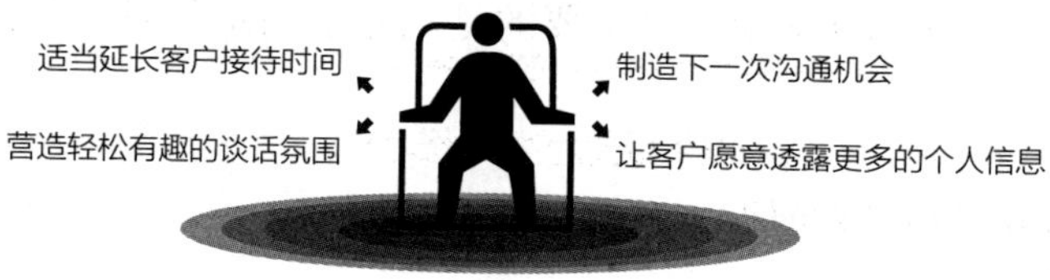

图 3－40　与客户正面交锋的注意事项

1 适当延长客户接待时间

销售接待时间应由销售人员伺机把握。通常而言，在开盘和举办大型销售活动期间的客户平均接待时间要合理控制，在日常的销售中则可适当延长。

在传统的客户接待中，即使是日常的销售也要求“尽快征服客户”，即把沟通时间压缩到最短。除去看样板房时间，接待介绍和购买意向交流通常要求控制在 30 分钟左右。假设一组客户平均接待时间为 30 分钟，那么一位销售人员一天 8 小时最多可接待的客户为 16 组。但是，很可能许多楼盘全天来访客户也不够 16 组，因此，这种所谓的高效率在低迷的市场里根本不适用。

其实很多客户在30分钟内仍意犹未尽，很多想说的话、想问的问题都还没有来得及说出来。销售人员可以把客户接待时间延长为60分钟、90分钟甚至120分钟，“家长里短”地跟客户多沟通，先从情感上获得客户的认同，就会收到意想不到的效果：你可以从客户那里了解到很多真实的想法、顾虑、意图等。做到了知己知彼，能不百战百胜吗？

2 营造轻松有趣的谈话氛围

在大型的开盘销售中，一些楼盘由于客户数量众多，因此，销售现场往往要特意制造紧张的“逼定”气氛，如通过喊控等方式，促进客户尽快下决心购买。如果在销售不旺的时候特意制造紧张气氛，则往往达不到预期效果。

图3-41　营造轻松有趣谈话氛围的做法

（1）一开始进行适当的寒暄

寒暄是一种通用的开场白。开场白往往可以奠定谈话的基调。

谈话开始时的寒暄，通常围绕天气、当天的新闻、客户的行程、交通方式、时间安排等话题展开。通过寒暄有效拉近与客户的距离，消除陌生感。因此，好的寒暄可以快速建立谈话基础，甚至可以试探客户意图或直接摸清客户的意图。

（2）交谈态度要真诚

杰克·韦尔奇说：“真诚是最强大的营销武器”，同样，真诚是最好的谈话助推器。反过来，如果对方发现你在谈话中有虚伪、虚假、做作的成分，那么他就会产生警惕，甚至抱有敌意，最终导致谈话失败。

（3）交谈时神情要专注

不专注是谈话的大忌。不专注其实就是不尊重对方。当与客户谈话时，你不停地接电话、不停地与公司同事交谈，时不时表现出不耐烦的态度，客户会感觉“很受伤”，因为他没有获得应有的尊重。往往由于这种“不专注”而导致的不尊重，最终致使谈话失败。一个眼神、一句话、一个动作等，都在告诉对方你是否专注——你是否尊重他。“细节决定成败”在这里再次被印证。

（4）注意反馈与情绪交流

谈话是双向交流的过程，需要进行互动，不能出现“一边倒”。

在谈话中，我们既要注意听，但又不能完全无动于衷。如果客户在表达观点时，你没有适时表示赞许或认同，他同样会怀疑你是否在认真倾听，很可能会把话题收住。如果客户在引用某些词语、事例而卡壳时，你没有及时提示或提醒，谈话的顺畅性也会受影响。

（5）合理掌控谈话节奏

控制谈话节奏是谈话的艺术。谈话时可平铺直叙也可抑扬顿挫，注意语调要平缓和激扬相间。谈话控制只能见机行事。在谈话过程中还应适当地通过肯定、赞许、总结等方式，使谈话形成多个阶段性的节点。

3 让客户愿意透露更多的个人信息

只有设法让客户透露更多个人信息，才能完善客户档案，为深入了解客户、制订更好的客户服务方案奠定基础。

图 3-42　让客户愿意透露更多个人信息的做法

（1）双人接待，经理适时出现

在香格里拉等五星级酒店以及高级餐馆等消费场所，通常会由经理先做接待，之后再逐渐把客户“转移”给主任或者专员。经理负责帮客户点菜是常见的现象。

由经理出面接待，往往给客户身份被拔高的感觉，甚至产生享受 VIP 待遇的感觉——尽管很多客户并不是 VIP 客户。

在售楼处，通常由销售人员全程接待客户。但是在高端楼盘的销售中，逐渐要求经理介入日常接待，给销售人员提供最直接的接待帮助。通常是销售人员与客户聊到一定阶段，销售人员认为该由经理出面来解答一些问题，或者为增加客户的信任，而发出信息请求经理“支援”。这时候，销售顾问与销售经理可以相互配合，从不同的角度获取客户的信息。

（2）交流而不是问答

销售谈话并不是审问犯人，但是很多时候销售人员就是用审问犯人的方式来接待客户，问题一个接一个。当客户感觉是在被审问时，心情自然不好。

沟通要求双方对所谈的问题形成交流，通过引导式的谈话、举例等方式让客户很自然地透露信息才是高明的手段。

（3）诱导而不是逼迫

诱导和逼迫的目的是一样的，即让客户在某些问题上妥协。但是，诱导和逼迫是两种不同立场、不同原则的做法。诱导通常不容易导致客户的抵抗，而逼迫则往往遭遇强力抵抗，结果通常适得其反。

4 制造下一次沟通机会

俗话说“一回生二回熟”，但是如果客户只来一回就再也不来了，那就“熟”不起来。所以，每次谈话结束前，必须设法制造下一次沟通的机会。

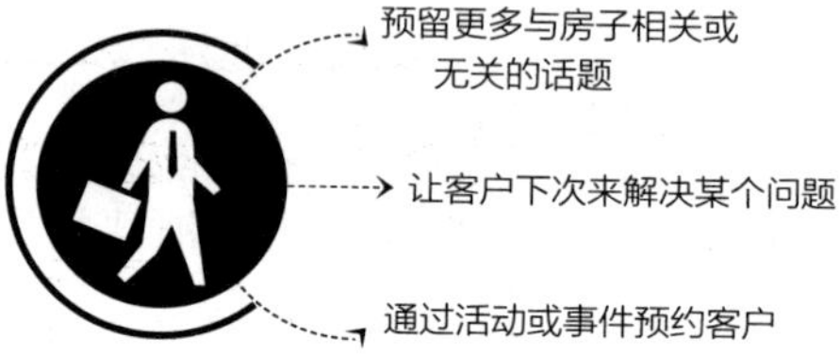

图 3－43　制造下一次沟通机会的做法

（1）预留更多与房子相关或无关的话题

与客户的销售谈话，其内容可以从常规的房地产销售和项目情况，扩展到更广泛的领域。但是一次谈话不要把话说尽，抛出话题后，先重点聊一些，留一部分话题等待下一次进行沟通。留下的话题，可以是关于房地产的，也可以是与房地产不相关的，关键是要让客户对你下一次的谈话内容感兴趣。

谈话过程中，你已知道客户的需求、关注的重点等，因此在谈话即将结束的时候，可以礼貌地告诉客户：“非常感谢您过来，今天跟您谈起×××非常愉快。我知道您对国家新出台的政策很关注，如果您有兴趣，下个星期您再过来，我们可以聊聊房地产的新政策，我把我们公司对政策的研究成果跟您分享一下。”

（2）让客户下次来解决某个问题

说书先生在一个故事即将高潮的时候，往往会说：“预知后事如何，且听下回分解！”在很多传统的章回体小说里，作者同样喜好用这种吊足读者胃口的方法。在销售谈话中，往往有客户提出一些令销售顾问甚至整个公司都无法解决的问题，便可以采取这种吊胃口的方法适当拖延时间，以便从团队、公司等层面获得答案。

（3）通过活动或事件预约客户

在制造下一次见面机会的方法中，借助活动或事件预约客户往往是最有效的。即在谈话结束前，告诉客户公司即将在接下来的什么时间、什么地点举办什么活动，然后邀请客户前来，并许诺如果客户当场给予承诺，可以给他提前预留最好的位置等。通常，促销活动、产品说明会、与重要合作单位的签约仪式、客户答谢酒会等活动，对客户而言均具有较强的吸引力。

第五节 管理和使用客户信息

客户分类是客户接待、客户管理的重要功课。科学的客户分类方法，能够帮助我们更深入地了解客户、分析客户和管理客户。

客户分类工作的难处是，在实际销售过程中，大部分客户并不愿意轻易留下信息。作为销售人员，应采用恰当的方法，促使客户留下资料，越详细越完整越好。过后及时整理客户资料，根据客户不同需求进行分类归档，建立完整的客户档案，以便日后的客户跟进。

促使客户留下资料

从几百个售楼部反馈回来的信息可以看出：80% 以上的客户不愿意填表。他们通常以各种借口不填表，只有当销售人员明确提出要求的时候，他们才不情愿地填写姓名、电话、居住区域等几个基本信息。很多时候，销售人员也并没有特别要求客户把信息填写完整，因为怕客户反感或者嫌麻烦，自己也觉得没有必要——只需要知道姓名和电话就可以了。因此，“填表难”的现象普遍存在于各个售楼部。

随着整个社会对个人信息保护的关注力度不断上升，如何让客户放下戒备心理，在不反感、不抵触的情况下存留信息就成了一个挑战。

在大量的项目实践中，我们发现标杆企业通常采用这些方法：

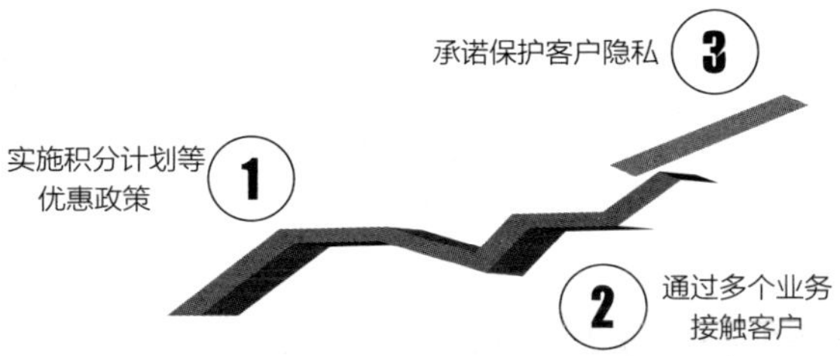

图 3－44　促使客户留下资料的方法

1 实施积分计划等优惠政策

通过积分计划、购房折扣优惠、赠送礼品等优惠政策，促使现场到访客户存留资料。销售现场到访客户是最应该被记录的。

一方面，企业通过内部考核，对销售人员制订绩效目标、规范接待量与积累有效客户的比例；另一方面，通过回馈活动，吸引客户存留资料。例如，万科规定，在现场入会存留信息，未来购房可直接获得千分之二的购房折扣。

实际上，根据测算，千分之二的购房折扣根本不会影响销售业绩的达成，但却有力地促进了客户信息的收集，为后续营销打下了坚实基础。类似的做法还有某地产集团的入会送礼品、现场送消费卡等。

2 通过多个业务接触客户

精心设计业务环节，将客户信息的采集分散到各个业务接触点，而不是一次性收集。

通常，客户信息的集中询问采集通过现场到访问卷、成交客户问卷来完成。其余的信息则通过接触点的其他环节进行，例如客户交易信息、投诉的处理记录、活动的参与记录、物业对家庭情况的统计、二手房交易的记录等。

3 承诺保护客户隐私

首先，承诺执行严格的信息调用体系和保密机制，并在内部流程中予以贯彻；其次，在日常操作中充分考虑客户体验，例如群发短信的目标要经过筛选，避免非目标客户收到短信；最后，加强内部信息的监管，例如，通过授权机制避免对客户信息的整体访问和导出，批量使用客户信息需要内部审批等。

二 获得完整的客户档案

目前房地产销售团队所使用的传统客户登记表都大同小异，结构简单，只起到让销售团队了解客户基本信息以及与买房直接相关信息的作用。这也说明楼盘销售中的传统接待方式，过于强调快速完成接待、快速成交，不利于建立完整和强大的客户信息系统。使用传统的登记表格和传统的客户接待方式，无法完成建立完整的客户档案的任务。

1. 完整客户档案的信息构成

建立一份完整的客户个人档案是客户细分战中赢得胜利的基本保证。完整的客户档案有五个最重要的信息：家庭、职业、爱好、圈层和需求。

表 3－14　完整的客户档案信息及内容

信息	内容
家庭	客户的家庭结构、家庭特征、家庭居住的现状；客户在家庭购房行为中所处的决策地位。了解客户在家庭购房中的决策地位，在未来的价格谈判和销售中就可以事半功倍
职业	客户所从事的行业、在公司/企业/单位中的职位和身份特征。客户的职业和职位直接表明了客户的真实身份：老板、经理、科长、局长、技术工程师等，不同行业、不同职位有不同的接待跟进之道
爱好	即客户在日常工作、学习、生活中喜欢做的事情，他们从这些事情上获得了哪些乐趣。他们的爱好可能是音乐、电影、摄影、体育、艺术。只有了解了客户的爱好，才能与他们在房子和销售之外找到更多话题
圈层	即客户通常参与什么团体活动，和什么人联系等，也就是客户的圈子。客户的圈子就是客户活动的路线图。了解客户的圈层信息，不仅有助于推动与客户本人成交，更可以挖掘其圈子内部的客户资源

续表

信息	内容
需求	除了户型、价格等关于房子本身的需求以外，客户还有众多隐藏的需求，例如商业购物、子女教育、个人休闲、培训学习等。可运用关系营销的原理，通过关系营销的整合运用，为客户创造价值。例如，你知道 A 客户需要出国，而 B 客户可以提供出国的机会，那么当你成功把 B 介绍给 A 时，你就为客户创造了价值

2 获得完整客户档案的技巧

获得完整客户档案有以下三个技巧：

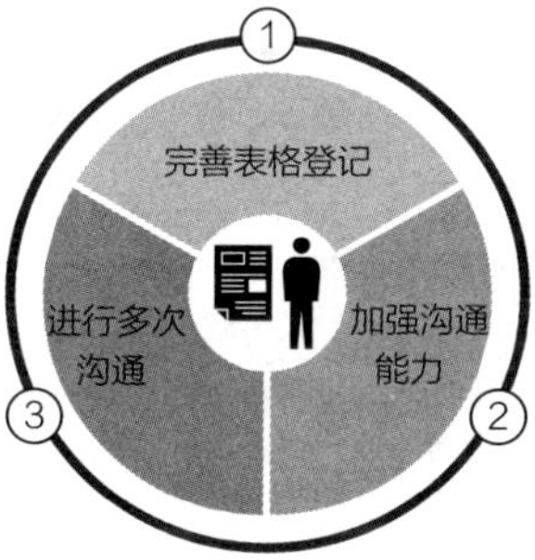

图 3－45　获得完整客户档案的技巧

（1）完善表格登记

要了解以上五大信息，传统的登记表是不可能实现的，所以，我们必须对客户登记表进行补充和完善。通过开放式的问题设置，引导客户提供更多的个人信息。

（2）加强沟通能力

提升销售人员的沟通能力，在与客户的具体谈话中了解更多的信息，并在客户离开的第一时间填写表格。

（3）进行多次沟通

仅仅通过一次接待，不可能完成所有信息的填写。只有与客户多次接触，每次沟通不同的问题和话题，包括与房地产相关的，也包括与房地产没有关系但客户很关注的内容，从更多侧面了解客户情况，才能更多地获取客户的信息，从而完善表格的内容。

三 整理客户资料并做销售分析

销售工作并不是每天按部就班地把来访客户的资料填写好就万事大吉。销售汇报不仅是主管和经理的事，更是销售人员每天的功课。以下是销售人员与主管、经理每天必须做的销售分析功课。

图 3－46　销售日常功课的内容

1 完成销售谈话后第一时间分类填写客户档案

销售人员的接待登记工作必须在第一时间完成。每天接待的客户越多，这个工作越有必要。销售人员应让客户先自行填写部分个人资料，并仔细核对确保无误。当客户离开后，销售人员立即在客户填写的基础上进一步完善相关内容。

（1）传统客户分类法

很多楼盘销售管理人员都会把来访客户进行分级管理，这也是普遍而常用的一种传统客户管理方法。登记后的来访客户在销售员那里会按照 A、B、C、D 等级别分类管理。分类标准大多数会按照购买意向强烈程度排序。

表 3－15　按购买意向程度分类的客户管理方法利弊分析

利	弊
能让销售员筛选出重点客户，持续跟进，增强成交的可能性	仅做客户类别梳理，并不对客户特征进行深入研究； 客户类别的划分要根据销售员个人的判断力填写，存在着分类是否准确、销售员个人的判断能力的问题

使用传统客户分类管理办法，应该有针对性地再作精细管理和持续创新，至少还要增加来访客户意愿登记等更为细致的信息。比如，第一次来访的客户通常没有明确表示有购房意向，销售员往往对之不够重视，也不会对之进行深入的客户特征分析和制订详细的跟进计划，跟进力度也不够。如果后期销售员不再打电话追问或者提供更好的服务，这个客户有可能就流失到竞争对手手里。

（2）制作客户分类和客户登记表格

在大多数楼盘，销售部的客户登记表大体如下：

表 3－16　客户登记表

序号	日期	姓名	电话	性别	供求面积	户型					认知途径			现居住/工作地址	服务公司与职业	几口之家	对价格的反应		是否看过其他小区（名称）	时间	销售员
						一房	二房	三房	复式	其他	广告	朋友介绍	其他				高	适中			

姓名、性别和电话是客户的最基本信息。登记表中还要罗列其他客户需求信息：面积、户型、认知途径、现居住/工作区域、服务公司与职业、几口之家、价格以及是否看过其他小区等。

只有把这些信息标记清楚，一个销售员才能说是了解了该客户对楼盘需求的基本情况。当然，这些基本信息只是表面的、基础的，还不是一个客户需求的全部。这种简单的登记表和信息分析，仅仅说明销售员对客户具有初步认知，还没有深入洞察客户真实需求，更无法掌握客户随时产生的需求变化。

2 按照购买需求类别来分类客户

房地产销售员经常使用的客户分类项目无论有多少，终究有限。而真要细化客户的具体需求，你就会知道，客户分类项目比想象的多很多。

表 3-17　客户基本分类办法

级别	强烈意向客户、一般意向客户、一般来访客户
性别	男、女
年龄	20~25 岁、26~30 岁、31 岁~35 岁、36 岁……
认知途径	报纸广告、户外广告、电视、海报、短信……
来访时间	1 月、2 月、3 月、4 月……
区域	A 区、B 区、C 区、D 区；周边乡镇；外地客户
交通工具	小汽车、摩托车、自行车、步行
职业/行业	公务员、医生、律师、个体户、企业管理者……
家庭收入	月收入、年收入
购房目的	结婚、换房、养老、投资……
购房房型	单身公寓、一房、二房、三房、四房……
购房面积	50㎡以下、50~60㎡、60~80㎡、80~100㎡……
购买产品类别	多层、高层、别墅
客户属性	老业主、新客户、公司关系户、团购客户
家庭结构	单身家庭、丁克家庭、核心家庭……
客户个性	开朗、内向、儒雅、粗犷、温和、激进……
特殊需求	子女教育、交通便利、社区环境、购物便利、社区档次
客户爱好	体育、音乐、艺术、休闲……
客户圈层	高尔夫俱乐部、美容俱乐部、高档酒俱乐部、车友会……
客户身份	科员、科长、主任、局长……
	职员、经理、总监、CEO……

3 制作完整详细的销售日记

今日事今日毕，是销售员工作中一个非常重要但是又难于坚持的原则。海尔集团的日清管理制度值得我们学习借鉴：即要在销售部执行日清日报制，每个人都要写销售日记。销售日记必须详细记录当天完成的事项，总结产生的问题，并制订明天的工作计划。

推行日清日报制有三大好处：第一，培养销售人员“动笔”的习惯；第二，培养销售人员“动脑”的习惯，促使销售人员经常进行销售总结；第三，迫使每个人都学会计划自己的事情。

由于销售人员自身能力有限，因此，在每天早会、晚会做销售总结的时候，经理和总监应对其进行引导、提示和协助，并帮助销售人员找到解决问题的办法。通过经理和总监的帮助，销售人员最终要建立起针对每位客户的跟进方案。

4 善于发现来访客户的需求点

通常在销售案场，销售经理或者主管要随时注意销售人员接待客户的情况，并进行巡场指导工作。在巡场中，经理从远处即可以观察到客户的情况，然后通过旁听销售人员与客户的交流等，敏锐地发现客户的需求，随时“出手”帮助销售人员解决问题。

5 重视接洽问题并及时总结分析

在很多售楼部的客户资料表格里，在客户接洽问题的总结栏，我们常见的是：空白、一个名词、简单一句话等。问题总结得越少，说明存在的问题越多。这种情况说明，要么隐藏了问题，要么没有发现问题。

对客户接洽问题进行总结，我们既需要对未成交客户的问题进行总结，也需要对成功成交客户的问题进行总结：为什么成交？他看中楼盘的哪些方面？他还有哪些不满意的地方？他还有什么潜在价值可以挖掘？

6 解决问题，避免搁置问题

对客户反映的问题反复进行讨论，是每天晚例会必须进行的工作。如果只把问题写在笔记本上，停留在纸面，对解决问题是起不到作用的。销售经理和营销总监必须“强迫”销售人员把问题摆到台面上来讨论。

7. 找出有价值的客户

有价值的客户是指重要客户、大客户和领袖客户。客户分类和分级的直接目的，就是要找出有价值的客户。只有精确分类，才能精准划分客户的购买价值、推荐购买价值、口碑传播价值、标杆示范价值等。

在这里，我们特别强调，根据楼盘推货数量的不同，找出一定数量的重要客户、大客户和领袖客户。通常要求这批客户的数量在 50 ~ 100 组。根据“吉拉德 250 定律”，这几十个重要客户将可以影响成千上万个有效客户，这是一个无比庞大的客户群。

对于圈定的这几十个重要客户，必须专设部门/小组、人员一对一跟进，甚至二对一跟进，开展深度服务，务必使这些客户成为项目最坚固的客户阵营中的成员。

8. 制订客户服务方案，针对性安排下一步跟进措施

每个楼盘的来访客户数量，少则上千人，多则数万人，我们显然不可能为每一位客户都制订详细的服务方案。所以，必须根据客户分级、分类制订每一组的标准服务方案，然后再针对重点客户制订个性服务方案。

表 3 – 18　客户服务方案

分类客户的标准服务方案	重点客户的个性服务方案
为具有不同价值特点的客户制订相应的跟进服务方案，如统一的优惠措施、拜访方式、时间安排等。这套方案只适用于某一类型的特定客户，非重点客户可直接常规跟进，重点客户必须结合个性服务方案实施	针对每位重点客户、大客户和领袖客户制订深度个人服务方案，如确定什么时候拜访、沟通的重点是什么、采取什么优惠措施、为客户创造什么样的价值等。重点客户的个性服务方案应在分类客户的标准服务方案基础上深化落实

第四章

楼盘销售案场的九项技能

楼盘销售案场一般是指楼盘的售楼部，是销售人员能力的一线演练场所，销售员要在这里与客户“短兵相接”。把一个销售员放进案场，就像把一个学生放进考场，他所具备的专业素养、应变能力、沟通技巧、个人魅力、知识储备等各方面综合能力都面临着非常直接的考验，这些考验的结果关乎本次楼盘销售成交的达成与否。

在各种行业的工具书里，讲销售管理的有很多。客观地说，管理方法属于基本技能，销售管理方法都是通用的，一个好的售楼人员关键是现场成交能力。所以，只有能帮助你应对销售现场所发生的问题的书才对你有效。

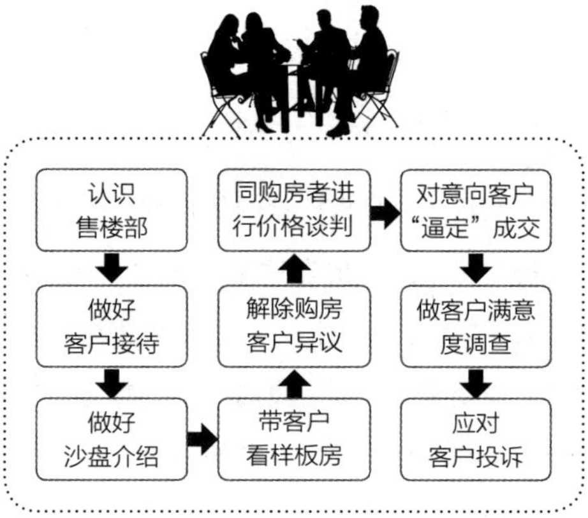
认识
售楼部
做好
客户接待
做好
沙盘介绍
带客户
看样板房
解除购房
客户异议
同购房者进
行价格谈判
对意向客户
“逼定”成交
做客户满意
度调查
应对
客户投诉

第一节 全面认识售楼部

优秀的销售员首先要明白自己的首要职责所在。售楼部就是楼盘的销售现场，是销售员的工作主场，售楼人员的第一职责就是驻守售楼部。甚至可以说，一个销售经理可以不设置后台办公室，只要给他一个售楼部就可以。

一个销售员的销售工作，从走进售楼部，认识售楼部，开始做楼盘销售接待管理工作，才算真正开始了楼盘销售。

在销售案场，一个有意识进行自我训练和提高技能的销售员要注意以下三个事项：第一，充分了解和认识楼盘各方面的情况，第二，接待客户，为客户介绍、解说时，统一口径，统一认识；第三，在进行销售服务时，讲求标准，注意仪态，避免与客户发生矛盾，时刻注意树立自己专业优秀的形象。

销售现场的核心工作一般有三类：一是了解售楼部的结构和区域功能，二是管理样板房，三是销售现场的客户接待和管理工作。

售楼部十二个常见的功能分区

每一个房地产项目都有售楼部，它是一个楼盘形象的主要展示场所，也是楼盘销售主战场，主要功能是为接待客户及洽谈业务提供空间。售楼部还是项目现场广告宣传的主要工具和楼盘发生实际交易的地点。

一般情况下，一个完整的售楼部其结构功能至少能分为十二个功能区域。售楼部的功能分区无论怎样创意设计，它的核心都是让客户了解房子、了解楼盘，所以售楼部的装修和功能设计不能为了噱头而本末倒置。

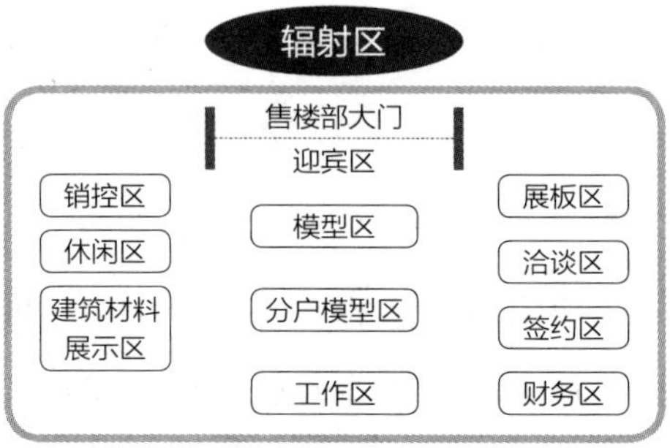

图 4－1　售楼部功能分区

1. 辐射区

辐射区是指售楼部门口辐射的一片区域。这个区域里的四个要素会影响来访者：

（1）整体氛围

既不过度热情花哨，也不清冷无趣、了无新意，把握适度原则。

（2）广告

这个区域内会设计摆放附带楼盘信息或者社区文化广告语的吊球、拱门、横幅、广告牌之类的宣传品。

（3）导示系统

这是售楼部里最能体现楼盘细节的地方，也能借机展示开发商的人文情怀。导视系统最重要的是说明详细、指示清晰，标识充满关怀和趣味。

（4）停车场

停车场的设计需要注意：要么能在售楼部门口不远处直接看到，要么用结构清晰的指示牌做好引导指示，能配有专职保安指引最好。对于驾车技术不好的来访者来说，如果恰好赶上停车位置特别窄，让司机很难停车，那么，一次停车发生的意外刮擦意味着赶跑了一个甚至几个客户。

2 迎宾区

售楼部大门入口走进来的片区属于迎宾区。迎宾区的设计要视楼盘档次而定，可以设置也可以不设置。设置的能体现热情，不设置的则体现尊贵。

南方的地产企业流行让销售员在门口迎宾，人数一般定为两人、四人或六人不等。在顾客进门或者离开时，迎宾人员会向顾客点头、微笑、问好、道别。很多大型楼盘对迎宾区工作礼仪规范也都设置了极其详尽的制度要求。而一些高端楼盘的售楼部并不设置迎宾人员，只设有门童，比如广州星河湾，它的所有楼盘销售人员都是在工作区里工作，不负责出来迎宾。

3 模型区

楼盘模型区建造并非越大越好，建造的关注点应该放在求精而不求大上。太大则显得土豪气过重，也容易让顾客看不清中间部分的模型，有碍访客了解房子。

如果想把模型区做得特别，可以在模型区的主要形式上下功夫，比如有的项目用檀香木做主体结构，檀香木是既珍稀又昂贵的木材，以它为主体，既形式别致，又使现场有木质的香气，整个售楼部的气质自然非同一般。

4 分户模型区

分户模型会摆在总体模型旁边，展示的多为正在热销的户型。

5 洽谈区

洽谈区是售楼部一个很重要且占地面积较大的区域，主要功能是为客户提供舒适的休息空间，又能体现售楼部整体风格。在布置洽谈区时要注意与消费者消费心理有关的细节问题。

6 展板区

这个区域不做太多说明，它的作用主要是对开发商与项目的形象进行宣传，或者是户型展示，或者是项目主要卖点说明等。

7 建筑材料展示区

建筑材料展示区域可做可不做。有的售楼部即便是设置了建筑材料展示区，观看者也寥寥无几。毕竟从建筑材料展示到现场施工，中间还隔着很多环节，消费者未必对现场展示的建筑材料保持信任。

值得一提的是，与建筑材料展示类似的直接展示样板房结构的做法，会让很多消费者买账。万科地产在准备进入广州市场时，在广州“万科城市花园”做了一种工法样板房。用一套单位做样板房，里面无任何家私，只是对房子做了“真实的分解”。比如，为墙体做一个剖面，能看到里面的砖以及水泥厚度，非常透明；再比如将卫生洁具、门、窗、玻璃、电灯开关、水龙头等真实材料分类展出。这一举措为万科在广州市场迅速树立品牌建立了重要的信任基础。

8 签约区

签约在楼盘的成交过程中非常关键。处于这个阶段的顾客，心理非常脆弱，任何一个小的细节都可能会让顾客的购买行为停止 。因此，这个区域的设计要以顾客受到干扰最小为核心前提。比如，尽量让顾客面朝墙壁就座，不要让顾客面对人群，以免受其他顾客的影响。

签约区的设置有两点要注意：第一，设计要靠近财务区。客户签约后就到财务区交款或办理财务手续的路程越近，越可以缩短顾客犹豫的时间，避免节外生枝。第二，签约区最好偏僻且安静，尽最大可能减少消费者决策时的烦躁情绪和信息干扰。

9 销控区

销控区是体现销售氛围和销售节奏的重要区域。这个区域对犹豫不决的购房者影响最大。在售楼部的销控区，都有一面记录楼房销售成交信息的墙，俗称销控表。这个表里会把每一个顾客选房成交后的房号显示出来，这已被卖掉的房号，既能让排队或抽签的客户知道剩余房源的信息，体现销售过程的透明度，也给犹豫不决的购房者一个“货源正在快速减少”的信号，让现场气氛更为热烈，促进消费者的购房决定。

10 工作区

这个区域是楼盘销售的接待区，里面设置：接待台，可以自由选取销售资料，如楼书、宣传单张、户型图、报纸等；接待工作台，接待台下是销售人员的销售工具，如电话机、传真机、客户登记本、客户记录本等；台后的内勤区域，一般有售楼人员更衣室、经理办公室、员工就餐区、员工休息室、销售资料（楼书等）存储室等。

这个区域最重要的是保持整洁，给人稳中有序的印象。工作区的整齐清洁很重要，不仅要给顾客一个好的印象，也要给自己一个好的心情。

11 休闲区

买房看楼是一件很辛苦的事情，售楼部里不应该缺少休息区。好的休闲区能拉近与看房者的感情距离。比如，设置一个饮品区，有咖啡、果汁、可乐、绿茶、奶茶等可自由选择的饮品。

要提醒的是，还可以设置一个儿童游乐场，这是给举家前来看房的人提供亲子欢乐空间，有助于释放大人精力，让大人多待一会儿，从而增加对楼盘的了解。可惜现在很多售楼部都不重视这个区域，不提供这类场所设计。

12 财务区

财务区的功能人尽皆知，这个区域的设计重在安全。

售楼部里的所有功能设计都是围绕着促进销售展开，以上所介绍的售楼部十二个基本功能区，如何排列组合并没有固定规则，只要符合楼盘的销售思想，任何设计都是可以的。需要提醒的是，售楼部的销售思想要靠售楼部人流动线设计实现。准备让购房者先看什么再看什么，是通过动线流程去控制的，售楼部的动线设计切忌混乱无序，如果参观者想看完全部需要反复折腾，会影响最终的销售。

二 影响售楼部氛围的三个因素

影响售楼部氛围一般有以下三个因素：

图4－2　营造售楼部氛围的三个技巧

1 销售气氛

售楼部是实现成交的场所，其气氛如何事关销售全局。一个大型楼盘，一般都要分期开发，一个氛围温馨、气氛热烈的售楼部，对楼盘的持续销售是最好的推进。当一个来访者走进售楼部，感觉舒适宜人，销售工作就成功了一半。开发商在楼盘销售之前实施储筹、集中开售、排队和抽签甚至低价开盘等策略，就是为了拉动销售，借助抢购氛围影响更多人。

2 细节环境设计

购房者在楼盘逗留的时间越长，成交的概率就越大。售楼部设计和规划的一个重要考虑因素就是：如何延长顾客在此逗留的时间。

（1）楼盘的园林景观及环境最容易引起客户共鸣

园林风景、小区环境、社区配套等硬件设施，是最容易引起客户共鸣的地方。

广州祈福新村在社区内挖了一个人工湖，环境景观做得非常漂亮，几乎所有的顾客到售楼部现场，销售人员都必带着他们到湖边走一圈，有时候还让顾客下车感受一下。

安徽某个别墅项目也做了非常漂亮的湖景，并设置游艇码头。后来有人建议，从售楼部到样板房不走地面改走水路，用游艇在湖里兜一圈再去样板房，码头还设有几条别致的小船，顾客可以自己划船在湖中心荡漾，充分让顾客感受在这个别墅区生活的自由自在。从后来的销售结果看，这样做的效果很好。让来访者充分体验这里的生活方式，这样的做法很高明，准确地抓住了消费者消费前的那一段黄金决策时间。

（2）美化顾客休闲区能增加顾客户逗留的时间

在售楼部设置休闲区很有必要，如设计飞镖小游戏，设计糖果、咖啡区，增设免费 WIFI，设计阅读区，或设置一个播放本小区宣传片的视听区，最好还能有小朋友游乐场等。这些都是增加顾客在此逗留时间的重要措施。顾客增加的每一分钟逗留时间，最终都一点点地化为下单的决心。

3 售楼部细节品质感

售楼部的功能多元，它是连接楼盘和消费者的唯一通道。它呈现出的整体和局部特征，都对消费者理解开发企业的文化品位及社区生活品质有重要影响。所以，一个企业主导什么样的生活文化，它的售楼部就要对此有最精彩的展示，这个呈现由建筑设计、广告设计、文案设计、现场布置等多方力量共同完成。

三 销售人员在售楼部案场的主要职责

售楼部案场销售员的主要职责有以下几项：

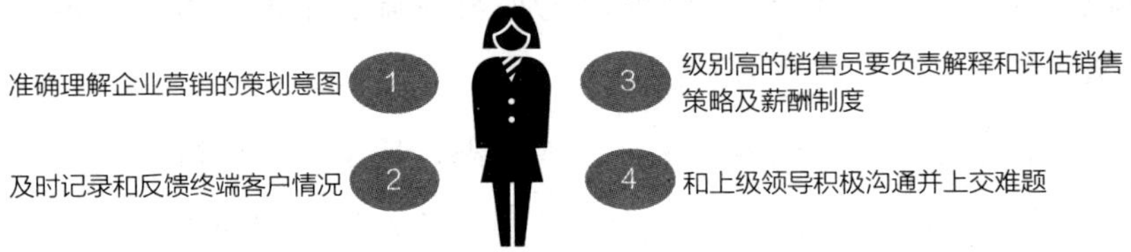

图 4－3　售楼部案场销售员的主要职责

1. 准确理解企业营销的策划意图

一个销售员要面对的是销售经理和公司的营销总监，了解在售楼盘的营销策划意图是做好销售工作的第一步。

2. 及时记录和反馈终端客户情况

销售员要把记录下的客户购房意向及时全面地汇报给销售经理，销售经理则要把现场的客户情况及时准确地反馈给策划经理或者营销总监，便于销售团队制定和修改出更加准确有效的营销对策。从销售管理流程上讲，这也是下属对上级的工作汇报。

3. 级别高的销售员负责解释和评估销售策略及奖惩政策

销售工作有两个主要特点：一是销售员要时时面对因被拒绝而产生的挫败感；二是企业会根据销售局面的好坏随时调整销售奖励办法和管理制度。

如果你是案场的销售经理，一要负责调动销售人员的工作积极性，提高团队销售士气，防止团队产生工作懈怠情绪；二是负责解释因为销售变化而随时变化的奖惩政策。

管理销售团队的首要任务是平衡好团队权益，如果一项奖励和惩罚措施没有鼓舞团队士气反而为团队销售制造了不公正或者消极因素，则要及时调整。销售虽然是一个团队活动，但团队每一个人的职位和利益不同，思考问题的角度也会不同，积极性也不一致。而一个优秀的销售员或者销售经理，要在业绩不佳或者职责调整的时候都能保持最佳工作状态，维护团队士气。

4 和上级领导积极沟通并上交难题

楼盘销售现场也是战场，无论多么周密的工作计划都会被突发情况打乱。和公司上级积极沟通并把自己解决不了的问题及时向上级汇报，是一个销售员必须会做的事。

四 如何发现并解决销售现场问题

解决问题是一种能力，而发现问题同样也是一种能力。一个销售员能够在现场及时发现问题并且解决问题，是他最大的工作价值，也是其能力的体现。

现场管理是一门执行的艺术，很考验销售人员现场工作经验的丰富程度。一个没有经验的销售人员会觉得现场一切都好，而一个经验丰富的销售员在现场能发现很多问题或者机会，这就是执行力弱强的体现。

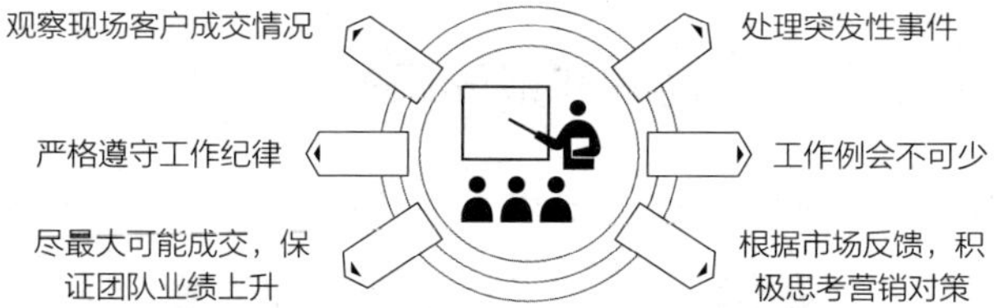

图 4－4　如何发现和解决销售现场问题

1 既遵守章程又随机应变

从管理流程上看，销售主管会把在销售现场的工作按照层级划分，把每一职级工作人员的职能范围和权限规定清楚。但是，销售现场情况变化多端，总会有很多意外和特殊情况。有句话说，一个销售员在销售一线应该具有董事长的权限。这句话的意思是说，一个销售员无法百分之百地按部就班开展工作，面对一个具体客户时，如果有必要，销售员可以暂时不接受销售团队的管理规定而只要做到把这个客户服务好，实现成交即可。

事实上，售楼部里，一个天赋很好的销售员，确实可以做好销售经理安排的工作。

2 永远以最高要求完成工作

一个优秀的销售员，在每天亲自接待客户的过程中，要不断练就纯熟的本领，接待更高一级的大客户，以实现个人的快速晋升和业绩的快速提高。

销售员在工作中严格要求，有三个好处：第一，宝剑只有常用才有锋芒，只有经常展示自己的实力，才能保持销售力。第二，接触一百个客户，总有一个会成功，接触的客户基数越大，成功率越高。较高的成功率，是一个业务员在售楼部建立威信的保证。第三，经常与顾客接触，会掌握非常宝贵的第一手信息，不断提升自己的市场触觉和敏感度，以便未来能处理更复杂的事务。

3 最大成交率、最佳协同性和最开阔的胸襟

在一个销售团队里什么样的销售员最受喜欢？有人认为是专业能力最强的，有人认为是人品最好的，有人认为是最善于做管理的，还有人认为是性格最好的。这些很重要，但是，最受人欢迎并能获得尊重的销售员，一定是实现成交最多并能不断拉动团队业绩的人。

业绩非常好的销售员一定在专业、管理、人品、性格等方面都特别出色。能在日常销售工作中耐心接待顾客，在无法成交时及时求助上级以实现成交；面对多位顾客时能借助团队协作力量，有条不紊，不贪图客户数量，不过度保护个人客户资源；能增加公司收益，也能在即将成交时，帮助客户争取必要的优惠。这些都是一个销售员需要具备的能力和胸襟。

4 严格遵守工作纪律

销售团队每天的工作就是去现场战斗。在现场战斗的团队就相当于一个军队，保证纪律严明非常重要，这也是对销售人员的一种锻炼。

房地产楼盘销售员大多由精力旺盛、不老于世故、很愿意放低姿态去做事的年轻人来担任，但是几乎每个售楼部都会发生销售员不遵守纪律的事，如在工作场所抽烟、上班时间睡觉、着装不规范、仪态不正规、迟到早退等。

作为一个销售员，最重要的是，服从管理，遵守纪律，尊重上司，对于一不小心犯的错误，要有勇于承担责任的心胸。

5 处理突发性事件

在楼盘热销期，企业最看重的是楼盘的口碑和社会影响力。为了保证企业品牌效益和不发生负面影响事件，很多楼盘都配有专门的维稳团队来解决售楼部发生的消费纠纷。

但是，对楼盘其他环节出现的服务摩擦或消费问题，购房者也愿意选择到售楼部解决争端，通过扩大事态以求企业关注。销售人员面对这种情形，既要方法得当，又要保证事态向着有利于自己的方向推进。

销售员或销售经理处理这类事情要掌握基本技巧：一是不承诺无法兑现的事情，或者没有把握的时候，不要把话说死避免授人以柄；二是问题突发时，预先储备突发问题的解决方案，积极和公司其他部门协调；三是不逃避，敢于挺身而出，维护销售现场秩序。可见，销售员面对突发事件时，应临危不乱、遇事不惊，首先能控制事态进一步扩大，然后再保证自己能解决的事情尽量自己解决。如果解决不了，立刻向上级领导汇报。

6. 根据市场反馈积极思考营销对策

虽然很多公司都有专门的策划部负责楼盘营销策划，但事实上，所有的策划方案都源于销售实况和市场反馈。没有销售一线的信息反馈，就不可能出现优秀的策划方案。策划经理不是一线作战人员，不如销售人员在销售一线掌握的市场信息丰富，而一线销售人员又没有策划部门的战略高度。所以，销售人员要保证和策划部门的及时沟通，理解他们的策略思想，如果是一名销售经理，此时还负有立足市场、积极思考营销对策的重任。

7. 工作例会不可少

很多人都害怕开会，总觉得开会是浪费时间，但如果销售会议开得好，对销售则是一种很好的促进。这要求一个销售人员首先要反对“文山会海”型会议并敢于向主持会议的人提出来，同时对日常沟通例会或者学习培训类会议要积极响应。

五 提升解决销售问题能力的三个关键

销售员提升解决问题的能力有以下三个关键点：

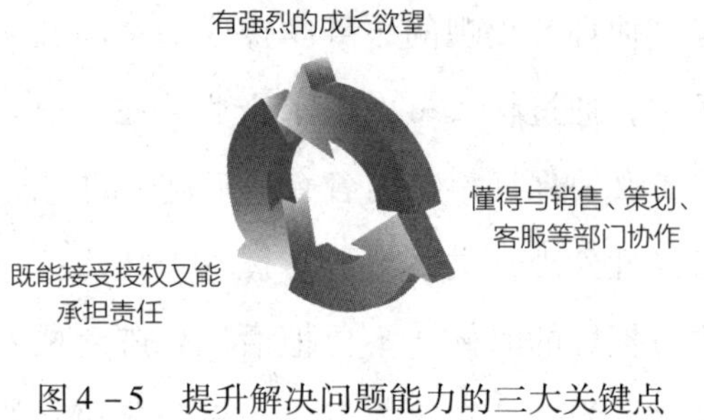

图 4－5　提升解决问题能力的三大关键点

1 自身具备强烈的成长欲望

提高销售能力，是一件长期甚至可以说是没有终点的工作修炼。这既涉及很多房地产楼盘销售常用的知识与技能，也涉及个人性格和由性格决定的沟通风格，当然，还有最最重要的是，你愿意花费心血对这项工作进行更系统的潜心研究。

每一个销售员都要有成为销售经理的强烈欲望，而每一个销售经理也都要有晋升为销售总监或更高职位的欲望，那些能尽早了解和关注销售总监工作和能力要求的人，能更早实现晋升梦想。当然，你还要记住一点，即任何人在获得升迁之前，一定先做好本职工作。

2 既能接受授权又能承担责任

授权意味着授权者把本该属于自己职责范围内的工作授权给了下属，这里有一个责任该由谁负的问题。因此，领导授权的前提一定是接受授权的员工有承担责任的勇气和信心，又具备强烈的成长愿望。

3 注重与销售、策划、客服部门的互动协作

销售部、策划部和客服部是与销售成交关联重大的部门，很多企业把这三个部门的角色定位为平行部门，在流程设置上规定了协作要求。因此，它们之间的互动非常重要。

开发周期很长的楼盘，特别强调销售、策划、客服的一体化，因为它们本来也是一个工作的三个执行环节。策划部提供思想，销售部负责执行，客服部协调售后投诉；销售部提供市场信息，策划部负责整理归纳，客服部反馈使用情况；销售部和客服部面对客户终端，销售打前锋，客服打后卫；销售部更多的是在成交前服务，客服部更多的是在成交后服务。所以，对一个销售效率高的售楼团队而言，最忌讳三个部门各自为战。

第二节 做好楼盘到访客户的接待

接待来访客户首先要热情。无论楼盘销售业绩好还是不好，都不要怠慢客户，这是一个销售人员的基本素养。

接待客户有两个工作核心：一是请客户填写部门制订的“客户到访登记单”，尽量登记客户到访的相关信息；二是了解客户购房心态及其对推出的楼盘的反应情况，及时调整销售策略。

在楼盘接待来访客户，有以下几个工作原则。

一 接待客户流程要规范化

一套标准的案场作业流程既能体现案场销售管理的规范性，也能给客户以良好的销售形象，又能在自然的气氛中营造最佳的销售氛围。一个销售人员就是在严谨规范的工作流程中逐步渗透各种销售技巧，最终让自己和房产项目都被客户欣然接受，达到案场最佳的销售效果。

图 4－6 接待客户的流程

1 客户来访时发出欢迎词

当客户到达销售案场，由迎接台（轮接第1人）负责接待："您好，欢迎光临"，以提示案场销售所有人员，有客户来访，注意言行和服务配合协作。

在这个环节，销售人员的服务一方面要体现案场精神面貌及对客户的礼貌，另一方面也表明开始进入销售状态，需集中精力准备之后的配合工作。

2 第一次引导客户入座

向来访客户致完欢迎词，随即自然地引导客户进入接待区，请客户入座。引导前准备好销售夹（资料）、计算器、笔、名片等销售用具，同组人员配合倒水、递杯，从而完成初次引导入座工作。

3 通过寒暄获取客户认可

初次引导客户入座后，请客户喝水进而同客户开始寒暄，互递名片；接着，开始摸底工作，目的是了解客户的情况，包括年龄、职业、喜好、家庭、所在区域、购买动机、购买能力等尽可能详细的信息，以便在后续的销售接待过程中有的放矢，使客户在购房过程中始终跟着销售员的思路走。

在寒暄过程中，销售员的亲切、真诚很容易拉近同客户之间的距离，得到客户的初步认可。寒暄阶段是了解客户的重要环节，也是销售员推销自己获得客户认可的第一步。

案例

某楼盘当日生意冷清，一个戴眼镜的斯斯文文的顾客走进售楼部，他不找售楼员，直奔沙盘而去，这时一个女售楼员起身去招呼这位顾客说："先生您好！"顾客像没听见似的一直仔细看沙盘，看得很认真。售楼员以为他没听见，就又说："先生，您好，您是第一次来看楼吗？"

顾客仍旧继续看沙盘，售楼员看出顾客是故意不理她的。这个售楼员是个年轻的小姑娘，随即有些生气，但是还是微笑着又问了顾客一次：“先生，您需要了解什么吗？我来帮您做一下介绍吧？”

顾客仍然不理她，这个售楼员生气地走开了，同事劝她不要生气，继续去接待客户，但是这个售楼员没有去。

正好销售经理来了，了解情况后批评了这个售楼员，然后自己走到了那位顾客身边。他在顾客身边站了好一会儿，然后拿出一张名片伸到顾客面前：“先生，您看楼很专心，应该是个行家，不好意思，打断一下，您也歇歇，这是我的名片，我们认识一下，交个朋友。”

顾客看了销售经理一眼，接过了名片，看了一眼放进了口袋里，继续看沙盘。

销售经理又说：“先生，我感觉您很认真，看得很有兴致，我就不打扰了，您继续看，一会儿看完了有什么问题，招呼我一声。”

这时，售楼经理走到了一边，边做事边观察顾客，后来顾客主动向售楼经理招手，售楼经理走到他身边，顾客很友好地向售楼经理提了很多问题，两人相谈甚欢，最后顾客高高兴兴地走了。一周后这个客户下了订单。

4 带客户参观样板房

初步了解客户并得到客户认可后，销售员将开始和客户发生第一轮销售接触——即参观展示区、介绍产品。

销售员此时需要做的是次序清晰地向客户介绍开发商情况、环境位置、产品类型。注意要充分运用案场展示区的销售道具，比如效果图、楼盘模型、楼盘展板或者广告灯箱等，要最大限度调动自己的推销才能，向客户展示训练有素、精干专业的房产销售员形象。在这个过程中最重要的是获得客户的信任和认同，因为对于房产这类大宗买卖，很难有客户看过一次楼盘就决定购买，之后肯定还有更多次的沟通，这一次能把握住客户，就意味着把握住了他后来的购买决定。

销售员在这个阶段要有重点、有条理、充满感染力地描述产品的条件及其符合客户要求的地方，反应机智灵活，还要注意观察客户，及时回答客户参观过程中的问题，并认真倾听客户的想法。情感要适度，不要立刻实行太积极的销售推荐，以免引起客户的反感和防范心理。销售员此时能介绍好产品和楼盘优势，回答完客户的问题，能问出客户基本家庭结构和住房需求，并揣摩出客户的基本意向即可。

5 第二次引导客户入座

当客户通过展示区了解本产品的基本情况之后，销售员应请客户第二次入座。这一阶段的主要工作是适时地再请客户喝水，与其寒暄、聊天，能尽可能多地增加客户在楼盘的停留时间。客户对产品有了认知后，必将产生许多疑问及更大的兴趣，要善于挖掘客户更多的兴趣点和问题。

第二次入座接洽同第一次入座接洽的销售背景和动机完全不同，销售员此阶段的服务重点是向客户比较深入地介绍产品，如户型、面积、绿化率、价格等，并根据客户的年龄、职业、喜好、家庭状况、购买实力等情况设身处地地为客户考虑，做其参谋，为其解说。

销售员还要注意在这个阶段要通过业务寒暄及参观展示过程增加对客户的了解，对客户做出基本判断，在业务洽谈中位于上风，还要运用销售工具——销售夹，再次介绍产品的细节，并赠予客户海报、说明书、DM单等销售企划道具，并对客户关注的重点加以详尽的解释。

二 接待客户要善于引导

销售引导能力是评判个人销售才能的重要依据之一。好的销售引导使销售员在销售过程中能始终处于主导地位。一名销售员在整个销售业务活动中，要善于引导客户，使客户始终跟着自己的思路走，切忌被客户牵着走，被动应战和问答。被动的局面会使销售服务和说明工作很难在客户心中形成直观和系统的产品形象，也很难吸引客户第二次来访。

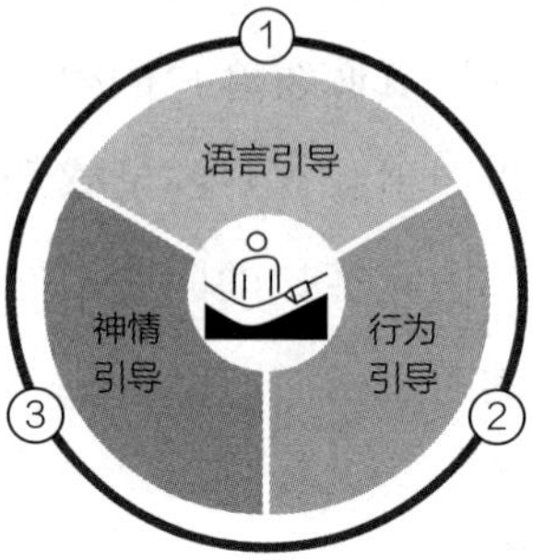

图4－7　接待客户需要做的引导

1 语言引导

语言的作用是沟通，沟通的效果在于接纳。销售员通过交谈使客户接受自己，从而接受自己的服务，最终接受自己推荐的产品和提出的建议。

2 行为引导

客户之所以希望有好的销售人员做产品介绍和引导，就是想全面地了解这个产品的优点和不足，该项目是不是自己想要的产品。而销售员要把握住这个消费心理，在这个过程中，要语言清晰，态度诚恳，服务规范，情绪平和，不急功近利。能通过入座、参观展示（效果图、模型、展板等）、入座、工地看房（样板房、实地）、回售楼处、入座等一系列行为动作，让客户认识到，要听从这个销售人员的安排才能更好地了解产品，才能判断出这个产品是否适合自己以及如果购买能享受到的优惠。

3 神情引导

通过神态感情的表露，让客户意识到产品的优秀、销售的火爆，从而增强购买信心和欲望；或让顾客意识到价格的优惠，使其购买后亦会有很大的满足感。

案例

楼盘准买主的特征：

1. 拿着道具如卷尺到案场体验。
2. 反复观看比较各种户型，尤其关注一种户型。
3. 对结构及装潢设计情况非常关注。
4. 对付款方式及折扣反复探讨。
5. 老客户介绍过来的新客户。
6. 特别问及邻居的职业。
7. 不断提到朋友的房子如何。
8. 爽快地填写《客户登记表》。
9. 主动索要名片并告知自己的电话。
10. 经常说自己房子各方面存在的不满意之处。

第三节 如何向来访者介绍沙盘

沙盘是按照一定的规划比例将实体缩小而成的用以展示楼盘整体平面的或立体空间的模型。楼盘沙盘通常包括平面分布情况和立体分布情况两部分。具体包括楼盘所在位置、项目周边环境、建筑分布情况、小区内部的自然环境布局等。随着科技发展，围绕着沙盘的主要功能，很多高端楼盘售楼部借助着新兴科技，制作了诸如有 3D 效果或其他形式多样、立体直观的沙盘演示体系。

一 明确沙盘的推介作用

沙盘介绍是客户在未见到现楼或样板房时，利用模型让客户了解楼盘周边环境、楼盘整体设计，从而具有一种更趋向真实的生活体验。

在介绍沙盘时，可以用生动形象的语言，为客人描述一种风景、一种生活方式，甚至引导客人去想象美好的生活场景，唤起他们心中居住高档社区的尊贵感，从而激发客户的购买欲望。

成功的沙盘介绍，是引起客户注意与兴趣的重要环节，同时也是促使成交的重要环节。

二 沙盘介绍的四个要领

介绍沙盘时，不仅要做一个讲解员，而且还要做一个好的演讲者。即使熟悉了楼盘所有的卖点，讲解只能让客户了解基本情况，不一定能促使他产生购买行为。想要激发客户的购买欲望，就要有更具打动力的演讲式引导，让他喜欢并产生兴趣，让他能意识到此处所至正是他一直的生活梦想。

销售员首先要进入角色，绘声绘色地描绘未来楼盘的风景与生活方式。介绍时要做好“四到”：

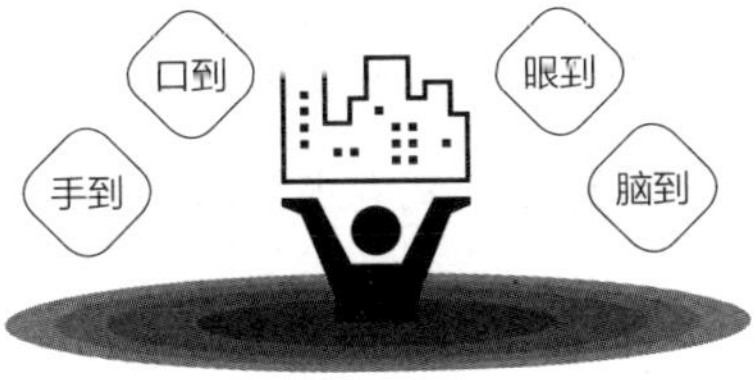

图 4-8 沙盘介绍的要领

1 口到

语言能力要强，多用生活化的语言，声情并茂，描述得生动形象，有感染力、吸引力。

介绍范例：

瞧，那就是泳池所在。泳池会分三个区域，有儿童活动区、浅水区、深水区，四周会种上树，您不用出远门就可以和家人一起游泳。当小孩在游泳池玩耍时，他的一举一动您都能关注到。

2 手到

要多运用身体语言，主要是手势，起到指引、强化的作用，在关键时辅以一些简单的动作。手势要职业，切忌太多太乱，否则会破坏整体的表达效果。一定要注意：男、女有别，老、少有别，千万不能有过激的行为表现。

介绍范例：

请来这个角度看一下，或您从这个角度往那边看一下风景的不同。

3 眼到

要与客户有交流，不能自言自语，要积极地与客户沟通，眼睛看着客户发问。介绍到均价时要注意客户的神态，从而判断客户的购买能力。在与客户进行眼神交流时，还可以判断出客户的诚意。

介绍范例：

您觉得怎么样？是不是很漂亮？（这种提问不是一定要客户做出回答，而是来调动他的思维，并留意客户的反应。）

4 脑到

脑到是最重要的一点，它要求销售员不能作例行公事的介绍，不仅要投入感情，还要关注客户的反应。销售人员在开场白中已经大致知道客户的状况，介绍沙盘的时候就要根据他的状况对楼盘的必要卖点重新排序从而进行选择性的介绍。特别要注意客户在听介绍时的动作、神态以及所提出的问题等。销售员情绪要保持适度的兴奋，并带动客户，调动他的情绪，同时又要保持思路清晰，让沙盘介绍一气呵成。

三 三类问题的应对措施

沙盘介绍过程中经常会出现以下问题：

图4－9　沙盘介绍过程中出现的问题

1. 被客户打断

这是在沙盘介绍中经常遇到的问题之一，如果客户问的问题需要很多时间回答或者不好正面回答，或者对销售员介绍楼盘的干扰很大，就尽可能不先回答客户问题，可以对他说“这个问题一会儿我会做重点说明”或“这个问题我在下一个环节会给您介绍”。这既掌握了销售推荐的主动性，也保证了销售员介绍的流畅性和可控性。

提醒：销售员要描绘楼盘，为客户做介绍，而不能让客户牵着走。

2. 缺乏与客户的交流

有时候，销售员太有激情，完全投入在描绘中，就会影响与客户的交流。一定要记住，我们介绍楼盘，是为了打动客户，而不是为了介绍楼盘而介绍，我们的言语一定要让客户尽快接纳，或者把客户的情绪调动起来。如果发现客户没有听进去或还没有动心，说明他根本未被打动，机智的销售员此时一定要调整策略和方法，或者停下来和客户再次进行能拉近关系的交流。只有销售员单方情绪兴奋地介绍楼盘，介绍得再好也不是一次成功的推荐。

提醒：通过手、眼的交流，适当地询问客户的感觉，能有效地引导客户。

3. 介绍缺乏吸引力

介绍沙盘通常采用口语化的语言与书面化的语言相结合的方式，也会根据客户的层次，进行适当的调整。与知识分子交流，多会用到书面化的语言；与农民交流，多会用到口语化的语言。

提醒：说话是一种技巧，它可以通过阅读和与人交流的方式得以提升。

四 掌握沙盘介绍的标准说辞

沙盘介绍可按照项目规划、产品描述、环境介绍、项目开发进展、项目卖点阐述的顺序，依次详细解说。

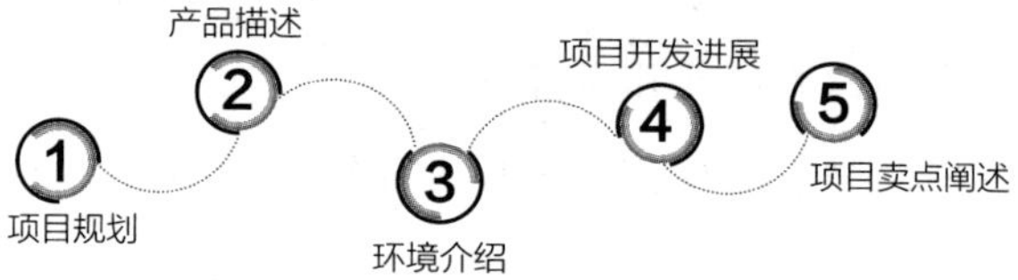

图 4－10 沙盘介绍的标准说辞

1 项目规划

项目规划主要包括开发商简介、楼盘所处区域、区域特色、公共投资与重大建设、教育设施、交通状况、城市发展规划与公共设施、产品的基本数据、楼盘抗性、楼盘特色等。

2 产品描述

表 4－1 产品描述说辞

产品位置	项目所在位置、区域环境现状、区域规划前景、交通状况、生活便利程度、科教文卫分布
产品配套	小区内配套、市政配套、商业配套、银行、会所、配套使用收费标准及比较、配套的可达性、配套的可持续性发展
建筑单体	建筑风格、外立面、建筑形式、比例、尺度、材质、色彩、结构等
产品户型	分区、功能、开间、进深、视野、家具布置、通风、排水、采光、气候调节
产品设备	设备、品牌、装修标准、材质、环保、节能、科技含量
产品规划	主要技术经济指标、规划特点、日照、通风、区内道路
区内交通	人车分流、交通的干扰、车库（位）、管理费用、停放位置、车速限制

续表

产品价格	开盘价、起价、均价、最高价、性价比、折扣、实际支出、装修费用
产品结构	结构特点、施工方法、材质、造价、抗震性、防水性、防火性、耐腐蚀性、防噪性能
使用年限	各种材料的寿命、材料维护、价格转移年限、折旧与升值
产品面积	建筑面积、实用面积、合用性、经济性、紧凑度
产品分摊	分摊部位、分摊率、分摊构成
物业管理	物业公司介入时间、服务内容、服务成本、服务的可延续性、服务收费标准

3 环境介绍

表 4－2　环境介绍说辞

绿化	绿化率、绿化形态、绿化功能、绿化规模
日照	规范要求、日照时间、日照质量、间距、外立面与日照
通风	朝向、主导风向、垂直气流、平面气流
节能	采暖系统、保温材料、外墙能耗
隔音	噪声、隔音能力及措施、声源控制
私密性	视线干扰、公私分离、动静分离、洁污分离

4 项目开发进展

表 4－3　项目开发进展说辞

优惠措施	价格优惠、赠品
开发商	开发商名称、实力介绍、信誉介绍
付款方式	待定
施工管理	待定
施工进度知会	待定
合作单位	设计单位、管理单位、其他合作单位

5 项目卖点阐述

表 4－4 项目卖点阐述说辞

品牌	开发商品牌、项目品牌
强强联合	开发商实力、合作单位实力
市场形象与定位	市场形象、目标市场
区位价值	区位环境、地块资源、区位历史、区位景点、区位规划、区位交通
创新	产品综合概念创新、文化设定创新、规模创新、规划布局创新、产品功能定位创新、建筑单体创新、景观设计创新、户型创新、公建配套创新、价格创新、宣传推广创新、销售方式创新、物管服务创新、智能化概念创新

第四节　如何通过看样板房促进成交

样板房是商品房的一个直观包装，也是购房者装修效果的参照实例。样板房是楼市发展到成熟阶段的一个产物，是住宅文化的一种表现，其好坏直接影响房子的销售。作为楼盘销售过程中的一个重要因素，样板房已经成为房地产楼盘开售时必要而关键的推荐道具，也成为广大购房客户体验楼盘和社区生活文化的重要场所。

带客户去看样板房，是通过展示企业产品和文化来增强客户购买欲望，最终目的是实现成交。

在这个过程中，能把销售员介绍的产品特点具体直观化，要把客户在现场的疑问通过体验来解决掉。售楼部是最能使客户下定决心购买的场所，需要每一个售楼员努力把握机会。

一　销售员要熟悉样板房

在带客户去看样板房之前，销售人员自己先熟悉样板房，掌握样板房的第一手资料与信息。然后，按照自己擅长的讲解方式组织介绍词，并把介绍词融会贯通，练习到熟练无误的程度。还要经常去其他楼盘的现场看样板房，博采众长，不仅能学到很多知识，而且还可以增加自信。干练流利自如的介绍也会增加购房者对销售员的好感和信任度。

销售人员熟悉样板房时要注意以下几个方面：

表 4－5　销售人员熟悉样板房的注意事项

端正心态	销售人员去工地不是巡检工程，而是学习观摩，一定要把不明白的地方询问清楚。即使发现现场有违反公司施工规范和管理的行为，也不要当面向工人提出来，而是用心记下来反映给工程部。直接和工地人员发生冲突和顶撞，会影响日后再次过来学习
友善对待施工工人	现场施工的工人是销售员的老师，切忌在现场对他们指手画脚
主动和工人交流	和工地施工人员友好相处，特别是门卫和开电梯的工人。称呼要礼貌，态度要客气，和他们多交流才能顺利获得你想要的信息
适时的夸奖与感谢	夸奖并感谢提供协助的部门与人员，增加销售人员的亲和力，减少部门之间的协作障碍
记住关于户型的准确数据	要知道每间房的长、宽、面积、走道的宽度、室内的高度。把每套户型好的和不足的地方记下来（好的地方加以归纳、总结；不足的地方，要考虑用何种说辞加以弥补），同时要标记看不懂的地方（例如建筑结构、管道走向、每个层面上除房型外其他建筑物的用途等），并找人加以解答
熟悉楼层	根据楼层的不同，选高、中、低三个有代表性的楼层进行实地比较，把所看到的记下来，并且把不同户型之间的优缺点和不同之处记下来以便帮助客户做选择（不足的部分寻找合适的说辞加以解决），选择不同的时间段（例如早、中、晚）去感受不同之处

二　看样板房前根据客户需求准备不同说辞

在带领客户看样板房之前，要做好充分的准备工作。具体包括以下五点：

图 4－11　带客户看房前的准备工作

1. 了解客户信息并及时分析其需求

并非每一个客户都喜欢去看大房子或者豪宅的装修，如果能比较全面地了解客户的喜好，如房子户型、面积、所在小区、喜爱的风格和要求、装修拟投入费用等，就可以有的放矢地选择一个合适的样板间带其参观。对客户信息了解得越详细，对其分析就可以越细致到位，也意味着下一步工作就能有针对性地开展。

2. 打电话确认待看的样板间

去样板间之前，一定要先打电话给工程部相关人员，确认拟参观样板间工程的进度，是否有什么问题，现场是否有人，施工班长或者监理是否在现场等。

3. 为客户选择合适的参观时间

第一，要确切了解工程的电梯运行时间，尽可能安排客户在合适的时间看房。第二，遇到天气不好（如下雨、刮大风、天阴）的时候，尽可能不要带客户去现场。第三，太早、太晚、中午看房都不好，因为那个时间现场也许没人，而且一定要考虑客户的时间是否能保证，并且要把自己的其他工作安排好。第四，对于朝东的户型适宜上午带看，对于朝西的户型适宜下午带看。

4 考虑好现场解说词

如果现场有设计师或者工程部巡检则更好，但销售人员必须学会自己给客户当讲师。通过现场给客户简单讲解工艺与材料、施工流程、质量与监督等方面的内容，间接宣传公司的优势与强项，不仅能增强销售人员的信心，更会感染客户并引发客户对销售人员的好感与信任。

5 预判现场可能会遇到的问题

在现场什么问题都可能发生，尤其是在工地现场。一般说来，像工地的噪音影响、现场有些脏乱，甚至工人不怎么理睬你也是常见的问题，或者客户提出了你无法回答的问题等。

进门之后先对现场的工人师傅客气地打声招呼，这样工人师傅会对你有好感，如果客户在现场提出了关于工程方面的问题而你不知道如何回答时，可以请师傅过来帮忙解答。对可能发生问题提前准备绝对有必要，在客户面前镇定自若并且对他提出的问题侃侃而谈会增加你的信心，也会让客户更加认为你是一个专业人士。

三 带客户看样板房的十个注意事项

在带客户去现场看样板房时，必须注意以下几个方面：

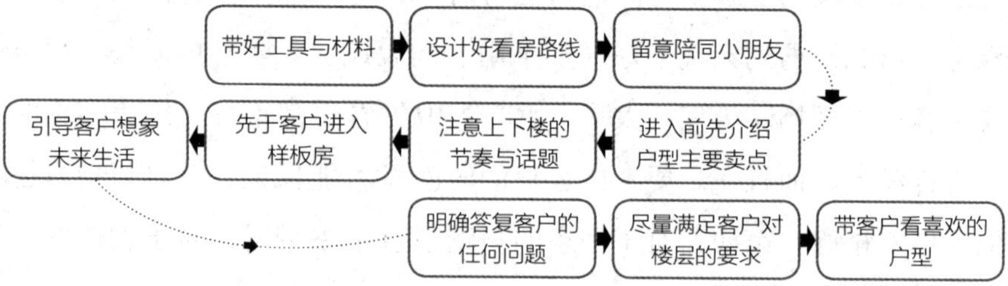

图 4－12　带客户看样板房的注意事项

1 带好工具与材料

建筑工地的危险系数要比其他地方高，无论是自己看房还是陪客户看房，安全一定要放在第一位。进入工地前要戴好安全帽，同时带上销售平面图、纸、笔和卷尺、房屋钥匙、销售资料等，以便为客户现场讲解。在去现场或回售楼处的途中，主动帮客户拿安全帽。

2 设计好看房路线

销售人员要熟悉从售楼处到样板房的路线，尽量找一条容易走的道路，便于陪客户去看房。锁定看房数量，实行“先中、后优、再差”的原则，停留时间不宜过长，重点在于实物样板房的展示，尽可能展现实地的有利面。

3 留意陪同小朋友

有携带小朋友一起来看房的，考虑到安全因素，尽量让小朋友留在售楼处，请其他业务员帮忙照看。如果必须携带小朋友一起去看房，除了关照客户看好自己的孩子，更要处处留心小朋友的行为。

4 进入样板间之前先简短介绍户型的主要卖点

进入样板房前，应交代清楚该户型的面积、户型特色、层高、交楼标准等基本情况，进入后即在适当的位置如客厅中央把户型的主要卖点先说清楚，让客户有个全面的概念。

5 注意上下楼的节奏与期间话题

在等电梯的时候，可以再利用销售平面图给客户作一次规划介绍，让客户加深印象，或者可以和客户聊一些他感兴趣的话题，最忌讳与客户无话可说。

如果是爬楼梯，则应主动掌握行走速度，避免过快，防止客户过于疲劳。

6 先于客户进入样板房

在样板房换鞋套时，应在客户换好之前换好，抢先进入样板房，如样板房内有意外情况或客户不应看到的地方，可以及时调整。

进入样板房后，应该在客户进入各个功能空间（如卧室、卫生间等）之前先进入，然后再引导客户进入。

7 引导客户想象未来生活

主动推开门窗、壁橱等，让客户亲自去触摸、感受。有条件的话主动走到阳台或露台上邀请客户观看风景，引导客户想象未来的生活场景。

8 明确答复客户的任何问题

对于客户在现场提出的任何问题，都要给予一个明确的答复，若暂时不能答复的则应在回到售楼处后给客户一个回答。

9 尽量满足客户对楼层的要求

对欲购高楼层的客户，在楼房还没建到很高时，不应带他去现场，若客户一定要去感受一下，可先在附近找一幢替代物（条件允许的前提下）；对欲购低楼层的客户，尽量带他到视野好的楼层去看。

10 带客户看喜欢的户型

带客户去现场看房，就带他去看他喜欢的那户，尽量不要让他把所有房型都看一遍，防止客户挑花眼，反而不能当场作决定（不过这要视实际情况操作，以尊重客户要求为主）。

四 分类接洽看完样板房的客户

看完工地后是否再次回到售楼处洽谈，这是评判客户对产品满意度及评判销售员前期销售作业成功与否的标准。销售人员应根据客户实际情况，区分对待。

1 看房完毕不回售楼处的客户处理策略

当客户看完工地现场后，可能会不进入案场接待中心，而是直接离去或到他处看房，此时销售员应敏锐地判断客户的内心想法，是否其真的有事要回去或离开，还是借口推辞。

倘若客户是真的有事欲走，销售员应先客气地请其到现场喝杯水或休息片刻，然后再礼貌地同其道别，请其择日再来，并约定时间。

倘若客户是借故推辞，则表明其意向度不够，销售员不应强留，可借此暗示："今天客户较多，工作较忙，未能介绍详尽，希望您今后再来，并保持联系"。

高明的销售人员会在带客户去工地看房之前，让其将资料、物品留在售楼处，或保留其欲知情况。待看房后引导客户重回现场售楼处。

2 看房后回到销售案场的客户洽谈策略

客户由销售人员引导至销售案场接待桌，请其第三次入座后，所谈及的内容往往是深入的、有针对性的实质问题。

销售人员可先缓和一下气氛，为其倒水，双方再次聊天，然后切入销售实质问题进行洽谈。洽谈重点是与客户购买有关的话题。

第一，根据看房结果帮客户重新确定选好户型，并为其测算得房率、价格、利息、每月还款额等。第二，向客户解释他可能获得的最大折扣及可以使用的付款方式。折扣问题上，客户通常会列举周边一些物业的价格及折扣，此时销售人员应根据自身项目优势对比其他项目，详细向客户说明其所购物业的价格是合理的，并应根据实际情况，尽可能守住目前的折扣，以留一些余地给销售主管，切忌把价格一放到底。第三，处理客户提出的各种异议，刺激其购买欲望，提高其购买信心，并适时提出成交要求。第四，注意与现场同事的交流与配合。第五，不是职权范围内的要求，处理前应征求销售经理的意见，无法解决时可由销售经理协助解决。

3 暂未成交的客户接待策略

客户初次到售楼现场对产品进行了解，一般情况下不会轻易下定或购买，除非个别意向很强的客户可采取收取小定金的方式，为其保留他所中意的单元。销售人员应做到：第一，暂未成交的客户依旧是客户，销售人员应态度亲切，始终如一。第二，将销售海报等资料备齐一份送给客户，让其仔细考虑或代为传播。第三，再次告诉客户联系方式和联系电话，承诺为其提供购房咨询服务。第四，对有意的客户再次约定看房时间。第五，送客至售楼处大门或电梯间。

4 未成交的客户跟进策略

客户跟进的目的是重新唤起客户购买本项目产品的意识，约其再至现场参观，从而达成交易。原则上在客户上门后三天内要第一次跟进，并将谈话内容及结论加以记录，便于以后分析判断。

（1）客户跟进的形式

电话追踪，约客户到售楼处洽谈。若客户没时间并表示有诚意，约定直接上门拜访。

（2）客户跟进的原则

第一，对于重要等级的客户，销售人员应列为重点对象，保持密切联系。第二，追踪客户时，须事前了解客户前次交谈的内容及答复，并准备好几个适当的诱因，促使对方回访楼盘。第三，一个客户只能由一名销售人员负责跟进，除非该销售人员邀请其他销售人员协助配合。第四，跟进客户要注意切入话题的选择，勿给客户造成死硬推销的印象。第五，无论最后是否成交，都要婉转要求客户帮忙介绍其他客户。

5 任何客户接待完都要填写客户资料表

无论成交与否，每接待完一组客户后，立刻填写客户资料表，并建立客户档案。

客户档案填写的重点：第一，客户的联络方式和个人信息；第二，客户对产品的要求；第三，成交或未成交的真正原因。

根据实际情况，判断客户成交的可能性，可以分为：很有希望、有希望、一般、希望渺茫，以便日后有重点地追踪回访。

客户等级应视具体情况进行阶段性调整。每天或每周，由现场销售经理定时召开顾客分析会，依客户资料表检查销售情况，并采取适当的应对措施。

第五节 如何处理购房客户异议

在与客户面谈的过程中，经常可以听到客户对销售人员所提供的产品或服务提出异议。所谓异议，也就是客户的不同意见，其实质是客户对产品或服务的不满。

异议处理是销售的鬼门关，闯得过去就海阔天空，闯不过去就前功尽弃。实际上，大部分异议处理失败并不是客户的异议离奇古怪，而是销售人员准备工作做得不足。

一 了解客户产生异议的过程

了解客户异议可按照以下四个步骤进行。

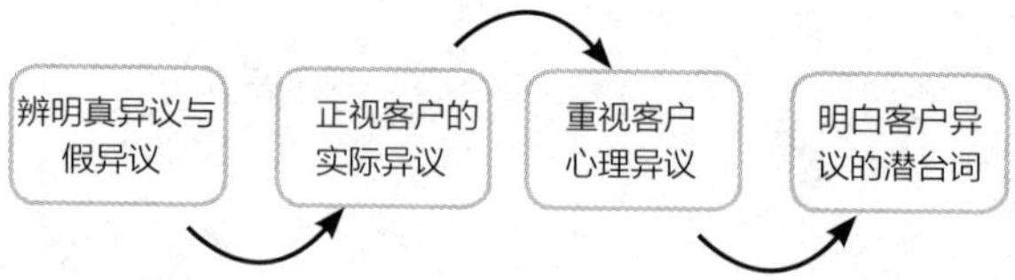

图 4－13 辨别客户真假异议的步骤

1 辨明真异议与假异议

出于各种原因，客户往往会表达出假的异议，而不告诉销售人员不想购买的真实原因。销售人员在没有搞清楚客户的真异议前，可能无法说服客户。其中，销售人员要掌握一个基本心理：人们最不愿意表达的一种异议，就是承认自己买不起。

（1）真异议

真异议是指客户所提出的异议是他内心的真实想法或他的真实反对原因，心直口快型的客户通常会直截了当地说出想法。客户在即将落定时所提出的异议一般多为真异议。

（2）假异议

假异议是指客户所提出的异议并不是他内心的真实想法，只是他在购买洽谈中为获得优惠措施或者其他条件而使用的一个策略，相当于买卖中的讨价还价。人们提出假的异议，是为了掩饰他们想买或者根本不想买的目的。

假异议通常分为两种：一种是客户所提出的异议是用来敷衍、应付销售人员的借口，目的是不想和销售人员会谈，不想真心介入销售活动；另外一种是客户虽然提出很多异议，但这些异议并不是他们真正在意的地方。

（3）真假异议的辨别

销售人员为客户提出的异议提供肯定确凿的答案时，要注意留心观察对方的反应，一般说来，如果他们无动于衷，就表明他们没有表达出真正的异议。当客户在短时间内提出一系列毫不相干的异议时，很可能是在掩饰那些真正困扰他们的原因。

有些时候，判断客户所提出的异议是假异议，而又无法知道他内心的真实想法时，销售员可以大胆直接地发问。提问是了解真相的一个好办法。

案例

"××先生，我真的很想给您帮这个忙。我相信这套房子很适合您，并且您对这套房子也很有兴趣，但是我觉得您好像有什么顾虑不肯说出口，您能告诉我真正的原因吗?”

说服异议要点：绝不能使客户陷入窘境。

2 正视客户的实际异议

实际异议是指客户所描述的问题具体而真实，并对客户的购买决定造成实质性的影响。一般而言，在房地产销售中，最容易让客户产生实际异议的因素有两个：

（1）对产品不满

买房对绝大多数人来说都是一项十分重大的投资，甚至需要倾其一生的积蓄。为此，客户在购买过程中，对所购买的产品要求十分苛刻，需严格挑选。由于每个客户的喜好不同，对产品的要求或需求也不同，对产品感到不满是可以理解的。这种不满会涉及项目的任何方面，比如建筑质量、园林景观、智能化、配套设施、物业管理、视野朝向、户型结构等。

（2）对价格不满

一般客户在购买房产时都会把价格当成一个重大的考虑因素。即使销售人员报出底价，客户也仍有可能认为价格偏高。另外，按揭条件也是客户会考虑的价格因素。

3 重视客户心理异议

心理异议是指客户所提出的异议只是其心理上的一种障碍，并不是其实际上遇到的困难。导致心理异议主要有以下三方面原因：

（1）对销售人员不满

销售人员在推销过程中的任何言行举止都有可能招致客户的不满，从而对客户的购买决策产生影响。

表 4-6 对销售人员不满产生的心理异议

销售人员言行	客户表现
言行举止不当	售楼人员的言行举止让客户产生反感，无法赢得客户的好感
哄骗客户	有些售楼人员为了说服客户，往往以不实的说辞哄骗客户，结果会带来更多的异议
使用过多的专业术语	售楼人员在介绍时使用了过多的专业术语，使客户误认为售楼人员是在卖弄技术、抬高自己
不当的沟通	说得太多、听得太少会使销售人员无法切实把握客户的问题，从而产生许多异议
说明与展示工作失败	说明与展示工作失败会立刻遭到客户的质疑
姿态过高，处处让客户难堪	销售人员处处想说赢客户，让客户感觉不愉快，从而提出许多异议

（2）过多地参考他人意见

通常客户在购房时，都会咨询、参考他人意见。有时候，客户自身已经对房子很满意了，但旁人的一句话可能就会让客户产生疑惑，甚至阻止他的购买决心。

案例

客户原本对房子的价格并没有什么不满，但他的一个朋友告诉他："这个价格好像贵了点，我买的××花园那里一平方米才 9300 元。"这时，客户就会犹豫了："这个价格是不是真的贵了呢？"

（3）听信风水传言

有人说，风水是一种迷信，不可信之。但是，事实上，即使从事科学研究的人，在某些时候也会不知不觉地受其影响。

4 明白客户异议的潜台词

实际上，客户提出的某些异议是有一定潜台词的。通过挖掘隐藏在假异议背后的潜台词，销售员就能够明白客户的真实意图。

（1）我买不起

包括一切价格异议，如“太贵了”“我不想花那么多钱”“那边价格如何”等都说明也许客户真的买不起。所以，试探、了解真相很有必要。

处理方法推荐：把费用分解、缩小，以每年每月，甚至每天计算。

（2）我和我丈夫（妻子）商量商量

避免产生这种异议的最好方法就是搞清楚谁是真正的决策者，或者鼓动在场的人自己做主。

（3）我的朋友也是开发商

出现这种情况可能是其他楼盘竞争者中有客户熟悉的人，或他还有其他更好的选择；也有可能是客户想表达“我有专业参谋，你们蒙骗不了我”。但最终的心理只有一个：“你要为我的利益着想，你要诚恳地为我介绍这个楼盘并争取优惠。”

销售人员要明白一个道理，客户永远只为自己的利益考虑，而不会因为朋友情义掏钱买自己不喜欢的房屋。所以，用产品的性价比打动客户永远是必要的策略。

（4）我只是来看看

当客户说这种话的时候，潜台词是，他没有那么快作决定，你不用逼他。销售员不要气馁，请其随便参观，并为其引导介绍，无论何种房型、层次均为其介绍一番，热情而主动。

（5）给我些资料，我看完再答复你

这类客户的态度表明，销售员还没有说服他们下决心购买。不要指望宣传资料比销售人员更能促进销售，否则各个销售部门都可以关门大吉了。

标准答案推荐：“好吧，我很高兴为您提供我们楼盘的资料，如果有需要，请立刻联系我。”

（6）我本想买你的产品，但因为……

这种具体的异议能够使销售员专注于客户不想买的真正原因，设法把他的异议范围缩小，固定在一个点上。

“如果我的产品有（能）……您一定会下决心购买是吧？”然后再设法解释客户的这一点抗性，成功后即可与客户成交。

（7）我没有带钱来

无论是真是假，决不可让客户轻易地离开，可以说：“没关系，我们可以……”“事实上，你的承诺和钱的作用是一样的”“我为您保留这个户型几天”，这些都是打动客户或者挽留客户的好办法。

二 处理客户异议的四个原则

处理异议应遵循以下原则：

图 4－14　处理异议应遵循的原则

1. 事前做好准备

不打无准备之仗是销售人员的立身之本，更是解决客户异议应遵循的一个基本原则。在尚未正式售楼之前，就要将客户可能提出的各种异议列出来，然后考虑恰当的答复。这样才能在实际工作中从容应对客户的异议。

如果销售人员拥有丰富的经验，完全可以在正式销售前先行收集、整理客户异议，比如针对在以往售楼工作中遇到过的异议，制订出标准应答语，以便在实战中熟练运用。如果销售人员经验不足，也可以与其他售楼人员一起合作编制。

表 4-7　编制标准应答语步骤

步骤	操作方法
1	把大家每天遇到的客户异议写下来
2	分类统计所有异议，依照每项异议出现的次数多少排出顺序，把出现频率最高的异议排在前面
3	以集体讨论的方式编制出适当的应答语，并编写整理成答案
4	熟记回答用语
5	由老销售人员扮演客户，大家轮流练习标准应答语
6	对练习过程中发现的不足，大家要通过讨论进行修改、提高
7	对修改过的应答语反复练习，并最后定稿备用，最好能印成小册子发给大家，以供随时翻阅，以期达到运用自如、脱口而出的程度

2 选择恰当的时机答复异议

销售人员选择答复客户异议的时机有以下四种：

（1）在客户异议尚未提出时解答

防患于未然是消除客户异议的最好方法。

①找到劣势里的优势

销售人员一定要先熟悉和了解所销售的楼盘。事实上，在销售人员总结分析楼盘优势的时候，也一定同时知道了楼盘的劣势，这些劣势就是客户会提出异议的地方。要逐条列出这些劣势，找到解决说辞。客户买房子并不是要买最完美的，他们知道一分价钱一分货的道理。所以，对于产品因自身局限形成的劣势，一定会成为客户的异议，销售员完全可以找到与劣势相对的优势去解说。比如，交通不方便的楼盘，价格相对便宜；房型不完美但房子朝向好；环境嘈杂的房子离地铁站近；等等。

②提前准备能先发制人

察觉到客户会提出某种异议，最好能在客户提出之前，就主动提出来并给予解释，这样可使销售人员争取主动、先发制人，从而避免因纠正客户看法或反驳客户意见而引起客户不快。

销售人员完全有可能预先揣摩到客户异议并抢先处理，因为客户异议的发生有一定的规律，如销售人员谈论产品优点时，客户很可能会从相反的方面考虑问题。有时客户没有提出异议，但他们的表情、动作以及谈话的用词和声调却可能流露其真实想法，销售人员一定要及时捕捉这些变化，抢先解答客户问题。

（2）异议提出后立即回答

绝大多数异议需要立即回答，这样既可以促使客户购买，又是对客户的尊重。尤其是以下情况，最好立刻处理：第一，客户提出的异议属于他关心的重要事项；第二，必须先处理完某些异议才能继续进行销售说明；第三，处理完某些异议后，客户能立刻决定购买。

（3）异议提出后过段时间再答

对于有些异议，销售人员急于回答是不明智的。经验表明，与其仓促错答十题，不如从容答对一题。因此，对于以下异议，最好暂时保持沉默，过段时间再答：第一，异议模棱两可，含糊其辞，让销售员不容易找到论说点；第二，异议显然站不住脚、不攻自破；第三，异议不是三言两语可以辩解得了的；第四，异议答复超过了销售人员的知识和能力水平；第五，异议涉及较深的专业知识，简单的解释不易为客户马上理解；第六，对销售权限之外或者确实不能确定的事，要先承认无法立刻回答，但要保证会迅速找到答案；第七，当客户还没有完全了解产品的特性及利益之前就提出价格问题（比如客户还没有看房，就直接反对价格），最好将这个异议延后处理；第八，客户提出的一些异议可以在后面的解说中更清楚地证明。

（4）异议提出后不回答

许多异议是不需要回答的，如：第一，无法回答的奇谈怪论；第二，容易造成争论的话题；第三，只为显示购买者优越感或者情绪优势的话；

第四，可一笑置之的戏言；第五，异议具有不可辩驳的正确性；第六，明知故问的发难。

销售人员不回答时可采取的技巧有：第一，沉默；第二，装作没听见，按自己的思路说下去；第三，答非所问，悄悄扭转对方的话题；第四，插科打诨幽默一番，最后不了了之。

3 给客户留面子

销售人员要尊重客户的意见。客户的意见无论是对是错、是深刻还是肤浅，销售人员都不能有轻视的表现，如不耐烦、轻蔑、走神、东张西望、绷着脸、耷拉着头等。销售人员要双眼正视客户，面部略带微笑，表现出全神贯注的样子。

销售人员不能语气生硬地对客户说："您错了""连这您也不懂"，也不能显得比客户知道得更多，如："让我给您解释一下……""您没搞懂我说的意思，我是说……"，这些说法明显地抬高了自己、贬低了客户，会挫伤客户的自尊心。

4 从专家的角度回答异议

所谓专家，就是拥有专业知识和专业资讯的人。为了从咨询专家的角度来解答异议，销售人员必须做到以下五点：

第一，要精通业务，这是毋庸置疑的。如果有什么人想伪装专家，客户总会让他好看的。第二，要丢掉"你"和"我"这样的人称，改用"我们"来称呼，这样更能拉近与客户的关系。第三，以客户的需求为出发点，为客户解决问题，问题解决了，生意也就达成了。第四，给客户留有自主权，但又不能完全放开。第五，平日多收集信息，而且要收入到工作夹中，一旦用得到则马上展示给顾客看，以支持所说的观点。

三 处理客户异议的八个有效方法

对客户异议的一般处理方法有以下八个：

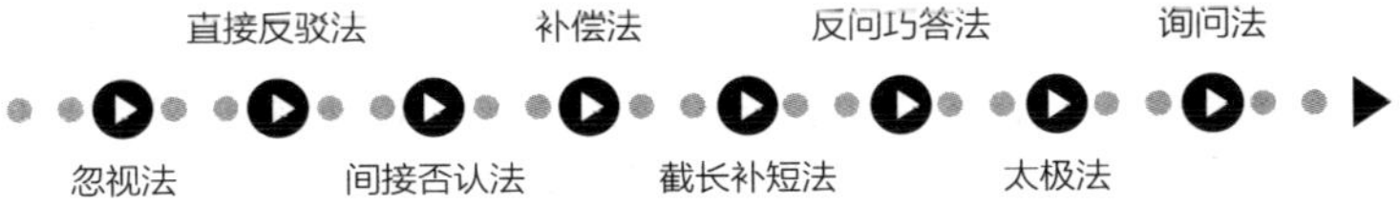

图 4－15　处理客户异议的方法

1 忽视法

忽视法是当客户提出的一些反对意见和眼前的交易扯不上直接关系，而且这些意见并没有实际意义，销售人员只要面带笑容地同意他就好。

对于一些“为反对而反对”或“只是想表现自己的看法高人一等”的客户意见，若是认真地处理，不但费时，而且还会有旁生枝节的可能。只要让客户满足了表达欲望，就可迅速地引开话题。

在运用忽视法时，销售人员经常用以下方式来化解客户异议：微笑点头，表示“同意”或表示“听了您的话”“您真幽默！”“嗯，真是高见！”

2 直接反驳法

直接反驳法是指客户一提出异议，销售人员就直截了当地给予否定和纠正。按常理说，这种做法是最不明智的，往往会让客户感到不被尊重，而使面谈恶化为无谓的争辩或使客户拂袖而去。但在有些情况下，此法还是会奏效的。

案例

客户：“贵公司经常延迟交房，实在很糟糕。”

销售员：“您这话似乎是听人说的吧？我们的客户中没人这样讲过。

您具体说的是哪个楼盘延迟交房呢?”

分析：本例中，“延迟交房”是客户异议重点，若真有其事，客户必能举证，销售员可以说会向上级反映，设法补正；如果没有这样的事，客户必然无话可讲，自寻台阶下场，其所谓的争议也就得以转化。

应用直接反驳法时，销售员必须注意以下几点：

第一，态度委婉，避免触怒或引起客户不快。销售员要语气诚恳，面带微笑，切勿怒颜责备客户。第二，针对问话。如果是带有异议的问话，直接反驳法就很有效，因为给予对方一种肯定自信的感觉。第三，注意语言技巧和语气声调，特别注意选词用语。因为直接对峙中，既要正面回答问题，又要保护客户的尊严，对固执己见、气量狭小的客户最好不要使用此法，会让客户感觉不被尊重，从而诱发争执。第四，对事不对人。即使客户是有意说出错误的言论，销售人员也只能就此事驳论，切勿伤害客户自尊心。

3 间接否认法

间接否认法指销售员听完客户异议后，先肯定对方异议，然后再述说自己的观点。

案例

客户听完销售员的介绍后说:“你们这个项目，并没有你说的那么完美。”

销售员不可直接反驳，而应改用“先是后否”的技巧，回答道：“这位先生您说的对，我给您介绍的都是我们楼盘的实际情况，没有哪个楼盘是绝对完美的。”同时，举出周边竞争对手楼盘或者知名楼盘的一些缺陷来证明自己的观点，从而让客户从客观上接受这些不完美因素。“一般客户起初跟您的看法相同，即使是我，也不例外，但若仔细瞧瞧，深入地研究一下，您就会发现……”

使用间接反驳法时，需注意以下两点：第一，这种方法用于自以为对产品了解很多并有独到见解的客户。这些人都很自负，所以只能顺其性而智取，不能直接反驳。第二，使用这种方法时要让客户知道，为什么他的观点不对，可以采用“是……但是……因为……”这样的逻辑答辩，这样可以很好地转换客户的观念，将其思维引入思维人员的思维模式里。

4 补偿法

补偿法是指当客户提出的异议有事实依据时，应该承认并欣然接受，强行否认事实是不明智的。世界上没有一种产品是十全十美的，作为客户，当然要求产品的优点越多越好，但是真正影响其购买决策的关键点并不多。对于提出产品不完美的客户，最好的策略就是用产品性价比来回答对方，并提出公司的优惠政策已经弥补了这些不足。

补偿法能有效地弥补产品本身的弱点。给客户一些补偿，让他获得心理上的平衡，也就是让他产生两种感觉：第一，产品的价值等于价格；第二，产品的优点对客户很重要，其所不具有的优点对客户而言不重要。

案例

客户：“主卫没窗户，那很不好，不透气。”

售楼人员：“是的，明卫肯定比暗卫好。但是您看我们的定价，主卫是明卫的房子每平方米要贵200多元，150平方米的房子就要贵3万多元。再说现在的房子不像原来的老房子，我们的卫生间都有竖道通风管道，暗卫从另一方面讲，私密性还要更好些。”

5 截长补短法

截长补短法即利用客户异议之外的优点来弥补现有产品的缺点，化不能成交为可能成交。

6 反问巧答法

反问巧答法是销售人员化解客户真实异议的制胜方法，能引起客户思考。销售员在应用这种技巧时，先将异议转为发问，用来启发客户的自省能力，如果客户有所领悟，便能自己说服自己；如果不能领悟，销售员可利用反问巧答，辅以举证说明，以期消除异议。

7. 太极法

太极法其实是取自太极拳中的“借力使力”招式，用在销售上的基本做法是，当客户提出某些不购买的异议时，销售人员能立刻回复：“这正是我认为您需要购买的理由。”销售人员能立即将客户的反对意见，直接转换成他必须购买的理由。

太极法能处理的异议，多半是客户通常并不十分坚持的异议，特别是客户想借口以此来换取优惠政策时，或者只是自问自答他自己还没解决好的购买疑虑。太极法最大的目的，是让销售人员能借处理异议而迅速地陈述他能带给客户的利益，以引起客户的注意。

案例

客户：“每平方米3600元，太贵了，上个月你们还只卖3200元，怎么涨得这么快啊?”

售楼人员:“正因为涨得快，您才要赶快买呀，越往后价格就越高了。”

客户：“这里的商业气氛还不够，哪来的投资价值啊?”

售楼人员:“正因为现在商业气氛不够，您才要赶快买啊，否则等到边上几个项目竣工，那这个价钱就买不到了。要知道，投资就是为了买升值潜力!”

8. 询问法

询问法是指在客户提出异议后，先通过询问的方式，以把握客户的真正异议点，然后再化解客户的异议。

在销售人员的字典中，有一句非常珍贵、价值无穷的话，就是“为什么?”当销售人员问为什么的时候，客户必然会做出如下反应：第一，他必须回答自己提出反对意见的理由，说出自己内心的想法；第二，他必须再次检视提出的反对意见是否妥当。

此时，销售人员能听到客户真实的反对原因，就能有较多的时间去思考如何处理客户的反对意见。有时候，通过询问（对客户提出反问），销售人员还可以直接化解客户的反对意见。

案例

客户：“你们的户型结构好像并不怎么样。”

售楼人员：“那您觉得我们的户型结构在哪方面不好呢？”

客户：“你们的客厅太大了。”

售楼人员：“除了这个，还有别的吗？”

客户：“别的都还好啦。”

售楼人员：“客厅是一个家庭的公共活动区域，还是您会客的场所。难道您愿意在一个狭小的客厅里接待客人，或者让一家人挤在一起看电视吗？”

四 处理客户异议的六个实用技巧

销售人员处理客户异议有以下技巧：

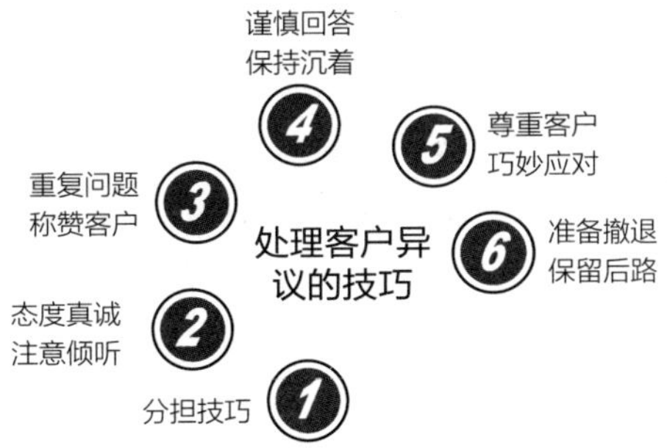

图 4－16　处理客户异议的技巧

1 分担技巧

分担技巧是指销售人员要学会站在客户的角度考虑问题，并给客户以恰当的表扬和鼓励。比如客户提出异议，可以回答：“您的意见很好”或“您的观察力非常敏锐”。

2 态度真诚，注意倾听

客户提出异议时，要注意认真倾听，辨别异议真伪，并发现客户的疑虑所在。对客户疑虑的不合理之处，不要马上予以反驳，可以进行正确的引导，使他渐渐接受正确的观点和建议。

3 重复问题，称赞客户

重述客户的意见，既显示出对客户的尊重，又可以明确所要讨论的问题。比如，对于客户提出的异议，可以这样进行重复：“如果我们没有理解错的话，您的意思是……”这种讨论方式有利于与客户进行下一步沟通，也便于客户接受销售人员的观点。此时要注意选择可称赞的地方，友善地给客户以鼓励。

4 谨慎回答，保持沉着

对客户要以诚相待，措辞恰当、和缓，说话要留余地，不能信口开河，随意给客户无法实现的承诺。

5 尊重客户，巧妙应对

无论什么时候，都不可轻视或忽略客户提出的异议，也不可赤裸予以反驳。特别是对客户知识上的匮乏和欠缺，不可直接指出，要避免伤害客户的自尊心。

6 准备撤退，保留后路

并非所有的异议都能得以解决，如果遇到实在无法解决的情况，应给自己留下后路，以待在以后能有新的合作。

五 五类常见的客户异议及处理办法

以下五种客户异议是销售人员经常要面对的。

1 价格异议

大多数销售人员都有过这样的体会：无论房子价格多少，总会有人说："太贵了！"这恐怕是每个销售人员经常听到的借口。有些时候，客户是因为没有购买能力而抱怨房子价格太贵，这时候就不要"勉为其难"。但更多的时候，客户说到"我买不起""我不想花那么多钱""××项目价格如何"等价格方面的异议，只不过是一个借口而已。因此，对于客户的这类异议，销售员要再次试探，了解客户需求的真相。

处理方法：

对于这类异议，如果不想降低价格的话，就必须向对方证明，房价是合理的，是产品价值的真实反映。如果项目比竞争对手的价格便宜，就可以拿竞争对手的价格做比较；也可以告诉客户："我们这个项目的价格是采用科学的方法制定的，要知道，这里是本市的一级土地，单其土地成本就要比其他地段贵好多，何况我们还有如此完善的配套设施……"

2 地段异议

地段论在房地产界占据着主流位置，也就是说很多人，包括专家、客户、销售人员，都认为地段是决定项目成功的关键。很多时候，处于同一条街道的不同位置的项目，南边的房子就好卖，北边的房子就不好卖。其实，这往往与人们对商圈或是城市规划的认知有关，比如"路南是市中区，路北就是天桥区了，天桥区条件差很多！"

处理方法：

地段论也有它的科学性，尤其是对于商业地产来说。对于地段异议，其解决办法应该是多讲解楼盘的卖点，告诉客户房子是多么适合他，然后讲路南也罢路北也罢，其实最重要的是客户能得到什么样的生活品质。此外，对于地段的劣势，可以从另外一个角度去挖掘它的优势，比如对于较为偏僻的项目来说，就可以从未来市政规划及巨大的升值潜力等角度去说明地段的价值。

3. 配套异议

无论是商业地产，还是住宅，配套的齐备与否都是非常重要的。在售楼的时候，客户对配套设施也十分关注，并很有可能提出这样那样的异议，比如“小区内部倒是不错，但是附近的商场啊什么的太少了”之类的异议。

处理方法：

对于配套方面的异议，销售人员应着重强调城市规划，描绘该片区的未来发展，给客户一个美好的梦想，最好能拿出相关报道或其他证明。

4. 氛围异议

择邻而居是很多客户购房的一个重要因素。很多楼盘经常打广告说“与音乐家为邻”“您想与 × × 住在一起吗？”之类的，其诉求点就是居住文化与居住氛围。在售楼时，客户通常会关注他们未来的邻居，尤其是邻居的素质和文化水平等。

处理方法：

针对这些异议，就要着力改变人们的传统观念，消除他们的恐惧心理。

5. 质量异议

房屋的品质好坏直接影响生活质量。楼盘质量是所有客户异议中最为常见的，比如对开发商的不信任，对建筑质量的不放心等。

处理方法：

应重点强调企业实力、以往业绩、操作的规范性以及一些新技术新材料的使用等。

第六节 如何同购房者谈判价格

价格谈判是谈判的一种。一个销售员熟练应对谈判之前要对“谈判”这个商务概念有深入的理解：首先，谈判说明是和对方要建立一种合作关系。谈判双方虽然是对立状态，但对立不意味着是敌人，销售人员要把客户当作朋友。其次，谈判的结果可能会使双方都感到满意，也可能使双方都感觉不满意；也可能是一方满意，而另一方不满意；在谈判过程中追求的并不是对手的失败，而是要找到一种令双方都满意的结果。最后，谈判的过程就是双方各有让步的过程。销售员自己做出让步的同时也会迫使对方做出让步。为了使谈判成功，谈判双方必须努力从不同的出发点出发，朝着双方都满意的结果前进。

价格谈判的一般模式

在房产销售过程中，由销售人员提出价格，这个价格是公司要求在销售过程中尽力实现的价格。一般情况下，销售人员会在价格上做适当让步，以利成交。但这种让步有一个底线，且客户并不知道，也不能够让客户知道。

客户站在自己的立场上会有一个最理想的出价，但他同样有一个封顶的价格，在必要的情况下，他的出价会在这两个价格之间波动。在原始价格、封顶价格及底价之间，存在着一些价格区域，当价格定位在这些区域时，谈判的双方会感到失望或满意。

二 价格谈判的恰当时机

尽管有的客户在到达售楼中心之前就知道房子的价格，但他们并不会按照价格表上的价格购买。因此，与客户价格谈判在所难免。

对楼盘一无所知的客户（这种客户有很多种，可能是被小区环境吸引来的，也可能是路过好奇进来的），无论销售人员报价有多大的折扣（不排除特例），他们还是会感觉贵（可能是支付能力确实有问题，还有可能是他们还没有真正了解楼盘）。

当客户根本就没有购买欲望，仅仅是想要了解相关的楼盘信息时，销售人员与他们谈话时则没必要那么快给出最低价。

真正的价格谈判应该在客户充分了解楼盘的情况之后才开始。

三 价格谈判的注意事项

价格谈判一般有以下注意事项：

图 4－17　价格谈判的注意事项

1. 避免挑起客户讨价还价的兴趣

在销售谈判的过程中需要避免出现的第一个问题，就是挑起客户讨价还价的兴趣。

如果销售人员以一种不自信的方式对客户报出价格，那么就会挑起客户进行讨价还价的兴趣，所以销售人员应该以一种自信的、底气十足的方式向客户报出价格，并使他感到这是物有所值。

2 避免价格让步太快

销售人员如果已经提出了一个价格，那么在客户没有明确表态之前，不应该主动变价，也就是说销售人员应该对此保持沉默。

案例

销售人员："这套三房两厅 A 户型的价格是 8600 元/平方米。"

客户：（沉默）

销售人员："当然，先生，可以优惠 1%。"

客户："你们价格太高了，如果能优惠 3% 我就能买。"

销售人员："我想可以给您争取 3% 的优惠。"

（客户在想什么，是现在马上就签约？不是。客户此时想的是：我真是太傻了，如果我说 5%，估计他也会答应。）

客户："才 3% 的折扣？就这么多了吗？"（客户现在已开始继续讨价还价，这仅仅是因为销售人员所报的价格降得太快了。）

销售人员："我想就这么多了。"

客户：（沉默）

客户："3% 的折扣，我感觉还是有点少。"

销售人员："只有这么多了。"（客户可能因此而放弃，转而买其他楼盘，因为他觉得还有让价的余地而销售人员却没有为他争取。）

3 不要以客户出价为基础进行价格谈判

最好是了解客户的大致意向后，自己先报出价位。不论客户出价在底价以上还是以下，都要马上拒绝，让客户感觉其价格的不合理性。这样做的目的，是为了争取主控权，让客户认为所标列的价格是合理的。要取得对方信任，不要让客户产生销售人员出价的时候有“心虚”之感。

拒绝客户的出价，要“信心十足”地立即回答。回答的语速要快，语句简洁明了。

四 价格谈判的十种方法

价格谈判一般可以采用以下方法：

图 4－18　价格谈判的方法

1 让价不如议价

一般客户开始提出申请优惠折扣，往往是出于本能的反应，并没有进入实质性的谈判。不要以为客户一提出索要优惠折扣，就是要购买，从而主动让价。让价太快会使客户误认为还有让价空间而不断压价。

让价不是促进成交的最好策略。在谈价格的过程中，与其给客户让价，不如多想办法与客户讨价还价，多强调楼盘的优点来淡化价格障碍。

2 成交才谈让价

在谈价之前，确定产品符合客户的需要，否则客户可能会利用产品的某些不利因素，提出更多的要求。如果客户还有其他要求，那么销售人员应当首先解决这些问题，只有当这一类问题都被解决了以后，才应该开始真正的价格谈话。

3. 适度坚持价格

不经过一番磨价，几次交锋，谈判刚开始就主动让价或很快就失去耐心，销售人员在谈判中肯定会失去主动权，被客户牵着鼻子走。即使可以把价格让到客户要求的心理价位，也要让他感觉到所争取到的每一个优惠都是来之不易的。而且在条件允许的情况下，让客户有一种“胜利”的感觉。客户对辛苦得来的胜利果实一般都倍加珍惜，这样就会顺利打开成交的大门。

4. 以优惠代替议价

商家促销常见的“买一送一”“买一送二”策略和售楼中的免管理费及送家电等方式，都是以一些小的让步应对客户较大的让利要求来保证商家的利润空间。

5. 强调物超所值

虽然已没有再多的优惠空间，满足不了客户更低的降价要求，但可以尽量强调物业的优点，以软化客户的态度，放弃要价。

6. “一次出价”探底价

“那您认为多少价钱合适呢?”这样的问题可以问出客户心目中的价格，达到先发制人的目的，占据谈判的主动权，从容地面对客户。大多数客户会给出一个自己所能承受的心理价位。如果超出底线，也要保持良好心态，但要坚决告诉客户：“这个价位绝对不行！没有商量的余地。”如果没有超出底线，可以说：“这个价格太低了，我可能无法保证申请下来，先生，但我可以试一下，如果不行那我也没办法了。这房子如果您觉得其他都满意，您可以先交订金，我帮您申请，申请不到订金退回。”

7. 遣将不如激将

如果客户提出的价格在底价之上，而且他又是感情冲动型的客户，不

第七节 如何向意向客户"逼定"[①] 成交

"逼定"是将产品介绍转化为实际买卖的关键步骤，是任何产品推销过程必不可少的步骤，也是衡量销售前期介绍服务优劣的标志。客户下定一般有以下四个原因：

第一，喜欢本案产品，而且产品合乎他的要求；第二，对销售人员产生依赖感、亲切感、好感；第三，认为产品价格合理（合理利润＋成本＋附加价值），甚至物超所值；第四，认为必须立即采取购买行动，否则会被他人捷足先登。

一 选择合适的"逼定"时机

"逼定"时机十分重要。太早，客户尚未产生足够兴趣，不为所动；太迟，客户热情已退，理智一占上风，就会延迟决定。一般来说，达到"逼定"的时机有几个条件：

1. 客户有购买冲动

前期把小区的总体情况介绍到位，列出客人真正适合（预算、面积、

① "逼定"是销售行业的一种固定说法，是指销售人员为了促使潜在消费者做出明确的购买决定而设计的一套征询方法、宣传方式和行动方案。"逼定"是解决问题过程中自然达到的高潮，是双向交流的一个重要组成部分。严格说来，"逼定"带有将意志强加于顾客的意味，是我们所不主张的，但为保证阅读的连贯性和行业惯例，本节沿用该说法。

图 4－19 “逼定”时机的实现条件

总价）、喜欢（楼层、朝向、景观、其他特殊需求）的户型，让客户产生兴趣和购买冲动。此时，购买的冲动一般可以体现在客人开始询问一些购买的细节以及后续的手续，如银行按揭、交房手续等。

2 赢得客户的信任

和客户建立良好的关系，赢得客户的信任。一般体现在客户会和销售人员聊一些与本案相关的其他一些事情，比如他看过哪些楼盘，对本案的喜欢程度和真正看法等。

案例

刘云是某房地产公司的销售代表，她在对一所房子报价时，总是加进一个空调的价钱。当顾客犹豫不决，并说要去别处看看时，她就会说：“等等，我要尽一切可能让您今天就买，我把这个空调送给您。”这种方法并不是任何时候都奏效，但很多顾客会因为一个免费的空调和刘云真诚的话而签单。

销售是一个人情练达的艺术。用白给的好处成交，这不仅满足了人们潜意识里都喜欢贪便宜的心理，也向对方显示了我们的诚意。同时，还会让对方觉得自己是被区别对待的，是“特别的”。出于投桃报李的心理，对方很有可能因为回报你一个人情而成交。

3 客户对所看的户型基本满意

客户对于所看的户型基本满意，主要问题就已经解决。

4 客户被现场销售气氛感染

现场销售气氛很好，恭喜声不断，带动在座的客户都会产生购买的冲动。

二 常见的三个“逼定”方法

很多客户对于交钱都有抗性，担心交了钱会被套牢。销售人员必须做好两方面的工作：第一，前期的铺垫，让客户从一开始就觉得下定是一件很正常的事情，有一个心理准备；第二，充分了解下定的程序和好处。以下是常见的“逼定”方法：

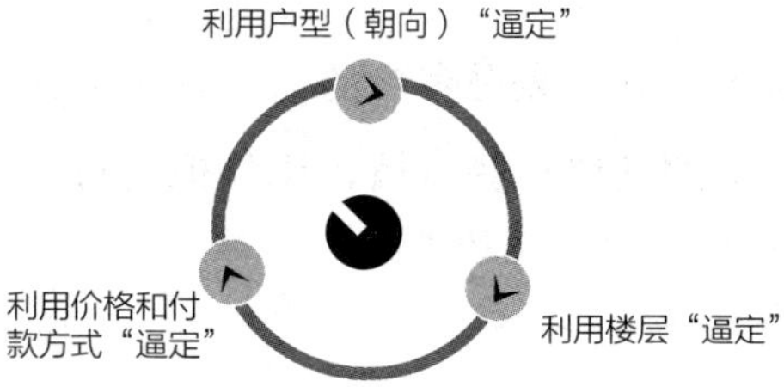

图 4－20 常见的“逼定”方法

1 利用户型（朝向）“逼定”

通过了解，知道客户喜欢中间楼层朝南三房，而从销售中知道该户型只有一户，这时就要告诉客户，可以为他把这户保留下来，并且给他一天的时间，回去再进一步考虑，决定是否真正购买，若不保留，有可能这户就没有了。

若现场有另外的客户也同时在看这户朝南的三房，销售人员更要立刻为客户做决定，先帮他把这户抢下来。

2 利用楼层“逼定”

客户喜欢高楼层A户，但A户高楼层只有17层，而10层以下的还有几户，这时就要再一次地向客户确认低楼层A户他是否考虑，若不考虑，则帮他保留高楼层A户。这样做的目的是给他一定的保障。

3 利用价格和付款方式“逼定”

客户对房子满意，对楼层也无太大抗性，但对价格或付款方式提出了自己的要求，销售人员不可能对价格和付款方式有所了解（这是现场操作的原则），这时可以用保留户型的方式去帮客户争取。

三 电话追踪“逼定”的注意事项

电话追踪就是利用电话，紧紧地盯住每一个客户，随时了解他们的动态，明晰情况，想出办法，把握时机，解决问题。

电话追踪要求因时、因人、因各种情况找到适时、适宜的方法，要把握好以下原则：

第一，打电话之前要根据不同情况精心组织说辞，全面考虑，不可随意，不然效果可能适得其反。

第二，电话追踪要求锲而不舍。不要指望每一个客户只需一个电话就可达到成交的目的，解决问题总是需要连续不断地运用各种方法，循序渐进地解决问题，用真诚的信念与热情打动客户。

第三，破除对方戒备心理。形成轻松愉快的谈话气氛是电话追踪成功的关键所在。销售顾问要把自己定位成参谋、专家、客户的朋友或学生、仰慕者，而非一个单纯的销售顾问，要明确告诉客户打电话给他是想和他交朋友。

1. 理解客户小定的原因

小定是当客户有了购买意向但还没有最终确定是否购买时交的承诺金，一般500元左右。销售人员承诺保留房号，如果将来确定购买，再交一笔一万或两万元的大定。

客户为什么要小定，弄明白其中的原因非常重要。面对不同的原因，销售人员必须采取不同的方法，进一步增加客户的购买欲望，排除他们的顾虑。以下是客户可能小定的几个原因。

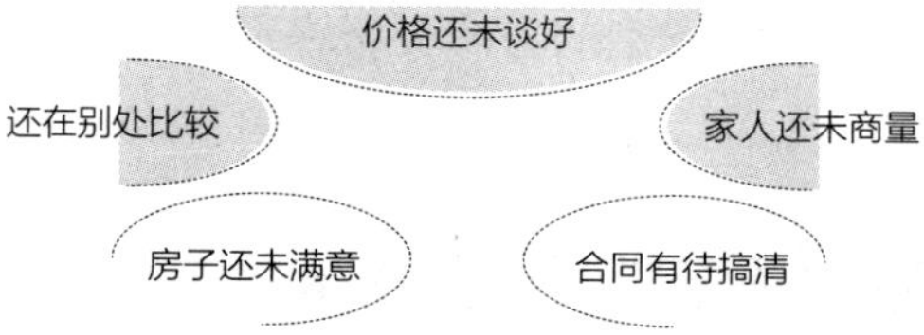

图4－21　客户小定的原因

（1）价格还未谈好

这是最常见的小定原因，期望价格下降，直至满意，所以不肯下大定。因为大定一般不能退，所以在此之前客户会反复要价。处理这一问题的方法是，给客户打两次以上的电话来解决客户的疑虑，在此，我们列举一些销售人员电话追踪时惯用的说辞。

表4－8　追踪电话的目的与内容

追踪电话	目的	内容
第一个电话	给对方一点希望，同时让客户了解，你很尽心很重视	告诉客户自己正想方设法帮忙，不过要找一个好一点的机会和经理好好谈一谈

续表

追踪电话	目的	内容
铺垫电话	已争取过了，但非常困难，除非有特别情况才会降价，以此抬高对方的心理价位。一定要再强调一下项目的种种优势和高成本，以及销售旺等情况	A. 通过向经理争取，得知最近还要涨价，客户定的这一类房子，涨价幅度最大，将对这一类房封盘，涨完价再卖。B. 向经理争取过，经理明确表示不可能，经过反复讲情和介绍客户的特殊情况，决定再试一试向总经理申请。C. 告诉客户一个坏消息，已经一房两定了，征求对方是否可以换房。D. 告诉客户只有改变付款方式，方可争取优惠。E. 为了客户，特意等到晚上与经理两个人单独谈了情况，经理告诉说本项目只有一个优惠，一个客户介绍了三个朋友买四套，首付50%才得到了比标准便宜一折的机会，实在很为难。F. 告诉客户本项目只有一层和顶层特殊房源可以优惠
最后一个电话	让客户带定金来现场达成销售	让客户带够需要补足的定金来现场，来后商谈可能会有一些机会，愿意帮客户尽力争取

销售人员的电话说辞，以诚实守信为首要原则。有些销售人员为了争取客户，对客户说了善意的谎言，但在实际销售过程中，我们不提倡这种做法，而是应该围绕客户所需房源的客观条件，以专业知识储备帮助客户分析，从而使客户主动、自愿地尽快下定。

（2）还未与家人商量

客户决定先采取小定方式为其保留房子，回家与家人商议再作决定。对策方法可以是：打电话告诉客户当他定房后，有一位与他购房情况相同的客户想买这套房，后来无奈定了户型相似但条件稍差的一套。

目的：借他人之口道出此套房非常适合他，另外让客户明白他的选择是正确的。然后打电话邀请客户及购房相关决定者前来看房，并要求对方带好定金。

（3）合同有待搞清

首先打电话说明预售合同有关事项，强调公司的标准化。然后问对方是否对合同还存在疑问，如果没有疑问，那么就带足定金来现场大定并同时签约。

（4）对房子还不够满意

首先打电话告诉客户，这套房目前比较紧俏，它确实比较完美，需求量较大，而且同类房源较少。然后，向客户强调本楼盘和这套房的优势，并告知对方十全十美的房子是没有的，而后再次强调小区整体优势。

（5）还在别处比较

打电话亲切慰问客户，并了解对方心思，通过聊天明确客户心目中的意向楼盘及其喜好程度，再从专业人士角度帮他分析各处利弊，另外告诉对方房子不等人，要及时把握。然后让对方带足定金来现场看一看，如果满意就定，否则退小定再卖给他人，因为已经有客户欲购买这套房。

2 小定前的电话追踪

客户小定前的电话追踪需注意以下三点：

（1）追踪目的单一

电话追踪要达到的最终目的是让客户再来现场达成销售，追踪的任务是了解客户不来的原因，并给对方一个必须再来的理由。活动促销是电话追踪可运用的手段，此外，还要对追踪客户做详细分析。

案例

客户情况：李先生夫妇来看过房，他是浦西一家著名酒店的经理，买房为了一步到位，已在某花园楼盘小定，想最后再比较比较。

追踪分析：酒店负责人往往注重身份与面子，定房后再比较，说明此次购房十分谨慎，也说明某花园还未令他完全满意。在多个区域看房，说明此客户不属于区域购房客户，只要是好房子都会考虑，地段概念不强，很可能属于投资、居住皆可型购房者。

追踪重点：对方是虚荣心较强的人，可以通过与对方聊身份地位与住宅的关系等话题，有意无意地吹捧一下对方；既然对方对此次购房十分谨慎，那么销售员可以站在客观的角度，以房地产专业人士的身份为对方参谋，告之住家购房和投资购房的注意事项，同时强调本案优势。由于客户对地段概念不强，所以需要在这一方面重点说明，强调地段对生活的影响。

（2）运用促销手段追踪

第一，因为强销，现卖价过低会影响总体销售利润，公司决定近期涨价；第二，有其他销售人员的客户与他同样喜欢一套房，因为房子好当然喜欢的人就多；第三，告知客户其第二选择已经被其他客户购买，第一选择有其他客户要小定。

（3）电话的一般铺垫语

第一，回答客户来现场时的一些问题；第二，接到同事的电话，认为是客户打来的，回电过去，客户回答没有打过，那么销售人员的回答是“对不起，搞错了，因为我这一天一直惦记着您”；第三，有关本项目的新消息要告知对方；第四，关心对方买房情况，提供建议。

3 小定后的电话追踪

第一，客户小定后，一定要先打一个促销电话告知对方他很有眼光而且幸运，在他之后，有几位客户对这套房有兴趣，但无奈被小定了。第二，小定后追踪，如果客户不来，告诉对方预定过期的房源一律在当天被经理卖掉。第三，小定后追踪，不要太迁就客户，要给对方制造紧迫感。第四，小定后追踪的主要目的是要使客户愿意带足定金前来补定或签约。

4 小定退定后的电话追踪

作为一个优秀的销售人员，客户永远是财富，任何时候都不应放弃，即使客户退了订金，或表示暂不考虑，作为客户的朋友、参谋，仍然要坚持不断地与他联系，不间断地了解对方购房情况，关心他的生活，告诉对方自己所销售的楼盘的目前状况，包括特别情况和发生的变化。追踪这一类客户要有耐性，不可急于一时，电话与电话之间的间隔时间要长一些，不可天天追打。

在房地产售楼处，为了使客户成交，售楼员使出百般攻心战术，接待措辞和技巧颇为讲究，对常见提问都备有应答方法，如有的准备项目问题百问、销售政策解答、各竞争楼盘基本情况解释、客户购买疑问解答等，以利于提高成交率。

案例

案例背景：此故事发生在2012年下旬后海××项目销售现场，那时市场相当惨淡，客户反复无常，回去后再来定房的概率很小，在销售经理“永远不要相信明天”原则的带领下，销售中心同仁使出浑身解数，坚持“今天的客户今天办”。

时间：2012年九月下旬下午三点钟。

场景：2012年下半年，销售情景惨淡，但销售中心气氛还不错，居然还有三组客户。

人物背景：客户A：后海老业主，自由职业者，喜欢炒股，对投资较有看法；在大冲有一套500平方米的统建楼，马上要拆迁，赔偿费用比较高，一套房子算下来大概能赔600万元；目前手上有50万元现金，剩余资金套在股票里面；对后海认同度高。

客户B、C：夫妇，先生为深圳某商会领导，妻子家为会计世家，家庭收入较好，资金充裕。但不喜风险投资，对自住房的要求比较高。

销售顾问A：“您好！欢迎参观××项目。”

客户A：“你好！我过来了解一下。”

销售顾问A：“先生是第一次过来吗？看您的袋子是刚看过旁边××的楼盘吧？”（销售顾问通过观察，试探性询问客户。）

客户A：“呵呵，对啊，昨天定了那边的，还没签合同呢！今天逛着玩，顺便过来看看你们的项目。”（客户表明了来访意图，为销售顾问下一步接待打下了基础。）

（销售顾问A先是一阵失望，但突然一想，心里窃喜：“也好！反正没签约，既然敢定房那说明实力没问题，是我们的准客户。好好介绍一下我们的产品，从各方面来说，肯定我们的是最好的啊……”）

销售顾问 A：“好的，我先给您简单介绍一下项目：本项目是××地产打造的后海湾新型豪宅，有高层、别墅等产品。请问您是打算投资还是自己住？”

客户 A：“打算投资，我在深圳有套统建楼，马上就拆迁了，有点钱，想买套房子投资，不是都说现在是时候抄底了吗，我也这么觉得。”

销售顾问 A：“先生的眼光很独到啊，您投资过其他房产吗？”

客户 A：“没有，我一般都是投资股票的，基本没有亏过，但是现在股票市场不是很景气，所以想投资点固定资产。”

（销售顾问 B 上场，走到销售顾问 A 身边。）

销售顾问 B：“31 楼 6 号房刚刚定了，不要推荐了。”

（销售顾问 A 点头。）

销售顾问 A：“如果投资的话，我给您推荐这个户型，这是我们最近推出的特价房，总价才 34 万元，非常划算，很适合投资。”

（销售顾问 B 上场，走到销售顾问 A 身边。）

销售顾问 B：“33 楼 7 号房刚刚定了，不要推荐了。”

客户 A：“这么快？你们卖得不错啊？”

销售顾问 A：“是啊，因为我们的优惠在下个星期一就要取消了，所以很多客户都赶在这两天买房，其中很多就是我们企业的老业主。”

客户 A：“哦，你刚说的 34 万元是优惠价格吗？”

销售顾问 A：“不是，优惠过后 33 万元都不到，您要抓紧机会哦！我有个关系很好的客户，就是因为回去考虑了几天，来的时候房子没买到，现在对我意见很大，还在生我气呢。所以机会难得，再加上北部新区的未来发展您可能比我还清楚，所以您一定要抓住机会啊！”

客户 A：“但是我现在手里没有太多现钱，我又不想按揭，这样吧，我回去考虑一下尽快给你回复。”

（客户A拿了一份资料就回去了。此时，在客户心中已经留下了该项目房源紧俏的印象。第二天一早，他再次来到售房部，但是身边多了一对夫妇……）

客户A："你好，我带了我朋友过来帮我参考一下。"

销售顾问A："你们好，我先给两位介绍一下。"

（销售顾问A引导几位到沙盘旁，准备为夫妇进行项目介绍……）

客户B："你们这个价格太贵了，还能赚钱吗？自住又没有环境。"

客户C："就是，哎呀，这个售场太冷了，要不回去再考虑一下嘛！"（作势要走。）

销售顾问A："不好意思，售场空调开得有点大，这样吧，我们到外面的休闲椅上坐下谈。"

（引导去休闲椅的路上，置业顾问A拉住客户A……）

销售顾问A："先生，我看您朋友也是有经济实力的，您玩股票这么久，对投资那么有眼光，在您的朋友圈里都是有名的，如果您跟您朋友说说，到时候你们买两套，我还能帮您申请个团购的折扣。"

（客户A想了想，点点头表示认可。）

（这时，销售顾问A已经看出客户A是比较想买的，与其现在再靠他朋友给他增添信心，倒不如反其道而行之，让他说服他朋友……）

（众人在休闲椅上坐下了……）

客户A："我对这个项目了解很久了，以后这个区域发展会非常好，而且我现在住在××小区，他们的物管确实没得说，非常好，买他们的物业没有不升值的，之前我7000多买元的××楼盘，现在都涨到20000元了，所以我一想投资房地产，第一个就到这里了。你不是最近也在找投资的东西吗，股票这个东西现在不能碰，买房子是最保险的，要不然我们哥俩一人买一套？"

（经过客户A的一番劝说，客户B也对项目有了很高的购买意向。这样，通过旁敲侧击，销售顾问A轻松地搞定了两个购买客户。）

第八节 如何做客户满意度调查

尽管销售团队不能直接管理企业的客服部门及与品牌有关的其他部门，但销售团队必须主导和监督与楼盘销售有关的客户管理体系，关注客户满意度。尽管每个企业都会去做客户服务，但国内却少有人真正关心“客户满意度”这个指标。

一 客户满意度调查对房地产销售的影响

以万科为例，客户满意度调查可以用来衡量万科集团及下属各个一线公司和各个专业端口，包括工程、销售、客服、物业管理的工作表现。调查之后的结果应用于总结公司优秀的管理方法和有待完善的地方。

万科一贯坚持：“我们不怕客户投诉，我们最不愿意看到的是沉默的、不投诉的客户，因为有些客户不满意也不说，说明他们真的是记在了心里，以后再也不来选择你。对不满意即来投诉而我们又解决好的客户，他们会更满意、更忠诚。”万科还为此提供了很多数据：客户满意度研究中，没有出现质量问题的业主满意度和忠诚度分别是91%和64%；对质量问题处理不满意的业主，其满意度和忠诚度分别是77%和46%；而出现了质量问题，对质量问题处理满意的业主，满意度和忠诚度反而高达93%和69%。

也就是说，有问题并不可怕，只要企业不消极回避，能做好有效的事后补救，是可以提高客户满意度和忠诚度的。这就是同地段的房子，万科卖得比别人贵却仍会受到客户追捧的原因之一。

对于房地产销售来说，客户满意度调查一般有以下三个作用：

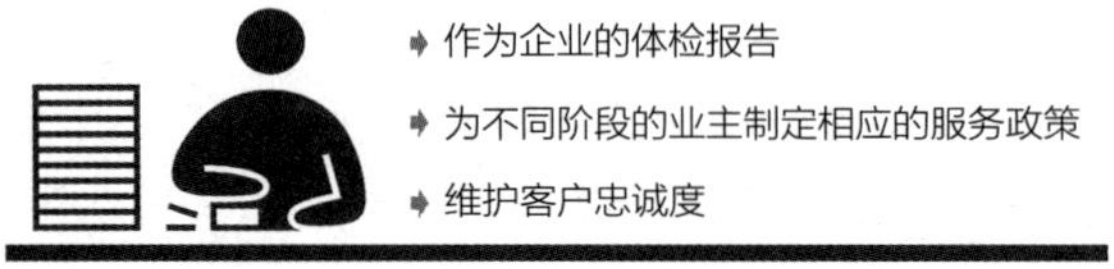

图 4－22　客户满意度调查对房地产销售的作用

1. 作为企业的体检报告

房地产行业有“设计、工程、营销、物业管理”四大专业，万科 2004 年就提出了“第五专业”的说法，即指“客户关系管理”，可见对其重视程度。万科的客户观中明确提出诸如“客户是最稀缺的资源，是万科存在的全部理由”“尊重客户，理解客户，持续提供超越客户期望的产品和服务”“衡量我们成功与否的最重要标准，是客户满意的程度”等内容。

在大型房地产企业内部，客户服务部门除了处理楼盘与企业的投诉外，还肩负着客户满意度调查、员工满意度调查、各种开盘风险评估、交付风险评估、客户回访、投诉信息收集等工作。

万科聘请国际知名调查公司盖洛普，每年进行全方位的客户满意度调查，是国内第一家聘请第三方机构的房地产企业。客户满意度调查报告为万科完善自己的产品和服务提供了非常翔实的数据基础。这不是一个抽象而庞大的数字概念，它甚至被称为万科的“体检报告”。

2. 为不同阶段的业主制定相应的服务政策

客户满意度调查可以发现不同阶段企业的关注重点的变化：对准业主侧重于销售；对处在磨合期的业主注重规划设计在产品中的实现，包括质量好不好及客户服务如何，开发商对投诉的响应速度如何；对已经入住几年的老客户，强调居住的持续性体验，以及物业管理是否持续为其服务。这些具体的结果能让企业很好地针对不同阶段的业主需求点制定相应的服务政策。

3 维护客户忠诚度

维护客户忠诚度应该通过满足每一个客户的需求以及生活状态的提升来实现客户对品牌的忠诚。大部分房地产公司都有自己的客户忠诚计划，会员俱乐部是客户忠诚计划的主要实现方式之一。但是，无论是平日的客户关系工作，还是举办的各种“会”，都是开发企业作为控制方，通过大量的策划和准备工作，围绕客户举办活动、不定期进行沟通，为客户所做的工作不过都是企业按自己的设想或根据客户调查而组织举办的，并不由客户自主控制。

客户忠诚度概念也是被万科率先引入的，作为衡量本企业客户忠诚度的标准。这个标准是：第一，你对购房总体上是否满意；第二，如果再购买房产，是否会购买万科的房子；第三，如果推荐朋友购买，会不会推荐万科的房子。这三个问题全部回答“是”，才是忠诚的客户，这个标准相当严格。在万科，客户忠诚度下降的一线公司会遭到总部通报批评。这个管理策略使万科上下没有一个人敢忽视客户满意度和客户忠诚度问题。

而对于其他企业来说，做客户忠诚度分析，更多是为采集和分析客户消费数据而非提高服务水准。比如，围绕企业的某一个或某一些楼盘和服务来定位客户并简单分群，通过组织客户活动来增加积分，激励客户的认购行为，通过客户调查表让客户提出他们的需求，这些措施的最终目的是提高一部分客户群的消费额，让客户不断地消费。虽然企业实现了这一目的，但是并不能赢得客户的忠诚。

二 客户满意度调查的方法

管理就是要细化、量化。任何无法量化的管理都是粗放的，无量化即无从考核，无考核即无从奖励和惩罚，无奖惩即无从改进。很多企业并没有具体的指标来明确顾客满意度究竟是多少，本年度的客户服务工作成效如何。对此我们依然可以参考万科的做法，万科的客户满意度调查被称为企业年度“体检报告”，可得出每个分公司、每个部门、每个领导、每个员工详细的客户满意度指标，公司上下所有人的奖惩都与此体检报告挂钩。

尽管不可能所有公司都要参照万科的专业做法，但是万科对客户满意度的重视程度和管理理念仍然值得学习。以下是客户满意度调查的基本方法：

图 4－23　客户满意度调查的基本方法

1. 借助调研公司进行调查

借助本土的调研公司，做一些基本的调查访问。

2. 以微服的形式私访

用“微服私访”的方法调研客户满意度。微服私访的人既可以出自调研公司，也可以是企业领导，还可以是客户以及客户推荐的亲朋好友。方式就是装作要购房的顾客感受公司的服务。这种方法相对准确、客观，也具有样本意义，能从一个角度真实地反映公司员工的状态，对员工工作具有监督和提醒作用。

3. 通过投诉工具获取

很多公司都有官方微博、微信、QQ、客服电话以及领导邮箱等接受客户抱怨和投诉的工具。这类工具很容易设置，但是也最容易流于形式。做销售或者营销的房地产高管应该重视各类投诉工具反馈的信息，这是接触基层一线的重要渠道，比销售报告要准确得多。

另外，接到投诉问题要进行分类整理，比如质量问题类、价格问题类、营销合同类、计量问题类、假冒问题类、安全问题类、广告问题类、虚假品质问题类等。

三 提升客户满意度的关键

我们分析消费者心理会发现，在购买前的服务最难产生满意度。因为购买前客户对产品和服务的期望值和要求最高，企业给出的任何承诺都会被认为理所应当。

客户完成购买后期望值会骤然下降，所以在客户购房以后下功夫最容易提升客户满意度。

客户满意度的产生来自两个基本要素：客户期望值与客户体验。“客户满意”只有一个条件，即给客户带来的体验超出了客户的期望值。所以，想让客户满意，必须首先知道客户的期望是什么。而超出客户期望就是在满足客户基本期望且不大幅增加成本的同时，尽可能地为客户提供更多的服务，并且让客户感受到。比如，客户买房时的期望不外乎三种，一要房子质量好，二要客户服务好，三要价格公道。再比如，客户入住之际或者入住后，送礼包、送家庭日用品等都是提高客户满意度的办法。

1. 承诺推后交房时间

按计划是五月交房，你却承诺客户八月交房。一方面客户不会对这三两个月时间太敏感，另一方面又为工期预留了充裕的时间，免除了因突发原因延迟交楼产生索赔的经济风险。如果一切顺利，提前交楼，客户还会

图 4－24　提升客户满意度的关键

有惊喜。当然这里要注意一点，没经验的开发商往往喜欢提前交楼以取悦购房者，但这样做很容易让客户产生楼盘质量是否过关、是否为了赶工期粗制滥造或者偷工减料等疑虑。

2 举办抽奖送礼品活动，减少工作阻力

客户收楼时最适合举办抽奖活动，因为，收楼是一件大事，特别是对于第一次买房的人或者第一次买高档楼盘的人来说，这是他们人生中一个里程碑事件。此时举办抽奖和参与竞赛等活动，一是可以增加喜庆气氛，二是能将客户注意力有效转移，冲淡客户收楼中的不满意因素，减少工作阻力。在这方面，万科、龙湖等品牌企业从 2007 年就开始在客户购房时公示项目本身及周边的不利因素，诸如垃圾站、机房、变电站、加油站等信息，降低客户后期投诉的概率，赢得了客户好感，增加了客户满意度。

3 知名度靠广告，满意度靠真心

知名度可以借助广告轰炸而来，满意度却是用心才能做出来。有实力投几十万资金做整版广告，或者愿意花重金制作精美的楼书和广告片的开发商，应该也要在改善客户关系上花一点心思。知名度高，只能短期内促使产品销售，但服务没做好，企业口碑太差将会给企业长期发展带来阻碍。

第九节 如何应对客户投诉

在楼盘的销售系统里，服务最能创造价值，它是每一个销售团队必须重视的环节。

客户服务工作有一个重要价值是捕捉客户需求和反映市场的问题。客户投诉应该被企业视为稀缺资源，这是企业对产品以及服务进行改进的动力和源泉。良好的客户服务体系，不仅能让事态得到有效控制，更能查缺补漏，持续改进企业的管理流程、方法。

一 了解客户的投诉目的

面对客户投诉，先要搞清楚这样几件事：他们到底要的是什么，争吵？占便宜？刁难你？解决问题？设身处地地想想，同样作为一个消费者，当你遇到不满意的事情时，你会怎么处理。

客户选择投诉，无非有以下几个目的：

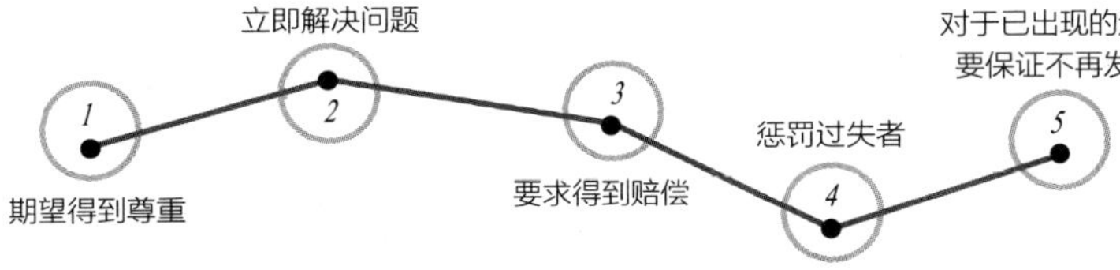

图 4－25　客户投诉的目的

1. 期望得到尊重

客户产生投诉，说明他在内心首先认定你存在错误，本来客户就不满意，如果到你这里投诉还不能得到重视，他的心情可想而知。也许这个事情在你看来是一件很小的事情，但是在客户看来就一定不是小事情，否则他也就没必要来投诉了。所以，尊重客户是第一位的。

2. 立即解决问题

态度只是一个立场，并不能解决实际问题，客户投诉就是希望你马上解决问题。如果解决投诉问题的人只是摆出一副好听众、有礼貌、道个歉就可以了事的样子，反而会有推诿嫌疑，更容易激怒客户。

3. 要求获得赔偿

消费者会因为向自己提供产品与服务的企业让自己受到伤害或干扰了自己的生活以及耽误了自己的事情或时间而要求索赔。这种想法是人之常情，不要第一时间认为客户提出这样的要求是无理取闹，这会影响你处理问题的心态。当然，对于客户提出的赔偿，企业也要建立一个详细且可执行的赔付标准，以便让处理这些问题的员工能有清晰的尺度可以把握。

4. 惩罚过失者

对于一些让客户生气至极的问题，他们会提出让过失当事人接受惩罚的要求，这个要求也属正常。从公司的角度来看，如果确实是当事人的过失，而且属于故意违反公司规定，公司要依据管理制度做出适当处罚，必要时候可以提交公安部门处理。

5. 对于已出现的过失要保证不再发生

对于企业服务上的失误，切忌一而再、再而三地出现。在处理完投诉事件后要告诉客户，这类事情保证以后不再发生，同时也要告诫员工或者随之出台类似的管理规定。

二 订立处理投诉程序

销售人员处理客户投诉，一般可以遵循以下基本程序：

图 4－26　处理投诉的基本程序

1. 营造建设性的谈话氛围

建设性谈话氛围是良好沟通的前提和解决问题的基础。面对投诉，可以借助聊天等形式表达亲近，与客户拉近距离，或者暂时开启其他话题，第一时间给客户友善的印象。良好的第一印象是沟通成功的关键，能安抚客户情绪，后面的努力都会事半功倍。避免东拉西扯，让客户觉得你没有诚意。

2. 认真听取客户诉求

聆听是基本的也是最重要的沟通技巧，客户的不满首先需要有一个渠道去发泄，你能把客户的投诉听完，已经解决了问题的一半（很多公司找女性做客户服务的原因之一是女性的耐性好过男性）。

为了表示倾听诚意，有必要找一个单独的房间，拿着笔和纸做适当记录，以示重视。在这种情况下，客户讲话也会比较客观，情绪也不会难以控制。

3 引起共鸣，平息不满

引起共鸣是通过移情的方式消除客户的不满，加深客户的信任度。至于如何能引起共鸣，可参阅相关的书籍或资料。

4 降低不合理的期望值

这是最关键的环节。所有客户投诉的问题中最难处理的就是客户有不切实际的要求或想法，所以，不降低客户的期望值就难以解决问题。降低客户期望值也要逐步进行，不可能一蹴而就，通常一个问题的解决是双方多次磨合的结果。

5 提出可选择的解决方案

经过和投诉方的多次接洽，公司需要提出一个很具体也接近客户期望的解决方案，但同时要告知客户这是公司经过慎重考虑而决定的方案，自己没有机会更改，第一时间消灭客户认为公司在“挤牙膏”的想法。这样做的前提一是要对这个解决方案心里有底，二是要能预判客户接受的可能性。

为了保险起见，最好同时准备几种方案供客户选择，这些方案的成本要相差不多，变换形式的目的是显示公司诚意，也是给客户多一种选择，还能让客服人员给自己留一点余地。

6 制订执行计划

与客户达成共识后，应该尽快制订执行计划，一是为了给客户严谨的感觉，二是趁热打铁，避免在细节问题上节外生枝。执行计划是一个时间表，其中涉及时间、地点、措施、标准、执行人、责任人等事项，需客户签字认可，这样客户会更加放心。

三、确定投诉处理策略

在处理客户投诉过程中，有以下六种策略：

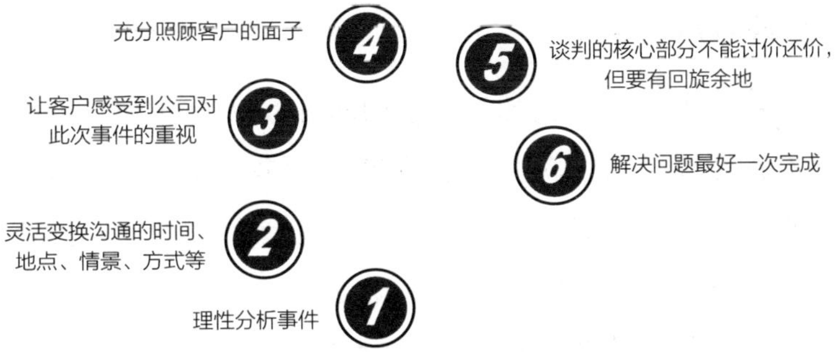

图 4－27　处理客户投诉的策略

1. 理性分析事件

要从客户的角度出发考虑问题，但这并不意味着一味地迁就投诉客户，毕竟此时是对立的关系。解决问题的客服是代表开发商在处理问题，但也并不意味着要极力地维护开发商利益，只有站在中间的立场来处理和看待问题，才能最终兼顾双方利益，圆满地解决问题。

2. 灵活变换沟通的时间、地点、情景、方式等

工作人员处理投诉要头脑灵活，不拘泥于固定模式，不要认为只有登上谈判桌才能解决问题。另外，要有责任感，积极开动脑筋，尽量把各种结果和可能出现的问题都能全面预料到。要模拟问题的解决过程，多变换场景，在变换中找到解决问题的“钥匙”。

3. 让客户感受到公司对此次事件的重视

任何客户都希望自己被足够重视，这是基本的心理需求，所以一定要

让客户感觉到公司领导对此次事件的高度重视。如果客户提出要见公司领导，应尽量满足。或者公司不同级别的领导均过问此事，让客户相信该方案一定是最好的解决方案，因为一般人总会认为领导级别越高权限越大，越有可能争取到更多的利益。

4 充分照顾客户的面子

客户的面子很重要，尤其是讲面子的中国人。比如，很多客户在购买商品时都会要求给点优惠或者礼品，很多时候并不是客户真的那么在乎一点优惠或者礼品，更多的是占小便宜的心理。一旦他提出要求了，如果你没有满足他的要求，他就心里很不舒服，觉得不给面子，甚至有可能因此放弃购买。这样的事情经常发生。所以，在不增加成本的情况下，要充分给足客户面子，比如上门服务、领导亲自出面、给予他人没有的额外优惠等。

5 谈判的核心部分不能讨价还价，但要有回旋余地

销售人员一旦开出价码，就不能随便更改，否则会给客户一种很随意的感觉。所以，核心部分一定不能讨价还价。

但是，也一定要“留一手”，任何事情都是商量出来的，都要各让一步，不能让客户对开出的条件只能无条件接受。所以，一定要有回旋余地，在拉锯战中小退一步也许就能达成协议。

6 一次性解决问题

每个人都害怕事情没完没了，所以双方一定要一次性解决问题，不要因为同一个问题一再纠缠。作为开发商也一定不要抱有侥幸心理，为省一点钱而留下后患，也许一次性解决问题花费会大一点，但可以免除后顾之忧。

四 把握处理特殊投诉客户的技巧

凡是人都有缺点，客户当然不例外。当涉及重大经济利益时，人们的缺点会被放大。缺点也是相对的，它多半由人们的性格决定。在开发商所面临的投诉客户中，总有一些人的思维方式、言行举止与众不同，甚至有悖常理。处理这类人的投诉不能按常规策略，不掌握技巧就会让事情变得很糟糕。作为一个销售员，你需要把可能会遇到的投诉客户类别划分清楚，并掌握一些有针对性的处理原则和方法，才能大事化小、小事化了。

图 4 – 28　五种类型的投诉客户

1 彬彬有礼型

彬彬有礼型的投诉客户非常注重自身形象，很看重自己留给外界的印象，他们更愿意表示友好，以博得他人的好感。但并不是说遇到这类客户就非常容易解决问题，彬彬有礼可能是他们更自信、善于维护权利的体现，其期望值很难被降低，属于比较难对付的人。这类客户在行动上博得客服的好感多半也是为了实现自己的期望。处理他们的投诉，往往费心费力，耗时较长。从沟通技巧上说，对待这类客户，始终坚持正面谈的效果并不好，更需要销售人员保持耐心、另辟蹊径。

2 盛气凌人型

人之所以会盛气凌人往往是因为其很少把别人放在眼里，他们没有平等意识，可能还会认为为其服务的人是“下人”。因为比较强调身份，投诉时喜欢要求与最高管理人员面谈。对盛气凌人的客户最重要的应对法则是给足他面子，安排专人跟踪他们的问题，非常有策略地拒绝其无理要求。要主动服务，沟通技巧是重在增加相互间的信任感，逐渐降低他们的期望值，待条件成熟时，商谈解决问题的方案。

3 口若悬河型

口若悬河型投诉客户的特点是旁若无人，表达能力强，逻辑性也不差，其他人很难插得上嘴。他们的心理特征多半是倾诉，宣泄不满与烦恼，常以自我为中心，不顾及他人的感受，极容易引起客服人员的厌烦。但是客服人员的厌烦，最容易激怒这类客户，使其备感羞辱。这类客户一般非常随性，解决问题事先并不预约，随时找上门来，把你的工作计划全部打乱。所以，接待这类客户，耐心是必需的。客户服务人员要以最大的耐心倾听并表示理解，最好是主动出击、上门商谈。应该掌握主动：主动地约客户，主动地登门，主动地与客户商讨问题，否则你的工作计划会被搞得乱七八糟。

4 自以为是型

这类客户的特点是只讲自己的道理，一点也不听别人的道理，自以为是，性情急躁，易怒，没有耐心去了解出现问题的原因，性格比较固执，认识问题有点偏执，控制不住自己的情绪，甚至做出过激的行为。再加上利益驱使，他们会成为最难谈话和沟通的对象。

遇到这类客户，客服人员最好是调整谈话对象，找客户的亲属、朋友谈，争取找出可能对他们有影响的人商讨解决问题的方案。应对策略是可以先让他们发泄，耐心地讲解公司相关政策。在控制不住局面的情况下，最好请第三方介入进行调解。

5 哭闹型

这类投诉客户不会讲出太多道理，他们善用哭闹手段解决纠纷。哭闹是争取注意与同情的沟通手段，哭泣是为博得同情，他们可能有一定的困难，但又心存获得更大利益的幻想。对这类客户，客户服务人员要讲出不能满足他们要求的原因，可以采取的办法有两种：第一，不断地表示理解，同时慢慢解释有关规定，降低他们的期望值；第二，通过提供私人帮助的方式，建立个人之间的关系，说服客户。对这类客户，员工以个人身份出现，比以公司职员身份出现的效果要好。

附　录

销售工具箱

工具箱 1 高效能销售管理流程

01 销售前准备流程

负责人/操作人/协作人	流程图	→输出文件或表单 ←支持文件或表单
销售经理/销售代表	销前准备开始	
销售经理/销售代表	市场调研	→《市调报告》
销售部 /企划部/市场部等	销讲 → 合同条款 建筑知识 法规知识 客户资料征询 物品准备	←《合同》《产品、企划重点》《客户资料征询表》《案场设备配置表》《营销简报》《答客问》《案场管理守则》
销售经理/销售代表	演练	
销售部/销售经理	广告宣讲	
销售经理/销售代表	制作合同 楼盘开盘结束	合同所需资料及物品

注：1. 销售前准备必须在开盘前两天完成。

2. 案场物品由销售部负责采购申请，案场经理负责保管和维护。

02 案场销售流程

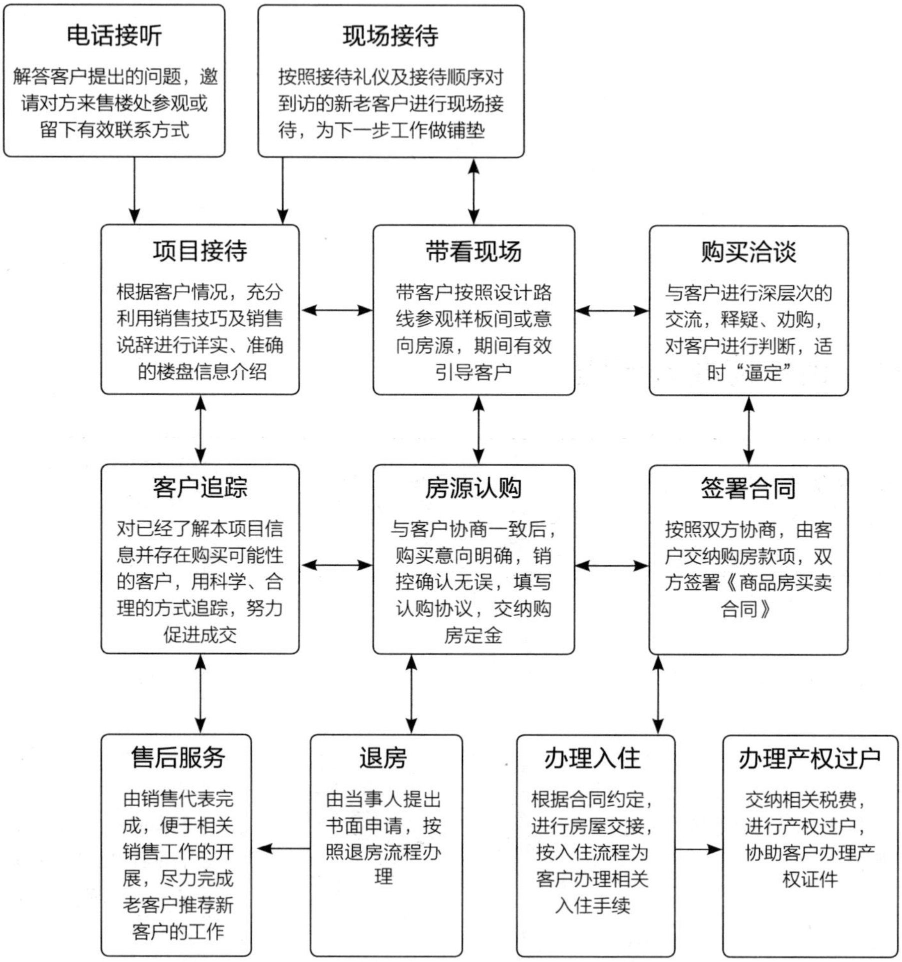
电话接听
解答客户提出的问题，邀请对方来售楼处参观或留下有效联系方式
现场接待
按照接待礼仪及接待顺序对到访的新老客户进行现场接待，为下一步工作做铺垫
项目接待
根据客户情况，充分利用销售技巧及销售说辞进行详实、准确的楼盘信息介绍
带看现场
带客户按照设计路线参观样板间或意向房源，期间有效引导客户
购买洽谈
与客户进行深层次的交流，释疑、劝购，对客户进行判断，适时“逼定”
客户追踪
对已经了解本项目信息并存在购买可能性的客户，用科学、合理的方式追踪，努力促进成交
房源认购
与客户协商一致后，购买意向明确，销控确认无误，填写认购协议，交纳购房定金
签署合同
按照双方协商，由客户交纳购房款项，双方签署《商品房买卖合同》
售后服务
由销售代表完成，便于相关销售工作的开展，尽力完成老客户推荐新客户的工作
退房
由当事人提出书面申请，按照退房流程办理
办理入住
根据合同约定，进行房屋交接，按入住流程为客户办理相关入住手续
办理产权过户
交纳相关税费，进行产权过户，协助客户办理产权证件

03 电话接听流程

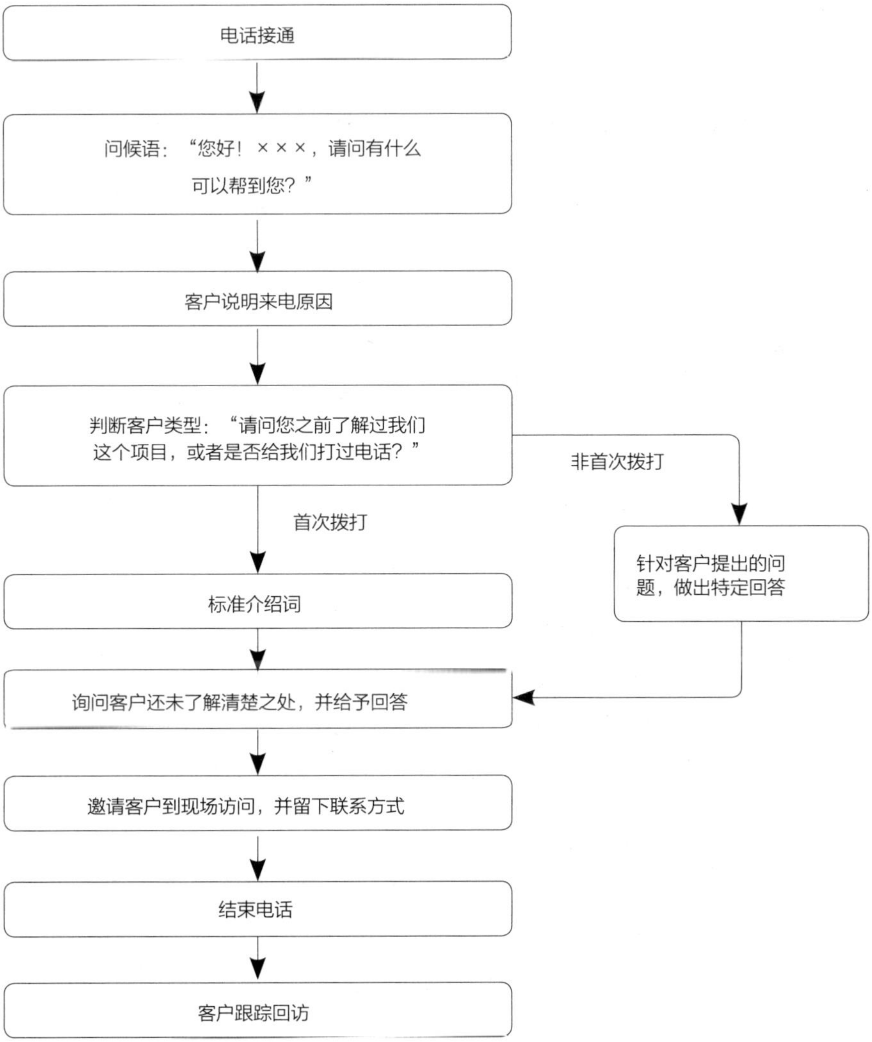
电话接通
问候语：“您好！×××，请问有什么可以帮到您？”
客户说明来电原因
判断客户类型：“请问您之前了解过我们这个项目，或者是否给我们打过电话？”
非首次拨打
针对客户提出的问题，做出特定回答
首次拨打
标准介绍词
询问客户还未了解清楚之处，并给予回答
邀请客户到现场访问，并留下联系方式
结束电话
客户跟踪回访

04 现场接待流程

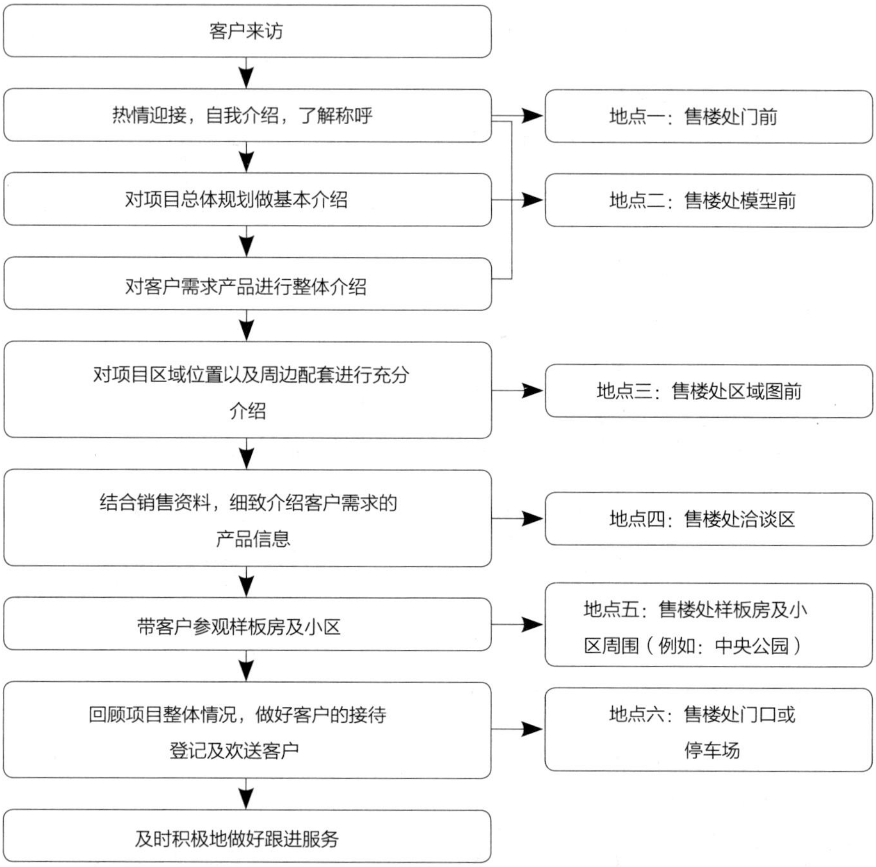
客户来访
热情迎接，自我介绍，了解称呼
对项目总体规划做基本介绍
对客户需求产品进行整体介绍
地点一：售楼处门前
地点二：售楼处模型前
对项目区域位置以及周边配套进行充分介绍
地点三：售楼处区域图前
结合销售资料，细致介绍客户需求的产品信息
地点四：售楼处洽谈区
带客户参观样板房及小区
地点五：售楼处样板房及小区周围（例如：中央公园）
回顾项目整体情况，做好客户的接待登记及欢送客户
地点六：售楼处门口或停车场
及时积极地做好跟进服务

05　公开销售抽签认购流程

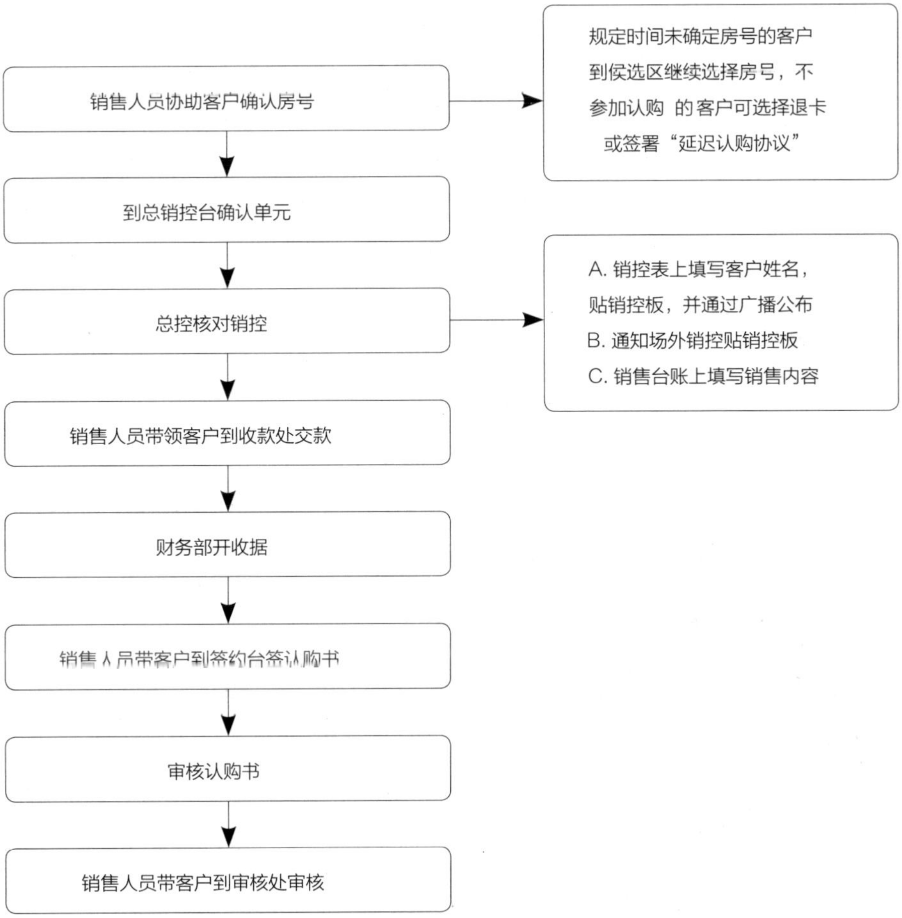

06 开具《认购书》流程

负责人/操作人/协作人	流程图	相关文件或表单
销售经理/置业顾问	认购开始	
	↓ 客户选中房源	
销售经理/置业顾问	↓ 打印认购单，解释《签约须知》	←一式三联《认购书》
	↓ 客户签字确认	←《认购书》《签约须知》
客服助理	↓ 开具解款单	→留存《签约须知》，一式二联《解款通知单》
收银处/出纳	↓ 付款、盖章 ↓ 信息输入电脑	→定金收据交客户，《认购书》加盖收讫章并留存。
销售经理/置业顾问	↓ 单据确认	→客户留存《签约须知》以及《认购书》客户联和《定金收据》
	↓ 送客	

注：1. 置业顾问必须全程陪同。

2.《认购书》一联交客户，一联交公司，一联交开发商，三联必须同时盖章确认。

3.《解款通知单》一联留客服助理，一联留收银处，每天销售结束，案场经理必须凭客服助理处解款联与收银处对账，做到日日平账。

4. 客服助理将当天的《签约须知》汇总交签约助理归档。

07 签署《商品房买卖合同》管理流程

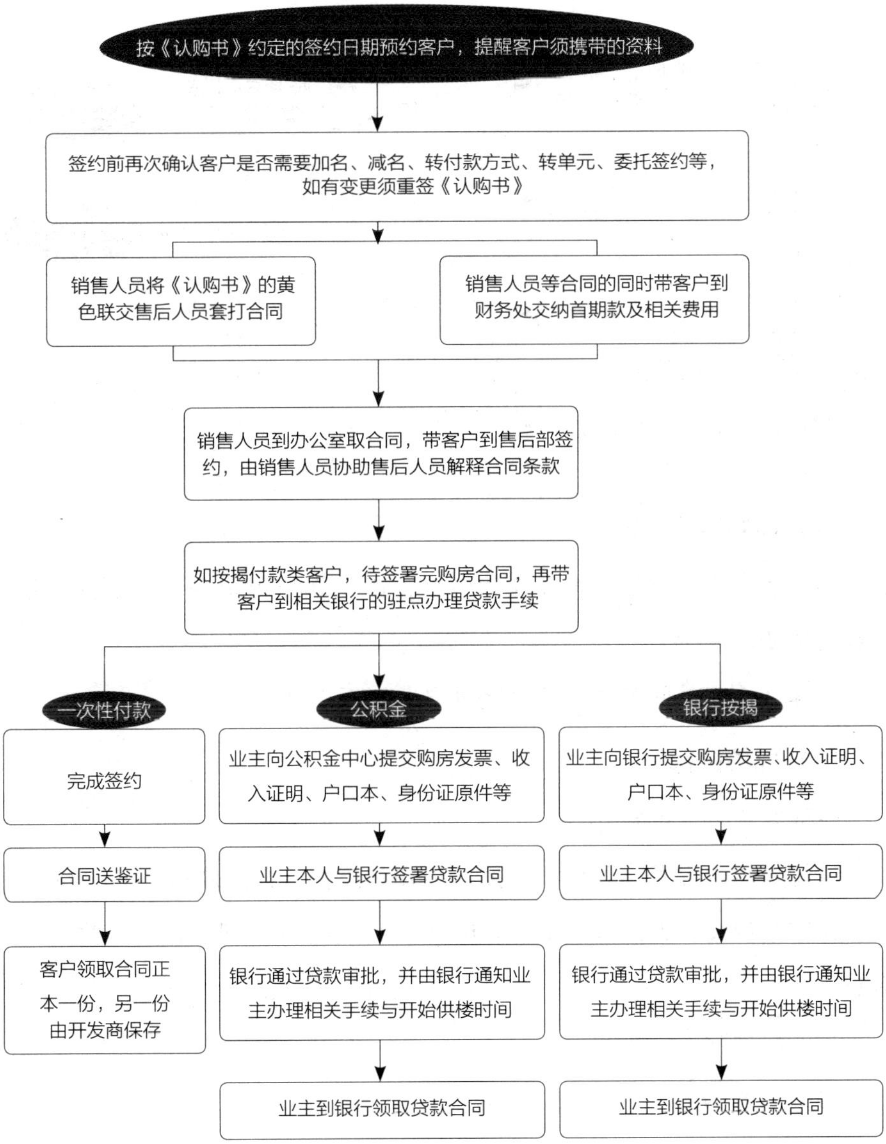

08 签约操作流程

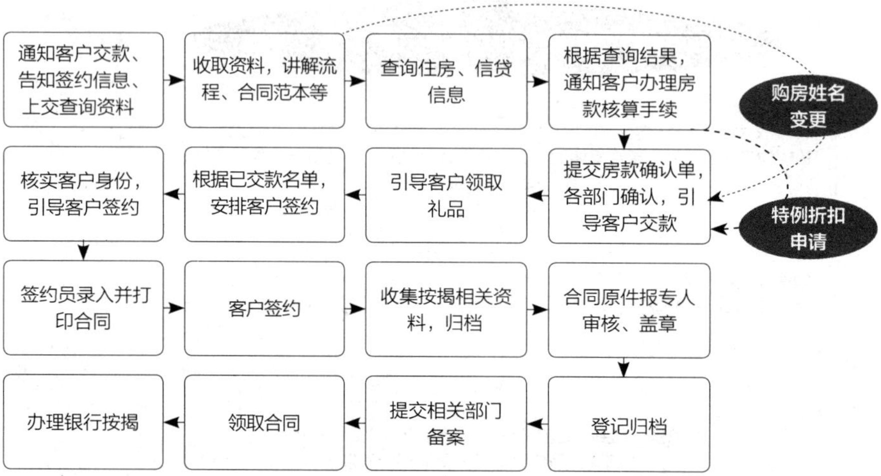

（1）通知客户签约

电话通知客户交款、告知签约信息，邀约客户提报资料、洽谈、初步核算房款费用；

告知客户为其服务的置业顾问姓名、联系电话。

（2）现场接待

收取客户查询资料并登记；

讲解签约流程及相关事项、按揭须知及流程、合同范本等；

告知客户交款方式：刷卡、转账、现金缴纳（原则上建议客户首选刷卡）；

与客户预约交款时间。

（3）资料查询

办事专员根据销售部提供的客户资料上交相关政府部门查询其住房、信贷等信息；

办事专员需在收到客户资料后及时办理并反馈查询结果；

实时跟进查询办理情况，把查询证明交予销售部。

（4）签约沟通

置业顾问根据查询结果，通知客户核算房款及相关办证费用，确定付款方式（提醒带上《认购书》）；

置业顾问根据《认购书》核算房款，确认办证费用；

特例折扣：统一按揭无折扣，如有特殊情况必须由相关领导批示后，方可办理（特例折扣必须交纳四成以上房款）；

姓名变更：由置业顾问提交申请至相关负责人，批示后办理变更手续（注：变更姓名时须同时交纳房款方可生效）；

置业顾问发放签约、按揭须知等资料。

（5）交款

置业顾问提交《房款确认单》到销售经理处，签字确认后交财务部审核后办理交款手续；

财务按《房款确认单》收取客户购房款、代收办理房产证所需费用，并开具收据；

交款手续办理完成，由置业顾问把交款资料原件交销售经理存档，复印件交客户。

（6）发放礼品

置业顾问引领客户凭房款收据领取礼品。

（7）签约通知

销售部与财务部核对已交款客户名单；

分批安排客户签约；

预约客户签约时提醒必须由本人到场并带齐资料（身份证原件、《认购书》、已缴房款收据、办证费用收据及按揭资料等）。

（8）签约

签约员按签约名单打印《合同文本》；

置业顾问协助签约员核对客户身份证明、《认购书》、房款收据、办证费用收据和《房款确认单》，收集及核对按揭资料；

置业顾问协助签约员与客户沟通合同细则，引导客户签订合同；

签约员进行网上录入并打印合同，交销售经理确认无误后交客户签字确认；

客户要求取走未备案合同时，可给予登记发放；

提醒客户在入伙时需缴纳公共基体维修基金。

（9）签约登记与合同存档

按揭资料由签约员装袋归档；

由购房合同录入系统完成签约登记并归档。

（10）合同备案确认

已签合同由专人到相关部门备案确认盖章。

（11）领取合同

通知客户领取备案确认合同。

（12）办理银行按揭

签约员备齐按揭所需资料及贷款报告交专人报送银行审查。

（13）注意事项

以回收房款为主要目的，方便客户为前提，灵活变通收款方式；

要求变更姓名的客户必须同时交纳不少于三成的房款，及时通知相关置业顾问跟进；

签约时，如客户有问题无法说服或提出一些特殊条款，尤其是公司难以接受的条款，须立即向销售经理汇报；

任何一位工作人员都有义务、有责任维护公司利益和对外的统一形象；

签合同最好由其本人签名盖章；

解释合同条款时，在情感上应侧重于客户的立场，让其有认同感；

应始终与签约后的客户保持接触，帮助解决各种问题并让其介绍客户；

若因客户的问题无法解决而不能完成签约，则请客户先回，另约时间，以时间换取双方的折让；

及时检查签约情况，若有问题及时反馈并出台处理措施。

（14）**后续工作**

签订《商品房买卖合同》后，销售人员必须保持与客户联系，逢重要节日，必须电话问候；

签订《商品房买卖合同》后，销售人员应跟进办理按揭、交楼等工作。

09　退定流程

负责人/操作人/协作人	流程图	相关文件或表单
销售经理/置业顾问/客户	客户提出退定意向	
销售经理/置业顾问	↓ 客户填写申请、注明理由	→《退定申请》
销售部/签约助理	↓ 经理确认	
签约助理	↓ 法务确认	
客服助理	↓ 收回原认购书，开具退款通知，信息输入电脑	《退款通知书》，收回原《认购书》加盖作废章，收回原《定金收据》
	↓ 5个工作日后退款	
销售部/销售经理	↓ 即时通知，调整价格，打开旧房源	
销售经理/置业顾问	↓ 送客	

注：1. 原《认购书》上的所有客户均须本人到场，带好身份证。

2. 作废《认购书》必须交回公司，不得遗失。全过程由置业顾问陪同。

3. 置业顾问在接待客户过程中，应以退定客户为先，在案场经理和签约助理的帮助下，尽力挽回。

4. 如客户在《签约须知》上已签字确认条款，不予退款。

5. 退款款项在5个工作日后至开发商约定地点领取。

10　大定换房流程

负责人/操作人/协作人	流程图	相关文件或表单
销售经理/置业顾问	客户换房意向	
销售部/销售经理	经理确认	
客户签字确认	客户填写申请、选择新房源	→《换房申请书》
销售部/销售经理	经理确认	
销售经理/置业顾问/客服助理	打印新认购书，信息输入电脑	→新《认购书》
客服助理	开具新解款单	→新《解款通知单》
收银处	办理换房手续	←附带原《认购书》《定金收据》，并在新《认购书》上加盖收讫章，开具新收据。
销售经理/客服助理	回复确认，调整价格，打开旧房源	←收回原《认购书》，加盖作废章，客户留存新《认购书》客户联及新收据。
销售经理/置业顾问	送客	

注：1. 原《认购书》上的所有客户均须到场，并带好身份证。

2. 作废的《认购书》必须交回公司，不得遗失。全过程由置业顾问陪同。

3. 所换房源如须按旧房价出售，必须由该项目部总经理签字确认。

4.《解款通知单》一式二联，一联交由客服助理，一联交由收银处，案场经理每日必须根据助理处第一联货应与收银处结账，并做到日日平账。

5. 所有合同只可加名、减名，不得更名。

11 退房流程

负责人/操作人/协作人	流程图	相关文件或表单
销售经理/置业顾问	客户退定意向	
	↓ 客户填写申请、注明理由	→《退房申请》客户签字确认
销售部/销售经理	↓ 经理确认	
销售经理/置业顾问/签约助理	↓ 法务确认	
销售经理/客服助理/签约助理	↓ 开具退款通知，信息输入电脑	→收回原《认购书》和《退款通知书》
出纳	↓ 5 个工作日后领取退款款项	←收回原《预已售合同》加盖作废章
销售经理/客服助理	↓ 回复确认，调整价格，打开旧房源	←收回原《发票》并作废
	↓ 送客	

注：1. 原《预出售合同》上的所有客户均须本人到场，带好身份证。

2. 盖有作废章的《认购书》《预出售合同》必须交回公司，不得遗失。退房全过程由置业顾问陪同。

12　房屋更名流程

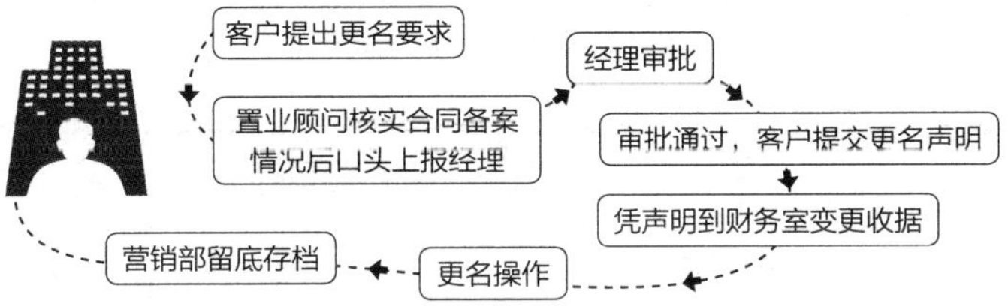

13　增减名变更流程

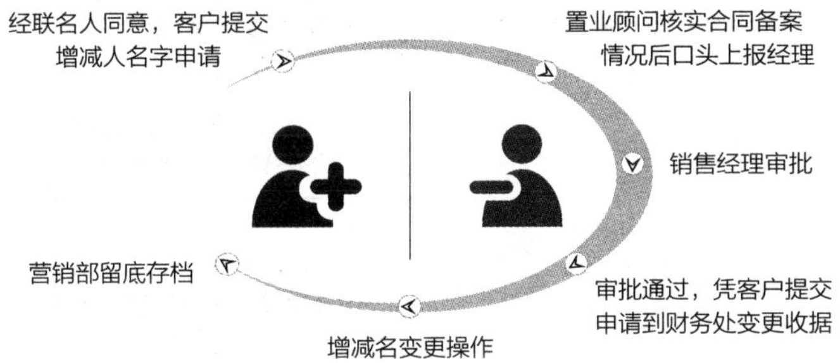

14　付款方式变更流程

15 售后服务流程

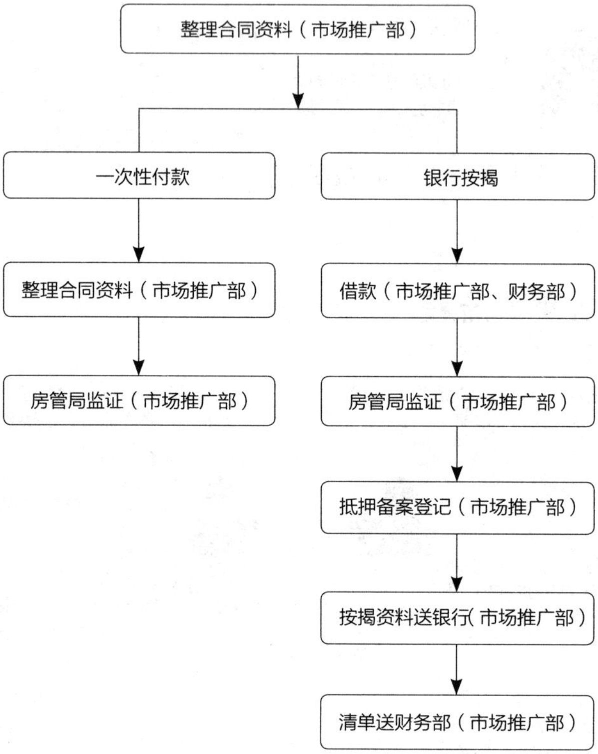
整理合同资料（市场推广部）
一次性付款
银行按揭
整理合同资料（市场推广部）
借款（市场推广部、财务部）
房管局监证（市场推广部）
房管局监证（市场推广部）
抵押备案登记（市场推广部）
按揭资料送银行(市场推广部）
清单送财务部（市场推广部）

工具箱 2 销售员最常用的 34 类销售管理表格

01 电话接听记录登记表

日期： 年 月 日

姓名	性别	面积需要	户型需求	认知途径			现居住区域	对价格的敏感程度			询问内容	联系方式	销售代表	备注
				广告	业主介绍	其他		高	适中	低				

02 客户信息登记周报表

项目名称：________ 销售部主管：________

年 月 日至 年 月 日

星期	星期一	星期二	星期三	星期四	星期五	星期六	星期日	总计	累计
客户渠道									
客户区域									
客户年龄									
客户关系									
将来置业区域									

03 周来访人数统计表

年第　周　月　日至　月　日

星期	星期一	星期二	星期三	星期四	星期五	星期六	星期日	总计	累计
到访人数									
查询电话									
平均驻留时间									

销售主管＿＿＿＿＿＿＿＿

04 客户资料表

楼盘名称				所在区域			具体位置			
开发商名称				公司地址						
公司电话				公司传真			售楼部电话			
联系人信息	姓名	性别	职务	固定电话	手机	兴趣	需求	生日	社交圈	其他信息
项目详情（物业形态）	项目占地				总建面				总投资	
	绿化率				容积率				户型类型	
	户型面积				主力户型				规划户数	
	规划形态								交房时间	
	起价				均价				商铺	
	项目特色（主要特点）									
	销售方式					代理公司名称				
	工程进度					未来推广计划				
	周边竞争楼盘					新项目概况				

续表

<table>
<tr><td rowspan="3">合同情况</td><td>是否签订合同</td><td></td><td>合同期限</td><td></td><td>合同金额</td><td></td></tr>
<tr><td>合同单价价格</td><td></td><td>付款方式</td><td colspan="3"></td></tr>
<tr><td>合同执行情况</td><td colspan="5"></td></tr>
<tr><td rowspan="5">客户评估</td><td>拜访次数</td><td></td><td>拜访效果评价</td><td colspan="3"></td></tr>
<tr><td>客户策划需求</td><td colspan="5"></td></tr>
<tr><td>策划方案反馈</td><td colspan="5"></td></tr>
<tr><td>已投资费用</td><td></td><td>拟再投资费用</td><td colspan="3"></td></tr>
<tr><td>客户分级</td><td></td><td>原因</td><td colspan="3"></td></tr>
<tr><td rowspan="3">客户资信评估</td><td>公司性质</td><td></td><td>公司及项目的资产情况</td><td colspan="3"></td></tr>
<tr><td>客户正常付款周期</td><td></td><td>以前付款情况评估</td><td colspan="3"></td></tr>
<tr><td>累计欠款额度</td><td></td><td>欠款日期</td><td colspan="3"></td></tr>
<tr><td colspan="2">跟盘人姓名</td><td></td><td>日期</td><td colspan="3"></td></tr>
</table>

05　内部认购实操阶段性部署

实操部署	日期	责任人
提交“内部认购实操部署”		
双方研究讨论提交“实操部署”		
双方意见达成统一，确定工作细则		
提交双方研究决定之方案，并明确分工，全面展开准备工作		
现场售楼部及示范单位布置完毕，销售资料图表准备妥当，销售人员到位		
现场包装完成，看楼专车及保安、清洁人员到位		
设立专人专线回答客户咨询及接受认购登记，看楼专车（×条线，×台车）开始动作，（朝九晚六，×小时一班）		

续表

实操部署	日期	责任人
加派看楼车及销售人员到现场配合		
布置现场及准备所需物料、销售资料		
全面检验现场布置完成情况，召开全体工作人员会议，明确岗位职责		
上午 10:00 派发第一批单位，临时筹码 下午 3:00 派发第二批单位，临时筹码（若上午场面火爆，可于上午派发）		
上午 10:00 第一批客户换正式筹码并派发价目表及认购程序 下午 3:00 第二批客户换正式筹码并派发价目表及认购程序		
上午 9:00 第一批客户进场选购 下午接待散客参观或视情况通知第二批客户到场选购		
上午 9:00 第二批客户进场选购，下午机动接待散客户参观		

06 项目销售控制表

单元	A	B	C	D	E
建筑面积					
景观					
户型 楼层					
6 楼					
7 楼		√			
8 楼					√
9 楼					
10 楼			√		
11 楼					
12 楼		√		√	
13 楼					
14 楼					
15 楼					

注：打"√"的为已售单位。

07　销售价格表

年　月　日执行

（单位：元）

项目		A座						B座					
户型编号		01	02	03	04	05	06	01	02	03	04	05	06
销售面积													
户型													
朝向/楼层													
2	单价												
	总价												
3	单价												
	总价												
4	单价												
	总价												
5	单价												
	总价												
6	单价												
	总价												
7	单价												
	总价												

日期：______年______月______日　接待员：　　联系电话：

08 销售人员目标管理表

销售员	本年度销售目标	月份		月份		月份		月份		月份		月份	
		金额	%	金额	%	金额	%	金额	%	金额	%	金额	%

09 月销售任务书

姓名：__________ 日期：__________ 本月销售目标及计划：__________		
重点销售楼盘	重点拜访客户名单	新客户名单
1. 2. 3. 4. 5. 6. 7. 8. 9. 10.	1. 2. 3. 4. 5. 6. 7. 8. 9. 10.	1. 2. 3. 4. 5. 6. 7. 8. 9. 10.

10　周销售任务考核记录书

重点目标						
重点销售商品						
重点拜访客户名单						
重点行动目标	服饰	表达	应变	专业	形象	备注
1. 2. 3.						
1. 2. 3.						
1. 2. 3.						
制表人：________填表日期：　年　月　日						

11　计价表

拟购买________座________楼________单位面积________平方米朝向________原价________

付款方式	一次性付款 ________折 ________元	分期付款 ________折 ________元	银行按揭付款 ________折 ________元	轻松付款 ________折 ________元
签署认购书时付定金	________________元			
签署认购书后十天内______月______日前共同签署《房地产预售合同》	缴付40%____元 税费：______元	缴付30%____元 税费：______元	缴付20%____元 税费：______元	

续表

房款70%	二个 月内	缴付30% ________元	缴付15% ________元	缴付10% ________元	
	四个 月内	缴付30%元	缴付20%____元 缴付40%____元 分四期 月　日　前 月　日　前 月　日　前 月　日　前 每期付10% ________元	缴付70%______元 银行办理按揭： 5年月供______元 10年月供______元 15年月供______元 20年月供______元 30年月供______元	
收到《售楼通知书》 14天内付清		付清5% ________元			

接待人：________售楼电话：________________日期：________

12　销售日报表（格式1）

项次	来访客户	访问时间				访问目的									备注
		到达		离开		交款	签约	询问	看房	砍价	其他	决定	未决定	失败	
		时	分	时	分										
总结															
工作检讨建议												竞争者情报			
												指示			

13 销售日报表（格式 2）

日期： 年 月 日

销售人员		销售员 A	销售员 B	销售员 C	合计
共接待客户组数					
其中	客户 A				
	客户 B				
	客户 C				
接听电话组数					
留有电话组数					
电话跟踪组数					
回访客户组数					
销售情况	单位				
	面积				
	合同金额				
	回款金额				
欠款金额					

14 销售周报表

星期 业务			星期一	星期二	星期三	星期四	星期五	星期六	星期日	总计	累计
接听电话											
留有电话											
接待来访客户	其中	A									
		B									
		C									
		D									
销售情况	单位										
	面积										
	合同金额										
	定金										

销售主管________________

15 销售月报表

日期：　年　月　日

日 期	接听电话	留有电话	接待来访客户					销售情况			
			其 中					单 位	面 积	合同金额	回款金额
			合计	A	B	C	D				
1											
2											
3											
4											
5											
6											
7											
8											
9											
10											
11											
12											
13											
14											
15											
16											
17											
18											
19											
20											
21											
22											
23											
24											
25											
26											
27											
28											
29											
30											
31											

注：A. 代表普通客户，仅拿资料或看楼盘；

B. 代表老客户，多次看过该楼盘；

C. 代表有购买意向客户，详细了解楼盘情况及观看样板房；

D. 代表实客，讨论楼盘价格及销售折扣。

16 销售分析月报表

	日期	24	25	26	27	28	29	30	31	1	2	3	4	5	6
	星期	一	二	三	四	五	六	日	一	二	三	四	五	六	日
来电曲线图															
媒体主题	来人														
	来电														
	报纸广告														
	夹报														
	胶片广告														
	短信														
	派夹报														
	购买点广告														
	报纸广告主题														
成交															
补足															
签约															
成交累计															
补足累计															
签约累计															

17 销售年报表

序号	月份	销售数量	销售单位	签约总价	业务员	备注
1						
2						
3						
4						
5						
6						
7						
8						
9						
10						
11						
12						
总计						
备注						
制表人/核对人			专案		主委	

18 销售联系单

客户姓名		销售日期	____年____月____日
置业房号			
建筑面积（㎡）			
付款方式	□ 一次性付款　□ 按揭贷款 首付款：____________ 贷款金额：____________贷款年限：____________ 月还款额：____________		
原单价		实际成交单价	
原总价		实际成交总价	

续表

折扣		实际优惠总额	
备注			
交款内容	□ 定金　□ 首期款　□ 一次性付款 □金额：________		
销售代表：________复核人：________销售经理：________			
计划财务部：已收定金￥________元，收款人签名：________ 客服助理/主管复核：________ 营销部负责人审批：________			
备注：________ ________ 应交首期款：________万元（含定金）　贷款额：________万元			

19　客户促销计划表

月份：________日期：________

客户类别	销售楼盘类别	月　日	月　日	预计访问次数		协同处理问题	目前配销方式	付款状况	负责人	促销方法
		预计销售额	实际销售额	每周	每月					

20 促销期间电话记录表

日期	姓名	电话	信息来源						记录人	备注
			日报	晚报	电视	电台	单张	介绍		

制表人：________填表日期： 年 月 日

21 额外折扣优惠申请表

（1）额外折扣优惠申请审批表（存根联）

编号：________________

客户名		房号		原折扣	
申请折扣		审批情况			

（2）额外折扣优惠申请审批表（第二联）

编号：________________

客户名		房号		建筑面积	
原单价		原付款方式		原折扣	
折后单价		原总价		申请折扣	
情况说明	该客户于________年________月________日交付零/足定，合同未/已签订。				
项目经理意见					
发展商审批意见					

申请人：________　　申请日期：________

（3）额外折扣优惠申请审批表（第三联）

编号：________________

客户名		房号		建筑面积	
原单价		原付款方式		原折扣	
折后单价		原总价		申请折扣	
情况说明	该客户于________年________月________日交付零/足定，合同未/已签订。				
项目经理意见					
发展商审批意见					

申请人：________　　申请日期：________

22　延期付款申请审批表

（1）延期付款申请审批表（存根联）

编号：________________

客户名		房号		总房款	
应交款		审批情况			

（2）延期付款申请审批表（第二联）

编号：________________

客户名		房号		建筑面积	
单价		付款方式		折扣	
折后单价		总价		应交款	
情况说明	该客户应于________年________月________日交付________元， 现申请延期至________年________月________日前交付________元。				
项目经理意见					
发展商审批意见					

申请人：________　　申请日期：________

（3）延期付款申请审批表（第三联）

编号：________________

客户名		房号		建筑面积	
单价		付款方式		折扣	
折后单价		总价		应交款	
情况说明	该客户应于________年________月________日交付________元， 现申请延期至________年________月________日前交付________元。				
项目经理意见					
发展商审批意见					

申请人：________　　申请日期：________

23　销售回款计划表

编制部门：______________　年度：______________　（单位：万元）

月份 项目	1月	2月	3月	4月	5月	6月	7月	8月	9月	10月	11月	12月	合计	备注
月份项目														
销售目标														
回款目标														

续表

月份 项目	1月	2月	3月	4月	5月	6月	7月	8月	9月	10月	11月	12月	合计	备注
应收款														
预收款														
其他														

核准：________　　制表日期：　年　月　日

24　销售回款明细表

付款办法 手续	一次性付款	10个买家用	建筑分期付款	10个买家用	银行按揭	50个买家用	分期付款	10个买家用	小计每月回收资金
	9折	已计折扣	9.2折	已计折扣	9.7折	已计折扣	9.8折	已计折扣	
定金									
七天内签合同									
1个月内									
2个月内									
3个月内（依次类推）									
接到“收楼通知”后七天内									
入伙后回收资金成数									
入伙后可回收资金									

25　合同回款逾期一览表

月份	类别	客户1	客户2	客户3	客户4	客户5	客户6
月	日期						
	姓名						
	房号						
	贷款方式及银行						
	余款金额						
	置业顾问						
	实际到款日						
月	日期						
	姓名						
	房号						
	贷款方式及银行						
	余款金额						
	置业顾问						
	实际到款日						

26　业主交款情况登记表

编号	单位	业主	面积	定价	认购价	成交日期	付款方式	经手人	结算日期	备注

27 诚意金统计表

姓 名	购买单位	交纳诚意金额	日 期	销售代表	备 注

28 保留单位控制表

备注	楼号	客户姓名	销售代表	预定时间	保留截止时间

制表人：________填表日期：　年　月　日

29 定金收取统计表

姓 名	购买单位	交纳定金额	日 期	销售代表	备 注

30 销售变更表

客户姓名		楼盘		房号		协议日期	
要求增添内容：							
要求修改合同内容：							
经办人员意见： 经办人员签名： ________年________月________日							
营销经理意见： 营销总部经理签名： ________年________月________日							
总裁批复： 总裁签名： ________年________月________日							

31 房地产权利人变更申请审批表

（1）房地产权利人变更申请审批表（存根联）

编号：________________

原客户名		房号		新客户名	
关系		审批情况			

（2）房地产权利人变更申请审批表（第二联）

编号：________________

原客户名		房号		合同签订	□未签 □已签
新客户名		关系		身份证号码	
变更原因					
情况说明					
项目经理意见					
开发商审批意见					

申请人：________ 申请日期：________

（3）房地产权利人变更申请审批表（第三联）

编号：________________

原客户名		房号		合同签订	□未签 □已签
新客户名		关系		身份证号码	
变更原因					
情况说明					
项目经理意见					
开发商审批意见					

申请人：________ 申请日期：________

32 付款方式变更申请审批表

（1）付款方式变更申请审批表（存根联）

编号：________________

客户名		房号		原付款方式	
新付款方式		审批情况			

（2）付款方式变更申请审批表（第二联）

编号：____________

客户名		房号		合同签订	□未签 □已签
原付款方式		房款		新付款方式	
变更原因					
情况说明					
项目经理意见					
开发商审批意见					

申请人：________ 申请日期：________

（3）付款方式变更申请审批表（第三联）

编号：____________

客户名		房号		合同签订	□未签 □已签
原付款方式		房款		新付款方式	
变更原因					
情况说明					
项目经理意见					
开发商审批意见					

申请人：________ 申请日期：________

33 拟定处理审批表

（1）拟定处理审批表（存根联）

编号：____________

客户名		房号		建筑面积	
总房款		审批情况			

（2）拟定处理审批表（第二联）

编号：________________

客户名		房号		建筑面积	
付款方式		房款		交定情况	
采取措施					
情况说明					
项目经理意见					
开发商审批意见					

申请人：________ 申请日期：________

（3）拟定处理审批表（第三联）

编号：________________

客户名		房号		建筑面积	
付款方式		房款		交定情况	
采取措施					
情况说明					
项目经理意见					
开发商审批意见					

申请人：________ 申请日期：________

34 换房申请审批表

（1）换房申请审批表（存根联）

编号：________________

客户名		原房号		房款	
新房号		审批情况			

（2）换房申请审批表（第二联）

编号：________________

客户名		原房号		合同签订	□未签 □已签
建筑面积		房款		新房号	
换房原因					
情况说明					
项目经理意见					
开发商审批意见					

申请人：________ 申请日期：________

（3）换房申请审批表（第三联）

编号：________________

客户名		原房号		合同签订	□未签 □已签
建筑面积		房款		新房号	
换房原因					
情况说明					
项目经理意见					
开发商审批意见					

申请人：________ 申请日期：________

工具箱 3 商品房最常用的交易合同范本

01 《商品房认购书》范本

认购双方当事人：________________________________

出卖人（开发企业）：__________________________

注册地址：______________________________________

营业执照编号：_________________________________

资质证书编号：_________________________________

法定代表人：__________________联系电话：________

买受人（购房者）：______________________________

身份证号码/营业执照编号：_______________________

联系电话：______________________________________

根据国家和地方法律、法规及有关规定，买受人和出卖人在平等、自愿、协商一致的基础上就认购商品房达成如下协议：

一、买受人认购出卖人开发建设的位于______________，项目名称、栋号和房号是______________________________的商品房，预售证编号：__________________________。

二、该商品房用途是____________，建筑面积__________平方米，套内建筑面积____________平方米，分摊的公用建筑面积____________平方米。

三、该商品房以套内面积计价，每平方米人民币________元，总计房价人民币________元（或该商品房以总计一口计价，总价人民币________元）。

四、付款方式：

1. 一次性付款（内容自定）。

2. 分期付款（内容自定）。

3. 银行按揭付款（内容自定）。

五、该商品房实行明码标价，出卖方除了向买受方收取购房款和国家规定应由买受人缴纳的交易税费外，不得再价外加价、费外收费。

六、在签订本认购书时，买受人应向出卖方支付人民币________元的认购定金。在签订本认购书后__________天内，买受人必须持本认购书、身份证、首期购房款（或一次性付款的总价款）到出卖方售楼部签订正式的《商品房买卖合同》（使用省建设厅和省工商局制定的合同文本）。如买受人逾期不来签订买卖合同，视为买受人违约，出卖人有权将该商品房自行处理且无须另行通知买受人，并有权不退回买受人支付的认购定金。在规定签订买卖合同期限内，如出卖人不愿按本认购书约定的内容与买受人签订商品房买卖合同，视作出卖人违约，出卖人应在__________天内向买受人双倍返还定金。

七、本认购书一式两份，双方各执一份，自双方签订之日起生效。

出卖人签名（盖章）：　　　　买受人签名（盖章）：

法定代表人：　　　　法定代表人：

年　月　日　　　　年　月　日

说明：本认购书只作示范文本，双方可在符合有关法律、法规和规章制度的条件下增加其他约定内容。

02 《商品房认购书》（二手房）范本

出卖人（以下简称“甲方”）：________________________________

法定代表人：________ 联系电话：________

注册地址：________

邮政编码：________

营业执照号码：________

买受人（以下简称“乙方”）：________________________________

国籍/法定代表人：________

身份证（护照）/营业执照号码：________

地址：________

邮政编码：________

联系电话：________

第一条 乙方认购甲方商品房情况

商品房坐落：________区________路________号________。设计用途________，建筑结构________，建筑层数为________层。

认购建筑面积________平方米，其中：套内建筑面积________平方米，公共部位分摊建筑面积________平方米（该商品房屋平面图见合同附件）。

第二条 商品房价款

该商品房按销售面积计算，每平方米价格为______________元（币种：________），总金额为________元，计（大写）________元整。

第三条 乙方付款形式及付款时间

乙方按下列第________种形式付款：

1．一次性付款；

2．分期付款；

3．其他方式。

第四条　签署正式销售合同

正式销售合同为《××市商品房买卖合同》，该销售合同在乙方支付首期款时交于乙方参阅，一切条款以《××市商品房买卖合同》为准。

第五条　定金

乙方签署此认购书同时需缴纳定金（大写）：人民币________万元整。待正式签署《××市商品房买卖合同》时，定金转入首期款，不再退还乙方。

第六条　其他条款

1．乙方应于支付定金后10日内依照《认购书》中付款方式规定支付房款并签署正式《××市商品房买卖合同》，此后的一切事宜将按照《××市商品房买卖合同》中的条款执行。

2．如乙方不依此认购书规定签署正式《××市商品房买卖合同》或违反此认购书之任何一项或多项条款，超过约定时日3日，甲方有权将该商品房另行出售或作其他处理，乙方不得提出异议。

3．乙方上述地址电话如更改，乙方须书面通知甲方。

4．乙方保证此认购书内提供之资料全部真实。

5．本认购书以中华人民共和国的法律为依据。

6．在甲乙双方签署《××市商品房买卖合同》正式生效时，本《认购书》同时失效。

7．特殊约定：____

甲方：	乙方：
代理人：	代理人：
日期：____年____月____日	日期：____年____月____日

03 《客户签约须知》范本

一次性付款客户须知：

签约时需携带资料：

1. 客户身份证原件及复印件、《认购书》、所交楼款收据；

2. 如客户是香港、澳门或台湾居民，则提交身份证及回乡证/台胞证；如客户是外国居民，则应提交护照；

3. 外籍人士需提交已公正的中文名公证书。

按揭付款客户须知：

客户签订《认购书》后应准备如下文件：

1. 身份证原件及复印件。

（1）如客户是香港、澳门或台湾居民，则提交身份证及回乡证/台胞证，提供购房本地联系人；

（2）如客户是外国居民，则应提交护照；外籍人士需提交已公正的中文名公证书，并提交购房地常住联系人电话、地址等联系资料；

（3）委托代签的，须提交已公正之委托人及委托人与被委托人之身份证明及委托书原件和复印件；

（4）到按揭银行网点开立活期一本通存折。

2. 提供户口簿复印件（整本复印）。

户口簿载明已婚者，还须提供配偶身份证、结婚证。

3. 定金与首期款收据复印件。

4. 单位收入证明（盖公章或人事专用章）。

（1）该客户月供款（包括已有贷款及本笔贷款的）不能大于其单位收入证明中所载明的月收入的50%，即月收入要大于月供款金额的2倍与每月生活费用支出之和。

（2）收入证明上必须写明收入金额、本人职位、单位地址、电话。

（3）月收入超过一万元者，须提供其他收入证明（如近半年存款记录、租赁合同、营业执照、房产证、纳税单据加上近半年存取款记录等）。

（4）自雇人士，提供营业执照复印件及最近两个月完税证明。

（5）收入证明金额不够者，可用以下补充办法：

第一，提供租赁合同，合同租金及收入证明（月收入达月供款2倍以上）；

第二，提供本人存折，且存折近半年账户余额为月供额度的6倍以上；

第三，如月供款金额高导致月收入证明金额可能不够或过高者，一般要求提供租赁合同、存折、税单、房地产权证等其他补充资料以方便银行审批。

申请按揭年龄有以下特殊要求：

1. 所购买商品房为住宅：建筑面积≤90平方米，首期楼款三成以上，建筑面积≥90平方米，首期楼款三成以上，按揭年限最长不超过30年。男性：实际年龄+按揭年龄≤65岁，女性：实际年龄+按揭年龄≤60岁。

2. 所购买商品房为商铺。首期楼款须付四成以上，按揭年限最长不超过十年（境外人士为五成八年）。

3. 车位不可办理按揭。

4. 同子女一起做共同申请人，或夫妻双方年龄差距10岁，都要提供直属关系证明或夫妻关系证明，共同借款人须年满18周岁；未满18周岁的子女需同父母联名申请，中途不能办理房产证；同子女一起做共同申请人，若子女年龄在18周岁，子女未有工资能力即收入者，如在确认不愿意联名的情况下，要求父母签订代供款承诺书，要求提供户口簿及其财产证明资料等。

公积金贷款须知：

客户签约时需带如下资料：

1. 申请人及其配偶身份证；

2. 申请人结婚证、未婚客户提供户口本；

3．申请人银行活期供款存折；

4．申请人的住房公积金存折。

已婚客户需与配偶一起前来签约。

申请公积金贷款有以下特殊要求：

1．在购房地的公积金存款满一年以上；

2．首期楼款达三成以上；

3．最高贷款为46万；

4．贷款年限最长不超过20年；

5．供款额在工资的七成以下；

6．男性：实际年龄+按揭年龄≤60岁，女性：实际年龄+按揭年龄≤55岁；

7．所有借款人须满18周岁。

备注：

1．客户签署《商品房买卖合同》后不能更改；若需更改，即办理合同终止手续，因此产生的费用有：公证费180元、预售监督管理费（楼价的2‰），其他有关费用。

2．合同文件之签署为客户向银行申请按揭贷款之程序，并不等同银行必然核准按揭贷款。如因客户未能提供银行要求的资料或资料不真实，客户申请贷款的条件不符合等其他任何原因导致客户无法成功取得银行贷款以支付剩余房款的，须由客户一次性支付全部剩余楼款。

本文件一式两份，客户、销售处各存一份。

客户签名：　　　　　　　　　　销售代表：

04 《商品房买卖合同》范本

商品房买卖合同（合同编号：________________）

合同双方当事人：

出卖人：________________________________

注册地址：________________________________

营业执照注册号：__________________________

企业资质证书号：__________________________

法定代表人：____________联系电话：____________

邮政编码：__________

委托代理人：____________地址：____________

邮政编码：____________联系电话：____________

委托代理机构：__________________________

注册地址：________________________________

营业执照注册号：__________________________

法定代表人：____________联系电话：____________

邮政编码：__________

买受人：__________________________

（本人/法定代表人）姓名：______国籍______

（身份证/护照）：______营业执照注册号：______

地址：__________________________

邮政编码：____________联系电话：____________

（委托代理人）姓名：______国籍：______

地址：__________________________

邮政编码：__________联系电话：____________

根据《中华人民共和国合同法》《中华人民共和国城市房地产管理法》

及其他有关法律、法规之规定，买受人和出卖人在平等、自愿、协商一致的基础上就买卖商品房达成如下协议：

第一条　项目建设依据

出卖人以________________方式取得位于________________、编号为________________的地块土地使用权。（土地使用权出让合同号/土地使用权划拨批准文件号/划拨土地使用权转让批准文件号为________________）

该地块土地面积为________________，规划用途为________，土地使用年限自________年______月______日至________年______月______日。

出卖人经批准，在上述地块上建设商品房（现定名/暂定名）________。建设工程规划许可证号为____________，施工许可证号为________________。

第二条　商品房销售依据

买受人购买的商品房为（现房/预售商品房）。预售商品房批准机关为________________，商品房预售许可证号为________________。

第三条　买受人所购商品房的基本情况

买受人购买的商品房（以下简称“该商品房”，其房屋平面图见本合同附件一，房号以附件一上表示为准）为本合同第一条规定的项目中的：第____________（幢/座）____________（单元/层）____________号房。

该商品房的用途为________________，属________________结构，层高为____________，建筑层数地上____________层，地下____________层。

该商品房阳台是（封闭式/非封闭式）。

该商品房（合同约定/产权登记）建筑面积共____________平方米，其中，套内建筑面积____________平方米，公共部位与公用房屋分摊建筑面积____________平方米（有关公共部位与公用房屋分摊建筑面积构成说明见附件二）。

第四条　计价方式与价款

出卖人与买受人约定按下述第____________种方式计算该商品房价款：

1. 按建筑面积计算，该商品房单价为（________人民币）每平方米________元，总金额（________人民币）________仟________佰________拾________万________仟________佰________拾________元整。

2. 按套内建筑面积计算，该商品房单价为（________人民币）每平方米________元，总金额（________人民币）________仟________佰________拾________万________仟________佰________拾________元整。

3. 按套（单元）计算，该商品房总价款为（________人民币）________仟________佰________拾________万________仟________佰________拾________元整。

第五条 面积确认及面积差异处理

根据当事人选择的计价方式，本条规定以（建筑面积/套内建筑面积）（本条款中均简称“面积”）为依据进行面积确认及面积差异处理。

如当事人选择按套计价，不适用本条约定。

合同约定面积与产权登记面积有差异的，以产权登记面积为准。

商品房交付后，产权登记面积与合同约定面积发生差异，双方同意按第________种方式进行处理：

1. 双方自行约定：

（1）____；

（2）____；

（3）____；

（4）____。

2. 双方同意按以下原则处理：

（1）面积误差比绝对值在3%以内（含3%）的，据实结算房价款；

（2）面积误差比绝对值超出3%时，买受人有权退房。

买受人退房，出卖人在买受人提出退房之日起30天内将买受人已付款退还给买受人，并按________利率付给买受人利息。

买受人不退房的，产权登记面积大于合同约定面积时，面积误差比在

3%以内（含3%）部分的房价款由买受人补足；超出3%部分的房价款由出卖人承担，产权归买受人。产权登记面积小于合同登记面积时，面积误差比绝对值在3%以内（含3%）部分的房价款由出卖人返还买受人；绝对值超出3%部分的房价款由出卖人双倍返还买受人。

因设计变更造成房屋面积差异，双方不解除合同的，应当签署补充协议。

第六条　付款方式及期限

买受人按下列第________种方式按期付款：

1. 一次性付款。

2. 分期付款。

3. 其他方式。

第七条　买受人逾期付款的违约责任

买受人如未按本合同规定的时间付款，按下列第________种方式处理：

1. 按逾期时间，分别处理（不作累加）。

（1）逾期在________日之内，自本合同规定的应付款期限之第二天起至实际全额支付应付款之日止，买受人按日向出卖人支付逾期应付款万分之________的违约金，合同继续履行；

（2）逾期超过________日后，出卖人有权解除合同。出卖人解除合同的，买受人按累计应付款的________%向出卖人支付违约金。买受人愿意继续履行合同的，经出卖人同意，合同继续履行，自本合同规定的应付款期限之第二天起至实际全额支付应付款之日止，买受人按日向出卖人支付逾期应付款万分之________（该比率应不小于第一项中的比率）的违约金。

本条中逾期应付款指依照本合同第六条规定的到期应付款与该期实际已付款的差额；采取分期付款的，按相应的分期应付款与该期的实际已付款的差额确定。

2. ____。

其他补充说明

第八条　交付期限

出卖人应当在________年________月________日前，依照国家和地方人民政府的有关规定，将具备下列第________种条件，并符合本合同约定的商品房交付买受人使用：

1. 该商品房经验收合格。

2. 该商品房经综合验收合格。

3. 该商品房经分期综合验收合格。

4. 该商品房取得商品住宅交付使用批准文件。

5. ____。

但如遇下列特殊原因，除双方协商同意解除合同或变更合同外，出卖人可据实予以延期：

1. 遭遇不可抗力，且出卖人在发生之日起________日内告知买受人的；

2. ____；

3. ____。

第九条　出卖人逾期交房的违约责任

除本合同第八条规定的特殊情况外，出卖人如未按本合同规定的期限将该商品房交付买受人使用，按下列第________种方式处理：

1. 按逾期时间，分别处理（不作累加）。

（1）逾期不超过________日，自本合同第八条规定的最后交付期限第二天起至实际交付之日止，出卖人按日向买受人支付已交付房价款万分之________的违约金，合同继续履行；

（2）逾期超过________日后，买受人有权解除合同。买受人解除合同的，出卖人应当自买受人解除合同通知到达之日起________天内退还全部已付款，并按买受人累计已付款的________%向买受人支付违约金。买受将买受人已付房价款退还给买受人，并按已付房价款的________%赔偿买受人损失。

2. 买受人不退房，出卖人按已付房价款的________%向买受人支付违约金。

3. ____。

第十六条　保修责任

如买受人购买的商品房为商品住宅，《住宅质量保证书》作为本合同的附件。出卖人自商品住宅交付使用之日起，按照《住宅质量保证书》承诺的内容承担相应的保修责任。

如买受人购买的商品房为非商品住宅，双方应当以合同附件的形式详细约定保修范围、保修期限和保修责任等内容。

在商品房保修范围和保修期限内发生质量问题，出卖人应当履行保修义务。因不可抗力或者非出卖人原因造成的损坏，出卖人不承担责任，但可协助维修，维修费用由购买人承担。

第十七条　双方可以就下列事项约定：

1. 该商品房所在楼宇的屋面使用权________________；

2. 该商品房所在楼宇的外墙面使用权________________；

3. 该商品房所在楼宇的命名权________________________；

4. 该商品房所在小区的命名权________________________；

5. ____。

第十八条　买受人的房屋仅作________使用，买受人使用期间不得擅自改变该商品房的建筑主体结构、承重结构和用途。除本合同及其附件另有规定者外，买受人在使用期间有权与其他权利人共同享用与该商品房有关联的公共部位和设施，并按占地和公共部位与公用房屋分摊面积承担义务。

出卖人不得擅自改变与该商品房有关联的公共部位和设施的使用性质。

第十九条　本合同在履行过程中发生的争议，由双方当事人协商解决；协商不成者，按下述第________种方式解决：

1. 提交________仲裁委员会仲裁。

2. 依法向人民法院起诉。

第二十条　本合同未尽事项，可由双方约定后签订补充协议（附件四）。

第二十一条　合同附件与本合同具有同等法律效力。本合同及其附件内，空格部分填写的文字与印刷文字具有同等效力。

第二十二条　本合同连同附件共________页，一式________份，具有同等法律效力，合同持有情况如下：

出卖人________份，买受人________份。

第二十三条　本合同自双方签订之日起生效。

第二十四条　如为商品房预售，自本合同生效之日起30天内，由出卖人向________________________申请登记备案。

出卖人（签章）：　　　　　　　　买受人（签章）：

法定代表人（签章）：　　　　　　委托代理人（签章）

委托代理人：

______年____月____日　　　　　　______年____月____日

05　《房屋抵押借款合同》范本

抵押人：____________________（以下简称为“甲方”）

抵押权人：____________________（以下简称为“乙方”）

为确保甲、乙双方于________年________月________日签订的____________________（以下称“主合同”）的履行，抵押人自愿以其有权处分的房地产作抵押。抵押权人经实地勘验，在充分了解其权属状况及使用与管理现状的基础上，同意接受甲方的房地产抵押。双方本着平等、自愿的原则，同意就下列房地产抵押事项订立本合同，以便共同遵守。

甲方将房屋抵押给乙方时，该房屋所占用范围的土地使用权一并抵押给乙方，特此声明。

第一条　甲方用作抵押的房地产坐落于：____________________，其房屋建筑面积：________平方米，占地面积：________平方米，房产证号：____________________，土地使用权号：____________________。

第二条　根据主合同（借款合同），甲、乙双方确认：债务人为________________；债权人为________________，此抵押期限自__年__月至__年__月。

第三条　经房地产评估机构____________________评估，上述房地产价值为人民币____________________（大写），________元（小写）。根据主合同，双方确认：乙方债权标的额（本金）：________________（大写），________（小写），抵押率为百分之________。

第四条　甲方保证上述房地产权属清楚。若发生产权纠纷或债权债务，概由甲方自行负责，并承担民事诉讼责任；由此给乙方造成的经济损失，由甲方一次性给付乙方经济赔偿金________元，作为对乙方的赔偿。

第五条　乙方保证按主合同履行其承担的义务，如因乙方延误造成经济损失的，乙方承担赔偿责任。

第六条　抵押房地产现由______________________________使用。甲方在抵押期间对抵押的房地产承担维修、养护义务并负有保证抵押房地产完好无损的责任，并随时接受乙方的检查监督。

在抵押期间因使用不当造成毁损，乙方有权要求恢复房地产原状或提供由乙方认可的新的抵押房地产。在无法满足上述条件的基础上，乙方有权要求债务人提前偿还本息。

第七条　在抵押期间，甲方不得擅自转让、买卖、租赁抵押房地产，不得重复设定抵押，未经乙方书面同意，发生上述行为均属无效，其相应的后果由甲方自行负担。

第八条　在抵押期间，甲方如果为法人或其他组织机构，如发生分立、合并，由变更后承受抵押房地产方承担或分别承担本合同规定的义务。甲方被宣布解散或破产，乙方有权要求提前处分其抵押房地产的权利。

第九条　本合同生效后，甲、乙任何一方不得擅自变更或解除合同，需要变更或解除本合同时，应经双方协商一致，达成书面协议，协议未达成前，本合同各条款仍然有效。

第十条　本合同在执行中若发生争议，甲乙双方应采取协商办法解决或共同向仲裁机构申请调解或仲裁，不能协商或达不成仲裁意向时可向当地人民法院起诉。

第十一条　在抵押期间，抵押房地产被拆迁、改造时，甲方必须及时告知乙方，且根据具体情况，变更抵押合同或以房地产拆迁受偿价款优先偿还乙方的本金及相应利息。

第十二条　抵押期满，如债务人不能偿还债务本金及利息，又未能同乙方达成延期协议的，乙方有权自行处分该抵押房地产，甲方无权以任何形式进行干涉。乙方处理抵押房地产，清偿债务本息。处理抵押房地产所得价款不足以偿还债务本息和承担处理费用的，乙方有权另行追索；价款偿还债务本息后如有剩余，乙方应退还给甲方。

第十三条　本合同未尽事宜，须甲乙双方协商之后补充，补充条款与本合同有同等法律效力。

第十四条　本合同自甲乙双方在此合同上签名或盖章后，依法具有法律效力。

第十五条 本合同一式三份，总计三页，甲乙双方各执一份，__________存档一份。

第十六条　双方商定的其他事项：______________________________

____

____。

甲方（签名或盖章）： 乙方（签名或盖章）：
公民身份证号码： 公民身份证号码：
住址： 住址：
联系电话： 联系电话：
合同签订时间： 年 月 日

06 《前期物业服务合同》范本

甲方（开发建设单位）：______________________________

营业执照注册号：______________________________

组织机构代码：______________________________

企业资质证书号：______________________________

法定代表人：________________联系电话：________________

委托代理人：________________联系电话：________________

通讯地址：______________________________

邮政编码：______________________________

乙方（物业服务企业）：______________________________

营业执照注册号：______________________________

企业资质等级：________________资质证书编号：________________

法定代表人：________________联系电话：________________

委托代理人：________________联系电话：________________

项目管理负责人：____________联系电话：________________

通讯地址：______________________________

邮政编码：________________

根据《中华人民共和国物权法》、国务院《物业管理条例》等有关法律法规的规定，甲乙双方在自愿、平等、协商一致的基础上，就甲方选聘乙方对________________（物业名称）提供前期物业服务事宜，订立本合同。

第一章 物业项目基本情况

第一条 本物业项目（以下简称“本物业”）基本情况

物业名称：____

物业类型：□多层住宅 □高层住宅 □独立式住宅 □办公楼 □厂房 □其他

坐落位置：______市______区/县______乡/镇______路（______号）

四至范围（物业规划总平面图）

占地面积：________________平方米，总建筑面积：______________平方米。

其中：多层住宅面积________平方米，高层住宅面积________平方米，独立式住宅（别墅）面积________平方米，其他________平方米。

（物业规划总平面图见附件一，物业构成细目见附件二）。

第二条 物业服务用房

物业服务用房建筑面积为________平方米，其中业主大会及业主委员会办公用房建筑面积为________平方米，位于本物业________________。

物业服务用房属全体业主所有，乙方在本合同期限内无偿使用并负责维护管理，但不得改变其用途。

（物业服务用房明细表及测绘图见附件三）

第二章 物业服务事项

第三条 乙方确定的本物业服务项目负责人为：________________，联系电话：________________。

（项目负责人及主要专业技术与管理人员基本情况见附件四）。

第四条 乙方提供的前期物业服务为以下内容：

1. 负责制订本物业服务工作计划并组织实施；保管与本物业相关的

工程建设等档案资料；根据法律、法规和《临时管理规约》的授权制定本物业有关管理服务制度。年度、季度服务工作计划应在本物业管理区域内进行公示。

2. 负责本物业共用部位的维修、养护、管理，包括但不限于楼盖、屋顶、外墙面、承重结构、楼梯间、走廊通道、门厅等。

3. 负责本物业共用设施、设备的维修、养护、运行和管理，包括但不限于共用的上下水管道、落水管、排污管道、化粪池、沟渠、道路、共用照明、中央空调、供暖锅炉房、高压泵房、楼内消防设施设备、电梯、电子监控设备、建筑物防雷设施及自行车棚、停车场等。属于水、电、气、通信、有线电视等专业单位管理、维护设施设备，以及纳入市政管理的道路除外。

4. 负责本物业共用绿地、花木、景观小品、体育文化设施等维护与管理。

5. 负责本物业管理区域内公共环境卫生，包括公共场所、房屋共用部位的清洁卫生，垃圾的收集、清运等。

6. 负责对本物业管理区域内的交通与车辆停放秩序的管理及相关设施的维护。

7. 协助做好本物业管理区域内公共秩序的维护和安全防范工作，包括安全监控、巡视、门岗执勤等。

前款约定的事项不含业主财产保险和财产保管责任。

8. 对物业使用中禁止行为进行监督管理。

9. 协助社区居委会等单位组织开展社区文化活动等。

10. ____。

11. ____。

第五条　乙方提供服务的受益人为本物业的业主及物业使用人。本物业的业主（物业使用人）均应履行本合同，享有相应的权利，承担相应的义务。

第六条　其他事项

1. 在本物业保修期内甲方委托乙方代为保修，费用由甲方承担。

2. 会所、幼儿园、商业中心等物业服务内容及费用由相关单位与乙方另行商定。

3. ____。

第三章　物业服务质量标准

第七条　乙方应按甲方招标文件、乙方投标文件及本合同约定标准提供前期物业服务。

乙方提供的前期物业服务标准不得低于物业所在地物业管理主管部门公布的相应等级服务标准。

本物业服务等级标准为________级（具体标准见附件五）。

第八条　乙方应加强对物业使用中禁止行为的监管，对业主（物业使用人）违反《临时管理规约》以及物业管理等相关法律、法规规定的行为及时进行告知、劝阻、制止，如对违法行为劝阻无效应及时向有关行政主管部门报告并协助处理。

第四章　物业服务费用

第九条　物业服务收费实行下述第________种方式：

（一）包干制。乙方按照本合同第十条约定收取物业服务费用后，无论盈亏均自行承担。

（二）酬金制。乙方按照本合同第十条约定预收物业服务费，在按照下述第________种方式先提取酬金后，应全部用于本合同约定的支出。年度结算后结余部分转入下一年度继续使用，不足部分由全体业主承担。

1. 每________（月/季/半年）按应收的物业服务费________%的比例提取；

2. 每________（月/季/半年）按________元的标准从预收物业服务

费中提取；

3. ________________________。

第十条　物业服务费按房屋建筑面积向业主收取，具体标准约定如下：

多层住宅：________________元/（月·平方米）；

高层住宅：________________元/（月·平方米）；

独立式住宅（别墅）：________________元/（月·平方米）；

办公楼：________________元/（月·平方米）；

厂房：________________元/（月·平方米）；

商业物业：________________元/（月·平方米）；

其他物业：________________元/（月·平方米）。

本条约定的物业服务费不含物业保修期满后物业共用部位、共用设施设备大修、中修和更新、改造的费用。

第十一条　实行物业服务费用包干制的，物业服务费的构成包括物业服务成本、法定税费和物业服务企业的利润。实行物业服务费用酬金制的，预收物业服务费包括物业服务支出和物业服务企业酬金。

物业服务成本或物业服务支出构成一般包括以下部分：

（1）管理服务人员的工资、社会保险和按规定提取的福利费等；

（2）物业共用部位、共用设施设备的日常运行、维修、养护费用；

（3）物业管理区域清洁卫生费用；

（4）物业管理区域绿化养护费用；

（5）物业管理区域秩序维护费用；

（6）办公费用；

（7）物业服务企业固定资产折旧；

（8）物业共用部位、共用设施设备及公众责任保险费用；

（9）经业主同意的其他费用。

第十二条　物业服务费按________（月/季度/半年）交纳，业主应在________________（每月、每季度、每半年的第________日前）履行交纳义务。业主或物业使用人逾期缴纳物业服务费的，从逾期之日起按欠缴费用的每日千分之________收取滞纳金。

如单个业主与乙方另有约定，则从其约定。

物业服务费可以预收，但预收期限不得超过6个月。

第十三条　物业管理区域内已竣工但尚未售出，或者因甲方原因未能按时交付物业买受人的物业，其物业服务费由甲方承担，按________支付给乙方。

第十四条　业主和物业使用人约定由物业使用人交纳物业服务费用的，从其约定，业主负连带缴纳责任。业主与物业使用人之间的交费约定，业主应及时书面告知乙方。业主在转让物业时，须交清转让之前的物业服务费用。

第十五条　本物业共用设施设备（包括但不限于电梯、水泵、中央空调、公共照明等）运行费用未计入物业服务费的，根据实际发生额，由业主按所拥有的专有面积比例分摊，未出售面积分摊费用由甲方承担。

第十六条　乙方应于（每半年/每年）________月________日向全体业主公布物业服务费用收支明细情况。

物业服务收费实行酬金制方式的，乙方应制定物业服务费用年度预决算，并向全体业主公示。

对物业服务费用收支情况有争议者，甲乙双方同意采取以下方式解决：

（1）____；

（2）____。

第十七条　乙方在本物业收取的停车服务费不超过价格主管部门规定标准。

1. 地面车位

（1）中型机动车________元/月/辆；

（2）小型机动车________元/月/辆；

（3）摩托车（含燃油车）________元/月/辆；

（4）电动车________元/月/辆；

（5）三轮车________元/月/辆；

（6）自行车________元/月/辆；

（7）其他________。

2．车库（含地面、地下车库）

（1）中型机动车________元/月/辆；

（2）小型机动车________元/月/辆；

（3）摩托车（含燃油车）________元/月/辆；

（4）电动车________________元/月/辆；

（5）三轮车________________元/月/辆；

（6）自行车________________元/月/辆；

（7）其他________________。

3．其他____。

（停车服务费以本物业所在地价格主管部门最终核定标准为准）

4．乙方收取车辆停放服务费，应建立健全车辆停放服务的内部管理制度，做好车辆进出管理以及停车场所的保洁、照明、巡视和日常维护等服务工作。

第十八条　乙方受甲方、业主（物业使用人）委托对其房屋自用部位、自用设备的维修、养护及其他特约服务的事项与费用，由当事人与乙方自行约定。

第五章　物业承接查验

第十九条　物业承接查验内容和标准

1．甲、乙双方按住房和城乡建设部《物业承接查验办法》规定进行物业承接查验；

2．甲方应当在物业交付使用15日前，与乙方完成物业共用部位、共用设施设备的承接查验工作。现场检查和验收时，甲、乙双方共同参与，共同确认查验结果，并签订物业承接查验协议。建设单位和物业服务企业应当将物业承接查验备案情况书面告知业主。

3. 物业承接查验费用由甲方承担。

4. 现场查验20日前，甲方应向乙方移交下列资料：

（1）竣工总平面图，单体建筑、结构、设备竣工图，附属配套设施、地下管网工程竣工图等竣工验收资料；

（2）共用设施设备清单及安装、使用和维护保养等技术资料；

（3）物业质量保修文件和物业使用说明文件；

（4）供水、供电、供气、供热、通信、有线电视等准许使用文件；

（5）承接查验所必需的其他资料。

如未能全部移交前款所列资料，甲方应当列出未移交资料的详细清单并书面承诺补交的具体时限。

5. 对查验中所发现的问题、相应解决办法及解决时限，甲、乙双方应以书面方式予以确认。

第二十条　甲方按照国家规定的保修期限和保修范围，承担物业的保修责任。乙方有权就房屋本体、共用部位及共用设施设备等质量问题要求甲方承担相关责任。

在保修责任期限内，如存在质量问题，按以下第________种方式处理：

（1）甲方负责返修；

（2）委托乙方返修，甲方支付全部费用；

（3）________________。

业主房屋专有部分房屋质量问题，业主根据相关法律法规及购房合同向甲方要求承担相应责任，乙方应积极协调甲方及时履行维修责任。

第六章　双方权利义务

第二十一条　甲方权利义务

1. 应当按照国家有关规定和物业买卖合同的约定，移交权属明确、资料完整、质量合格、功能完备、配套齐全的物业；

2. 负责在物业销（预）售时将本合同的内容向购房人明示，并在与购房人签订的《销售合同》中包含本合同内容；

3. 制定《临时管理规约》，在物业销售前将《临时管理规约》向物业买受人明示并予以说明，要求物业买受人对《临时管理规约》予以书面承诺；

4. 在首次业主大会成立并选举产生业主委员会前，代表全体业主审定乙方制定的前期物业管理服务方案及物业服务年度、季度工作计划，监督、检查乙方物业服务工作开展情况；

5. 甲方不得为了有利于物业销售而向物业买受人做出减免物业服务费用等相关承诺；

6. 支持配合乙方做好物业服务工作和宣传教育、文化活动，不得干涉乙方依法、依本合同约定内容所进行的物业服务活动；

7. 按时足额向乙方支付本合同约定的应由甲方承担的各项费用；

8. 向乙方移交符合规定面积和标准、可直接投入使用、并与物业管理主管部门备案在册一致的物业服务用房；

9. 按照法定的保修期限、范围，承担物业的保修责任，负责处理开发建设遗留问题引发的纠纷；

10. 按规定向物业所在地街道办事处（乡镇人民政府）提出成立业主大会的书面报告，并提供业主产权清册、物业建筑面积、物业出售并交付使用时间等文件资料；

11. 法律、法规规定的其他权利义务。

第二十二条　乙方权利义务

1. 设立专门机构负责本物业的日常服务工作，并按投标承诺委派相应专业要求的管理与技术人员履行本合同；

2. 按照物业管理相关法律法规规定及本合同的约定独立开展物业服

务活动，接受业主、甲方的监督，每半年向全体业主或甲方报告一次本合同履行及物业服务工作开展情况；

3. 依法律及本合同约定，向业主（物业使用人）收取物业服务费；

4. 在首次业主大会成立并选举产生业主委员会前，乙方应配合甲方制定本物业管理区域内物业管理相关规章制度，获得甲方同意后予以实施。乙方根据规章制度提供物业服务时，甲方、业主（物业使用人）应积极给予配合；

5. 在甲方首期房屋交付前，乙方应安排主要管理人员和工程技术人员进驻现场，配合甲方做好房屋验收、承接查验及房屋交付、业主入住等服务工作；

6. 对业主或物业使用人违反物业管理相关规定及《临时管理规约》的行为，应采取告知、规劝、制止、向有关部门报告并申请强制执行等措施；

7. 可选聘专业公司承担本物业的专项服务业务，但不得将全部管理事项转让给第三方；

8. 结合本物业的实际情况，编制物业服务方案、年度季度服务计划、年度维修养护计划、年度费用预算和决算报告；保修期满后，乙方应根据物业实际情况制定本物业的年度大修、中修和更新、改造方案，并按规定程序办理；

9. 在业主办理交房手续时，应将房屋装饰装修中的禁止行为和注意事项书面告知业主，并按规定与装饰装修房屋的业主签订房屋装饰装修管理服务协议；

10. 乙方应及时向全体业主通告本物业管理区域内有关物业管理的重大事项，及时处理业主和物业使用人的投诉；

11. 因物业维修或者公共利益需要确需临时占用、挖掘本物业管理区域内道路、场地的，应征得相关业主和乙方同意；乙方确需临时占用、挖掘本物业管理区域内道路、场地的，应征得甲方或相关业主的同意。

临时占用、挖掘本物业管理区域内道路、场地的，应在约定期限内恢复原状；

12. 建立、妥善保管和正确使用本物业的管理服务档案，并负责及时记载有关变更情况，不得泄露业主个人信息资料；

13. 本合同依法解除、协商解除、单方解除或者期满终止时，乙方应当按照有关规定和本合同约定退出本物业管理区域的物业服务，并按有关规定和本合同约定办理移交手续和项目退出手续；

14. 法律、法规规定的其他权利义务。

第七章　物业管理服务期限

第二十三条　本合同为期________年，自__年__月__日起至__年__月__日止。

本合同期限未满，若业主委员会代表业主与业主大会依法选聘的物业服务企业签订《物业服务合同》生效，本合同自动终止。

第二十四条　本合同期限届满前________月，如业主大会尚未成立，甲、乙双方应就延长本合同期限达成协议；如双方未能达成协议，乙方应在本合同期限届满后________月内继续履行本合同，甲方或全体业主应在此期间依法选聘新的物业服务企业或其他管理人。

第八章　违约责任

第二十五条　因甲方原因导致乙方未完成本合同约定的物业管理服务目标，乙方有权要求甲方在一定期限内解决，逾期未解决或造成乙方经济损失的，乙方有权依法解除本合同，并要求甲方给予乙方经济赔偿。

第二十六条　因乙方原因未能达到约定的管理目标，甲方有权要求乙方限期整改；逾期未整改或整改不符合合同约定，造成甲方经济损失或一定后果的，甲方有权依法解除本合同，并要求乙方给予甲方经济赔偿。

第二十七条　甲方、业主违反本合同的约定，未能按时足额支付乙方物业管理服务等相关费用的，乙方有权要求甲方、业主限期交纳。逾期仍不交纳者，乙方可以向人民法院起诉。

乙方违反本合同约定，擅自提高物业管理服务收费标准，对超出标准的部分，业主有权拒绝支付；对已经支付的，业主有权要求乙方对多缴纳部分予以清退。

第二十八条　因房屋、设备设施质量或安装技术等原因，达不到使用功能，造成重大事故的，由甲方承担责任并作善后处理。因乙方管理不善或操作不当等原因造成重大事故的，由乙方承担责任并负责善后处理。产生事故的直接原因，以相关主管部门的鉴定为准。

第二十九条　以下情况乙方不承担责任

1. 由于房屋本体及配套设施设备重大质量问题，以及甲方、业主等原因导致乙方的物业管理服务无法达到合同要求的；

2. 因不可抗力导致物业管理服务中断而给甲方、业主造成损失的；

3. 因维修养护物业共用部位、共用设施设备需要且事先已告知业主和物业使用人，暂时停水、停电、停止共用设施设备使用等造成损失的；

4. 非乙方原因出现供水、供电、供气、供热、通信、电梯、消防、有线电视及其他共用设施设备运行障碍造成损失的；

5. 在本物业管理区域内发生治安或刑事案件包括但不限于伤害、抢劫、破坏、爆炸、火灾、盗窃等事由造成损害的，如因乙方故意或存在过失的除外；

6. 其他法律、法规规定或与甲方及业主另有约定的情形。

第九章　附则

第二十条　本合同终止时，乙方应将物业管理用房、物业管理相关资料等属于全体业主所有的财物及时完整地移交给业主委员会；业主委员会尚未成立的，应移交给甲方或________代管；并按照住房和城乡建设部《物业承接查验办法》《××省物业管理条例》等相关规定办理移交和项目退出手续。

第三十一条　为维护甲方、业主的切身利益，在不可预见的情况下，如发生煤气泄漏、漏电、火灾、水管破裂、救助生命、协助公安机关执行任务等突发事件，甲方、业主应积极配合乙方对上述情形发生时所采取的紧急避险措施。乙方不承担由此造成的责任和损失。

第三十二条　甲、乙双方可对本合同的条款进行补充，以书面形式签订补充协议，补充协议与本合同具有同等效力。

第三十三条　合同有效期内，如价格主管部门批准调整相关物业服务收费标准，从批准执行之日起，乙方可按照调整后的标准向甲方、业主、物业使用人收取。

第三十四条　本合同在履行中如发生争议，甲、乙双方应协商解决，协商不成的，采取下列第________种方式解决：

1. 提交________________仲裁委员会仲裁；

2. 依法向本物业所在地人民法院提起诉讼。

第三十五条　本合同连同附件共________页，一式________份，甲乙双方各执________份，报市（县）、区物业管理行业主管部门备案各一份，具有同等法律效力。

第三十六条　本合同经双方签字（盖章）后生效。

甲方盖章：	乙方盖章：
法定代表人：	法定代表人：
授权委托人：	授权委托人：
年　月　日	年　月　日

附件一：物业规划总平面图（略）

附件二 ：物业构成细目

（一）面积

净用地面积：________________；

道路广场面积：________________；

总建筑面积：________________；

地上建筑面积：________________；

地下建筑面积：________________；

建筑基底面积：________________；

总栋数：1．多层________；2．高层________；3．商业________；4．配套用房________；

建筑高度：________________；

1．多层________；2．高层________；3．商业________；4．配套用房________；

建筑结构：________________；

抗震设防烈度：________________；

建筑密度：________________；

容积率：________________；

绿地率：________________；

机动车停车位：地上（________个），地下（________个）；

非机动车停车库（位）：________________。

（二）共用部位

房屋承重结构：________________________；

房屋主体结构：________________________；

公共门厅：________________________；

公共走廊：________________________；

公共楼梯间：________________________；

内天井：________________________；

户外墙面：________________________；

屋面：________________________；

扶手护栏：________________________；

电梯井道：________________________；

架空层：________________________；

设备间：________________________。

（三）共用设施设备

消防设施：________________________；

监控设施：________________________；

避雷设施：________________________；

人防设施：________________________；

垃圾转运设施：________________________；

电梯：________________________部；

污水处理站：________________________座；

单元路灯：________________________只；

单元电表箱：________________________只；

栋号配电箱：________________________只；

单元对讲防盗门：________________套；

主干道路（5米以上）：________________米；

六角砖路面：________________________平方米；

公共路灯：________________________只；

建筑小品：________________________个；

共用架空层：________栋共约________平方米；

围墙：____；

大门：____；

公共卫生间：________________处；

休息设施：________________个；

文体设施：________________处；

宣传栏：________________个；

信报箱：________________套；

给排水管线：________________；

雨水井：________________个；

污水井：________________个；

化粪池：________________个；

垃圾箱：________________个；

游泳池：________________平方米________个；

会所：________________平方米________个；

幼儿园：________________平方米________所；

商业中心：________________平方米________个；

高压配电设备：________套；

箱式变电站________套；

二次供水设备：________套；

污水处理设备：________套。

（四）植株、绿地

绿地总面积：________________平方米；

草坪面积：________________平方米；

灌木花丛：________________丛；

乔木：________________株。

（五）________________。

附件三：物业服务用房明细表和测绘图（略）

附件四：

1. 人员配置；

2. 项目负责人及主要专业技术与管理人员基本情况；

附件五：前期物业管理服务内容和质量标准（应详细具体）

综合服务

1. ________________________________；

2. ________________________________；

3. ________________________________。

物业共用部位的维修、养护和管理

1. ________________________________；

2. ________________________________；

3. ________________________________。

物业共用设施设备的运行、维修、养护和管理

1. ________________________________；

2. ________________________________；

3. ________________________________。

物业共用部位和相关场地的清洁卫生，垃圾的收集、清运及雨、污水管道的疏通

1. ________________________________；

2. ________________________________；

3. ________________________________。

公共绿化的养护和管理

1. ________________________________；

2. ________________________________；

3. ________________________________。

车辆停放管理

1. ________________________________；

2. ________________________________；

3. ________________________________。

公共秩序维护、安全防范等事项的协助管理

1. ________________________________；

2. ________________________________；

3. ________________________________。

装饰装修管理服务

1. ________________________________；

2. ________________________________；

3. ________________________________。

物业档案资料管理

1. ________________________________；

2. ________________________________；

3. ________________________________。

其他服务

1. ________________________________；

2. ________________________________；

3. ________________________________。

07 《业主临时公约》范本

第一章 总 则

第一条 根据《物业管理条例》和相关法律、法规、政策，建设单位在销售物业之前，制定本临时公约，对有关物业的使用、维护、管理，业主的共同利益，业主应当履行的义务，违反公约应当承担的责任等事项依法做出约定。

第二条　建设单位应当在物业销售前将本临时公约向物业买受人明示，并予以说明。

物业买受人与建设单位签订物业买卖合同时对本临时公约予以书面承诺，表示对本临时公约内容的认可。

第三条　本临时公约对建设单位、业主和物业使用人均有约束力。

第四条　建设单位与物业管理企业签订的前期物业服务合同中涉及业主共同利益的约定，应与本临时公约一致。

第二章　物业基本情况

第五条　本物业管理区域内物业的基本情况

物业名称________________________________；

坐落位置________________________________；

物业类型________________________________；

建筑面积________________________________。

物业管理区域四至：

东至________________________________；

南至________________________________；

西至________________________________；

北至________________________________。

第六条　根据有关法律法规和物业买卖合同，业主享有以下物业共用部分、共用设施设备的所有权：

1. 由单幢建筑物的全体业主共有的共用部位，包括该幢建筑物的承重结构、主体结构，公共门厅、公共走廊、公共楼梯间、户外墙面、屋面、________、________、________等；

2. 由单幢建筑物的全体业主共有的共用设施设备，包括该幢建筑物内的给排水管道、落水管、水箱、水泵、电梯、冷暖设施、照明设施、消防设施、避雷设施、________、________、________等；

3．由物业管理区域内全体业主共有的共用部位和共用设施设备，包括围墙、池井、照明设施、共用设施设备使用的房屋、物业管理用房、________、________、________等。

第七条　在本物业管理区域内，根据物业买卖合同，以下部位和设施设备为建设单位所有：

1．________________________________；

2．________________________________；

3．________________________________；

4．________________________________。

建设单位行使以上部位和设施设备的所有权，不得影响物业买受人正常使用物业。

第三章　物业的使用

第八条　业主对物业的专有部分享有占有、使用、收益和处分的权利，但不得妨碍其他业主正常使用物业。

第九条　业主应遵守法律、法规的规定，按照有利于物业使用、安全、整洁以及公平合理、不损害公共利益和他人利益的原则，在供电、供水、供热、供气、排水、通行、通风、采光、装饰装修、环境卫生、环境保护等方面妥善处理与相邻业主的关系。

第十条　业主应按设计用途使用物业。因特殊情况需要改变物业设计用途的，业主应在征得相邻业主书面同意后，报有关行政主管部门批准，并告知物业管理企业。

第十一条　业主需要装饰装修房屋的，应事先告知物业管理企业，并与其签订装饰装修管理服务协议。

业主应按装饰装修管理服务协议的约定从事装饰装修行为，遵守装饰装修的注意事项，不得从事禁止的装饰装修行为。

第十二条　业主应在指定地点放置装饰装修材料及装修垃圾，不得擅自占用物业共用部分和公共场所。

本物业管理区域的装饰装修施工时间为________，其他时间不得施工。

第十三条　因装饰装修房屋影响物业共用部位、共用设施设备的正常使用以及侵害相邻业主合法权益的，业主应及时恢复原状并承担相应的赔偿责任。

第十四条　业主应按有关规定合理使用水、电、气、暖等共用设施设备，不得擅自拆改。

第十五条　业主应按设计预留的位置安装空调，未预留设计位置的，应按物业管理企业指定的位置安装，并按要求做好噪音及冷凝水的处理。

第十六条　业主及物业使用人使用电梯，应遵守本物业管理区域的电梯使用管理规定。

第十七条　在物业管理区域内行驶和停放车辆，应遵守本物业管理区域的车辆行驶和停车规则。

第十八条　本物业管理区域内禁止下列行为：

1. 损坏房屋承重结构、主体结构，破坏房屋外貌，擅自改变房屋设计用途；

2. 占用或损坏物业共用部位、共用设施设备及相关场地，擅自移动物业共用设施设备；

3. 违章搭建、私设摊点；

4. 在非指定位置倾倒或抛弃垃圾、杂物；

5. 违反有关规定堆放易燃、易爆、剧毒、放射性物品，排放有毒有害物质，发出超标噪声；

6. 擅自在物业共用部分内和相关场所悬挂、张贴、涂改、刻画；

7. 利用物业从事危害公共利益和侵害他人合法权益的活动；

8. 法律、法规禁止的其他行为。

第十九条 业主和物业使用人在本物业管理区域内饲养动物不得违反有关规定，并应遵守以下约定：

1. ______________________________；

2. ______________________________。

第四章 物业的维修养护

第二十条 业主对物业专有部分的维修养护行为不得妨碍其他业主的合法权益。

第二十一条 因维修养护物业确需进入相关业主的物业专有部分时，业主或物业管理企业应事先告知相关业主，相关业主应给予必要的配合。

因相关业主阻挠维修养护的进行造成物业损坏及其他损失的，应由该业主负责修复并承担赔偿责任。

第二十二条 发生危及公共利益或其他业主合法权益的紧急情况，必须及时进入物业专有部分进行维修养护但无法通知相关业主的，物业管理企业可向相邻业主说明情况，在第三方（如所在地居委会或派出所或________）的监督下，进入相关业主的物业专有部分进行维修养护，事后应及时通知相关业主并做好善后工作。

第二十三条 因维修养护物业或者公共利益所需，业主确需临时占用、挖掘道路、场地的，应当征得建设单位和物业管理企业的同意，并在约定期限内恢复所占道路及场地的原状。

第二十四条 物业存在安全隐患，危及公共利益或其他业主合法权益时，责任人应当及时采取措施消除隐患。

第二十五条 建设单位应按国家规定的保修期限和保修范围承担物业的保修责任。

建设单位在保修期限和保修范围内拒绝修复或拖延修复的，业主可以自行或委托他人修复，修复费用及修复期间造成的其他损失由建设单位承担。

第二十六条　本物业管理区域内的全体业主按规定缴存、使用和管理物业专项维修资金。

第五章　业主的共同利益

第二十七条　为维护业主的共同利益，全体业主同意在物业管理活动中授予物业管理企业以下权利：

1. 根据本临时公约配合建设单位制定物业共用部分和共用设施设备的使用、公共秩序和环境卫生的维护等方面的规章制度；

2. 以批评、规劝、公示、________等必要措施制止业主、物业使用人违反本临时公约和规章制度的行为；

3. ________________________________；

4. ________________________________。

第二十八条　建设单位应在物业管理区域内显著位置设置公告栏，用于张贴物业管理规章制度，以及应告知全体业主和物业使用人的通知、公告。

第二十九条　本物业管理区域内，物业服务收费采取包干制（酬金制）方式。业主应按照前期物业服务合同的约定按时足额交纳物业服务费用（物业服务资金）。

物业服务费用（物业服务资金）是物业服务活动正常开展的基础，涉及全体业主的共同利益，业主有积极倡导欠费业主履行交纳物业服务费用的义务。

第三十条　利用物业共用部分、共用设施设备进行经营的，应当在征得相关业主、物业管理企业的同意后，按规定办理有关手续，业主所得收益主要用于补充专项维修资金。

第六章　违约责任

第三十一条　业主违反本临时公约关于物业的使用、维护和管理的约定，妨碍物业正常使用或造成物业损害及其他损失的，其他业主和物业管理企业可依据本临时公约向人民法院提起诉讼。

第三十二条　业主违反本临时公约关于业主共同利益的约定，导致全体业主的共同利益受损的，其他业主和物业管理企业可依据本临时公约向人民法院提起诉讼。

第三十三条　建设单位未能履行本临时公约约定义务的，业主和物业管理企业可向有关行政主管部门投诉，也可根据本临时公约向人民法院提起诉讼。

第七章　附则

第三十四条　本临时公约所称物业的专有部分，是指由单个业主独立使用并具有排他性的房屋、空间、场地及相关设施设备。

本临时公约所称物业的共用部分、共用设施设备，是指物业管理区域内单个业主专有部分以外的，属于多个或全体业主共同所有或使用的房屋、空间、场地及相关设施设备。

第三十五条　业主转让或出租物业时，应提前书面通知物业管理企业，并要求物业继受人签署本临时公约承诺书或承租人在租赁合同中承诺遵守本临时公约。

第三十六条　本临时公约由建设单位、物业管理企业和每位业主各执一份。

第三十七条　本临时公约自首位物业买受人承诺之日起生效，至业主大会制定的《业主公约》生效之日终止。

附件：

1. 承诺书

本人为________（物业名称及具体位置，以下称“该物业”）的买受人，为维护本物业管理区域内全体业主的共同利益，本人声明如下：

（1）确认已详细阅读________（建设单位）制定的《×××业主临时公约》（以下称“本临时公约”）；

（2）同意遵守并倡导其他业主及物业使用人遵守本临时公约；

（3）本人同意承担违反本临时公约的相应责任，并同意对该物业的使用人违反本临时公约的行为承担连带责任；

（4）本人同意转让该物业时取得物业继受人签署的本临时公约承诺书并送交建设单位或物业管理企业，建设单位或物业管理企业收到物业继受人签署的承诺书前，本承诺继续有效。

承诺人（签章）：

________年____月____日

2.《业主临时公约（示范文本）》使用说明

（1）本示范文本仅供建设单位制定《业主临时公约》参考使用。

（2）建设单位可对本示范文本的条款内容进行选择、修改、增补或删减。

（3）本示范文本第三条、第三十七条所称业主是指拥有房屋所有权的房屋买受人，其他条款所称业主是指拥有房屋所有权的建设单位和房屋买受人。